公司控制权的争夺

不可逾越的经验法则

赵 玲———— 著

Competition for Corporate Control

人民法院出版社

图书在版编目（CIP）数据

公司控制权的争夺：不可逾越的经验法则 / 赵玲著.
-- 北京：人民法院出版社，2019.11

　ISBN 978-7-5109-2572-6

　Ⅰ.①公…　Ⅱ.①赵…　Ⅲ.①公司法—研究—中国
Ⅳ.①D922.291.914

　中国版本图书馆CIP数据核字（2019）第120812号

公司控制权的争夺：不可逾越的经验法则

赵玲　著

责任编辑	张　怡	
出版发行	人民法院出版社	
地　　址	北京市东城区东交民巷27号（100745）	
电　　话	（010）67550691（责任编辑）　67550558（发行部查询）	
	65223677（读者服务部）	
客服 QQ	2092078039	
网　　址	http://www.courtbook.com.cn	
E－mail	courtpress@sohu.com	
印　　刷	河北鸿祥信彩印刷有限公司	
经　　销	新华书店	
开　　本	787毫米×1092毫米　1/16	
字　　数	287千字	
印　　张	20.75	
版　　次	2019年11月第1版　2019年11月第1次印刷	
书　　号	ISBN 978-7-5109-2572-6	
定　　价	66.00元	

序

　　公司控制权问题是公司法学界的常青藤问题，历经久远而长盛不衰。对外经贸大学赵玲老师的新作《公司控制权的争夺：案例与法理评析》可以说将这一研究方向推进到新的高峰。

　　从理论上讲，股东拥有对公司的终极控制权，股东（大）会作为股东行使权利的平台，实现对公司的最高层级的控制。除此之外，董事会层面与管理层面的控制是对公司最现实最直接的控制。在奉行"董事会中心主义"或者"经理人中心主义"的英美法系国家，本属于股东大会的权力被授予给董事会行使，控制董事会和管理层基本上就实现了对公司的控制。我国实行的则是"股东大会权力保留主义"，董事会无论如何也无法僭越行使股东大会的权力。在我国，基于持股而形成的控股股东对股东大会的控制才是最终极的控制，由此衍生出对董事会与管理层的控制制约。

　　当然，以股权实现对公司的终极控制，本身是源于股权中的投票权，而投票权来自出资。然而股权与投票权并不是完全对应的关系，换言之，即使持有多数股权，也并不必然意味着持有多数投票权。在类别股发挥作用的场合，股权与投票权的分离会导致即使持有多数股份，也会在一些相关事项上听命于中小股东。在英美法系国家，这种股权与投票权的分离是极其常见的。但是在我国，股权与投票权的分离是被严格限制的。不过，2018 年年底推出的上海证券交易所的科创板已经开始尝试股权与投票权分离的"双层股权结构"，为投资人之间的意思自治提供了空间。

除股权控制外，来自控制权协议的安排也能够让中小股东甚至非股东成为公司的控制人。这可能是在小股东资金不足或者非股东被禁止投资的情况下所采取的补救措施。小股东通过控制权协议实现对公司的控制，既包括对股东大会层面的控制，如福特汽车中福特家族对投票权的协议安排，也包括对董事会层面控制，再如阿里巴巴集团合伙人制。非股东通过控制权协议实现对公司的控制，最典型的就是 VIE 结构。但问题是，这种协议控制可能会因为协议修订而受限制或者丧失。因此，较之于作为终极控制的股权控制，协议控制的力度稍显不足。

为获取公司控制权，既有可能采取协议受让股份的方式，也有可能采取证券二级市场收购股份的方式。从目的上看，前者更多是善意的，然而也并不绝对；而后者一般是恶意的。受让或者收购股份的结果直接决定了公司现有董事与管理层的去留。当现有董事或者高管面临来自收购方的威胁时，就有足够的动机寻找到充分的理由采取反收购措施，以维持自身对公司的控制。上市公司如要对抗恶意收购，就要未雨绸缪，在章程中对防御收购措施在符合法律规定的前提下进行充分约定，避免事后采取防御收购措施所出现的不及时与力度弱等问题。

公司控制权不仅涉及对公司控制权的取得，还涉及公司控制权的行使。由于控制权与现金流权并不是一一对应的关系，当控制权大于现金流权的时候，控制人就有动机从事违反自身义务的行为，不仅侵害公司利益，还损害其他股东或者利益相关者的利益。因此，控制权的正当行使是保护相关主体利益、维护并实现公司制度价值的重要切入点。对此，通过规定控股股东、实际控制人对小股东的信义义务，董事、监事和高管对于股东的信义义务，以及其违反义务的法律责任等实现。当然，在强调其信义义务的同时，也要通过法律强化股东，特别是小股东的基本权利，并鼓励股东通过章程对自身权利进行有效约定。

本书以公司控制权为研究对象，以控制权的争夺为切入点，结合实践中的典型案例，从公司法和公司治理两个视角，从理论和制度两个层面进行分析与阐释，形成了对象明晰、重点突出，多视角和多层次的体系化研究。本书对典型案例选择适当、案情梳理清晰、问题意识强烈、分析透彻。本书以凝练的语言，将复杂的公司法和公司治理问题提炼到位，并进行了富有逻辑的分析。

赵玲既是我的师妹，也是我的学生，学术江湖上通常所说的亦师亦友即是如此。加上对本书学术造诣的认可和推崇，我欣然为之作序。

甘培忠
2019 年 5 月于燕园

C**ONTENTS**
目录 ▾
▾

国美电器的控制权之争

CONTENTS . . .

阿里巴巴集团的控制权协议安排

家族企业何去何从 —— 真功夫大股东家族的控制权之争

CONTENTS . . .

OFO 小黄车：创始人与资本之间的关系

武汉国资与浙江银泰对鄂武商的控制权之争

CONTENTS . . .

"站在门口的野蛮人"：宝能与万科之争

中芯国际的控制权之争

CONTENTS . . .

"汽车之家"控制权的争夺

国美电器的控制权之争

Competition for Corporate Control

【引言】

公司为谁而治理？

公司为谁而治理？这是公司治理研究的重要切入点，围绕这个切入点才涉及治理制度与手段的设计。在国美控制权之争中，最常见的有两种声音，一是作为管家的经理人违反了对大股东的信义义务，应当受到批评；二是经理人引入了新的投资，使国美顺利渡过财务难关，并通过股权激励计划将公司高管凝聚在一起。那么，如何理解这两种观点？实际上，应当把作为所有者的股东与作为经营者的经理人置于特定的信托法律关系中来探讨。在这种信托法律关系中，经理人显然应当谋求股东利益最大化，但是这里的股东利益应当是整体股东的利益，而不是个别大股东的利益；不仅是股东的短期利益，还包括股东的长期利益。当涉及短期利益时，一般指股东的股份是否被稀释，股价是否受影响；当涉及长期利益的时候，往往与公司健康、长远发展密切相关，与公司人力资本价值的有效实现紧密相连。因此，将股东整体的长期利益作为判断标准，是相对复杂的。那么，当大股东的当前个体利益与股东整体的长期利益在一定期限内发生冲突时，经理人如果选择了寻求实现后者的利益，显然不能以此为由主张高管损害了股东利益。因此，国美经理人如果是在法律框架下，努力实现作为一个整体的股东的长期利益最大化，显然是无可厚非的。但是，最终因为大股东持有相对多数的股份，有权行使包括提案权、选举权在内的权利，从根本上可以对抗经理人的管理权。因此，在股东与经理人的控制权争夺中，最终起决定性作用的还是持股比例。当然，如果公司章程或者协议有特殊约定，则属于另一种情况。

一、案情

（一）伏笔

国美电器是一家在英属百慕大群岛注册的公司。2004 年，国美电器于我国香港特别行政区上市，大股东黄光裕持股约 75%。

2006 年 4 月，黄光裕向摩根士丹利、摩根大通等机构出售股份，套现 12.46 亿港元，持股比例下降至 68.26%。

2006 年 5 月 10 日，在香港特别行政区召开的国美电器年度股东大会上，黄光裕主导修改了《公司章程》，授予董事会重大权力：（1）董事会可以随时任命董事，而不受股东大会设置的董事人数限制；（2）董事会可以采用各种方式增发、回购股份，包括供股、发行可转债、对管理层的股权激励，以及回购已发行股份。[1] 上述章程条款给予董事会极大的权力，为黄光裕以国美电器为平台实施资本运作提供了可能，也为国美电器的控制权之争埋下伏笔。

2006 年 7 月 25 日，国美、永乐在上海、香港特别行政区等地召开发布会，宣布国美以"股权＋现金"，即一股永乐股份换国美 0.3247 股份和 0.1736 港元现金补偿的方式，全面要约收购永乐电器。收购完成后，黄光裕将持有约 51% 的股份，陈晓和管理层持有 12.5% 的股份，摩根士丹利持有约 2.4% 的股份。黄光裕担任公司董事会主席，陈晓担任首席执行官。公司以"国美""永乐"两个品牌展开运作。

---

[1] 叶志伟：《关于国美控制权之争的探析》，载《财务与会计》2011 年第 1 期。

（二）导火索

2006 年，黄俊钦、黄光裕兄弟因早年一批总额高达 13 亿元的违规贷款在鹏润和新恒基之间密切流动，最终流向境外，被公安部正式立案调查，但黄氏兄弟未被拘押。

2007 年 1 月 16 日，国美电器在港交所发布公告，称公安部针对黄光裕及其间接持股的鹏润房地产公司的"协助调查已经正式撤销"。

2007 年 9 月，黄光裕再度出售股份，套现 23.36 亿港元，持股比例下降至 42.84%。

2008 年 1 月至 2 月，黄光裕掌控之下的国美电器，高价回购了黄光裕所持有的部分股份。黄光裕成功套现 22.37 亿港元，持股比例下降至 39.48%。

2008 年 11 月 23 日，黄光裕因涉嫌操纵股价、洗钱、行贿、空壳上市、偷税漏税等七项经济犯罪，被北京警方拘查。此后，银行和供应商纷纷挤兑，国美面临资金链断裂的巨大风险。

2008 年 11 月 28 日，国美电器发布公告，确认公司董事会主席黄光裕因涉嫌经济犯罪，正在接受公安机关调查。因黄光裕接受调查而无法履行董事会主席职责，董事会于 27 日决定由公司执行董事兼行政总裁陈晓担任代理董事会主席，即时生效。

2009 年 1 月 18 日，国美电器通过港交所网站发布公告，称黄光裕辞去国美电器董事、董事会主席职务，已于 16 日生效；国美行政总裁陈晓任集团董事会主席；魏秋立被委任为执行董事（魏秋立和另一位董事王俊洲将作为黄光裕的私人代表）；国美的提名委员会成员及薪酬委员会成员也作出了调整。

2009 年 1 月 20 日，接替黄光裕出任国美董事会主席的陈晓致新年贺词，表示"2009 年国美电器将以利润为导向、以提高单店经营水平为主要增长方式"。这宣告了国美未来经营的新动向。

（三）正式开战

2009 年 1 月 23 日，据报道，国美将向私募基金发行高达 20% 的股份。按照国美最新股价计算，交易金额高达 29 亿港元。贝恩资本（BainCapitalLLC）、凯雷投资集团（CarlyleGroup）、KKR 集团（KKRCo.LP）、华平创业投资有限公司（WarburgPincusLLC）、厚朴投资管理公司（HopuInvestmentManagementCo.）等都表示对这项交易感兴趣。

2009 年 4 月 6 日，国美公布入围者名单，分别是贝恩资本、华平基金和 KKR 集团，其中贝恩资本在竞购中占有优势。但是，此事遭到黄氏家族的极力反对，认为国美不需要募集资金。

2009 年 5 月 27 日，国美召开股东大会，作出以下决议：（1）选举孙一平为新董事，这意味着在新的董事会中，代表黄氏家族的董事达到三名，占绝对优势；（2）增发 20% 股份，以及回购 10% 股份。增发的重要原因是，国美面临即将到期的 46 亿港元可转换债券，财务压力巨大，融资迫在眉睫。[①]

2009 年 6 月中旬，由陈晓主导的国美拟实施股权激励计划，但是该计划遭到黄氏家族的极力反对。黄氏家族与陈晓之间的矛盾进一步加剧。

2009 年 6 月 22 日，国美电器与贝恩资本签订合作协议，国美合计向贝恩资本发行约 18.04 亿港元的 7 年期可转换公司债券，转股价格 1.108 港元。同时，国美电器还以每股 0.672 港元公开发售约 22.62 亿股。两项融资共计 33.24 亿港元。为避免股权被过度稀释，黄光裕以每股 1.705 港元大幅减持 2.35 亿股，套现约 4 亿港元。随后，黄光裕以每股 0.672 港

---

① 2007 年 5 月，国美电器发行可转换债券，转股价为 4.96 港元，于 2014 年到期，持有人可于 2010 年 5 月提前要求赎回。

元，共计出资 5.49 亿港元，申购 8.16 亿配售新股，使其在国美的持股比例保持在约 33.98%。

2009 年 6 月下旬，陈晓将其所持股份中的 7000 万股赠予其女儿陈叶。赠予完成后，陈晓在国美的持股为 1.91%。

2009 年 7 月 7 日，国美电器公告其股权激励方案的细节。股权激励计划涉及 3.83 亿股，约占公司已发行股本的 3%；受益人为 104 位中高层管理人员；陈晓获得了高达 2200 万股的购股权；执行董事王俊洲获得 2000 万股，李俊涛获 1800 万股，魏秋立 1800 万股，孙一丁和伍建华分别获得 300 万股和 1000 万股。

2009 年 8 月 3 日，国美电器宣布董事会调整结果。根据当时与贝恩资本达成的投资协议，贝恩资本提名的竺稼、雷彦、王励弘三人进入董事会，担任非执行董事。华平基金此前派驻的非执行董事孙强辞职。

2010 年 5 月 11 日，国美电器举行年度股东大会，事项之一是对贝恩资本委派的三名董事进行重新投票。黄光裕夫妇共持国美电器 31.6% 的股份，出席股东大会的股东所持表决权占全部股东所持表决权的 62.5%，因此，黄光裕夫妇对各项议案都可以凭借超过半数的表决权否决。在股东大会决议中，除任命三名新董事的议案被否决外，同时被否决的还有"回购股份再配发的授权""授权董事会厘定董事薪酬"两项。考虑到否决贝恩资本委派的董事将导致国美对贝恩支付巨额的违约金，国美电器董事会于当晚召开紧急会议，全体董事一致同意任命贝恩资本委派的三名董事担任董事。

2010 年 5 月 18 日，北京市第二中级人民法院对黄光裕案作出一审判决。黄光裕犯非法经营罪，被判处有期徒刑八年，没收个人财产人民币 2 亿元；犯内幕交易罪，判处有期徒刑九年，罚金人民币 6 亿元；犯单位行贿罪，判处有期徒刑二年；三罪并罚，决定执行有期徒刑十四年，罚金人民币 6 亿元，没收财产人民币 2 亿元。黄光裕之妻、国美电器原监事杜鹃因内幕交易罪被判处有期徒刑三年零六个月。国美电器有限公司、北京鹏润房地产开发有限公司因单位行贿罪分别被判处罚金人民币500万元和120万元。被告不服一审判决，向北京市高级人民法院提起上诉。

2010年6月28日，国美电器发布公告称，公司已经度过危机，董事会批准董事会主席兼总裁陈晓辞任总裁，但仍担任董事会主席兼执行董事；总裁由国美电器执行董事兼执行副总裁王俊洲担任。

2010年7月13日，国美电器以每股0.672港元的价格公开发行22.96亿股。根据国美与贝恩资本达成的包销协议，原股东没有认购的股份将全部由贝恩资本认购。

2010年7月20日，身陷囹圄的黄光裕在证券二级市场上大笔减持国美2.35亿股，套现约4亿港元，随即耗资5.49亿港元参与国美的此次新股认购。配股完成后，黄光裕持有的股份占国美股份的34.0%，牢牢占据国美电器第一大股东的位置。

2010年8月4日，代表黄光裕的国美主要股东Shinning Crown Holdings Inc.向国美发出信函，要求召开临时股东大会，并提出以下提案：（1）"撤销公司配发、发行和买卖国美股份的一般授权"；（2）～（3）"撤销陈晓的执行董事及董事会主席、孙一丁的公司执行董事的职务"；（4）～（5）同时提名邹晓春和黄燕虹为国美电器的执行董事。

2010年8月5日，陈晓主导下的国美电器在香港特别行政区高等法院对黄光裕提起诉讼。最核心的一条就是，黄光裕于2008年1月及2月前后所涉的国美电器回购黄光裕所持股份，违反了其作为董事所应负的信托责任。国美电器要求黄光裕提供公司回购股份的账目，包括所有与之相关的利益、款项及物业等；在相关账目的基础上，国美要求黄光裕支付包括利息、成本等在内的赔偿金。

2010年8月6日，国美召开全国紧急视频会议，公司高管被要求参会。总裁王俊洲表示，支持董事会起诉黄光裕的决定。另一执行董事魏秋立宣读致全体员工的公开信，表明高管对此事的态度。

2010年8月18日，黄光裕方面发布名为《为了我们国美更好的明天》的国美大股东致全体员工的一封信。在信中，黄光裕方面措辞激烈地对国美董事会主席陈晓进行批评，并呼吁公司全体员工与大股东一道将公司带到正常轨道上来。

2010 年 8 月 23 日，国美董事局主席陈晓在中期业绩报告会上表示，财务投资者贝恩投资已经向董事会确认，计划在特别股东大会前将所持可转换债券全部转为股权，使贝恩能够投票支持公司代表在特别股东大会上重新当选董事，并反对黄光裕的提议。如果贝恩资本将其所持有的 16.28 亿股可转换公司债在特别股东大会之前债转股，黄光裕的持股比例将被稀释至 30.7%，支持陈晓一方的股东持股比例将增至 12%。

2010 年 8 月 24 日、25 日，针对贝恩资本即将到来的债转股，并应对即将召开的特别股东大会，黄光裕方面动用大笔资金通过二级市场增持国美电器 0.8% 股份。

2010 年 8 月 30 日，北京市高级人民法院对黄光裕系列案作出二审宣判，撤销一审法院关于杜鹃的量刑并改判缓刑。杜鹃是唯一获得改判的被告，其他被告则维持原判。杜鹃的缓刑有利于强化黄光裕在这场控制权争夺中的竞争力，这对黄光裕方面而言无疑是利好的。

2010 年 9 月 8 日，国美发布公告，公司将于 9 月 28 日召开临时股东大会。在公告中，陈晓呼吁全体股东支持国美管理层提出的三项提议，反对大股东黄光裕家族的五项提议。

2010 年 9 月 9 日，为应对国美电器股票增发带来的股权被稀释的风险，维持对国美电器的控制权，黄光裕家族开始出售家族资产以筹集资金。港交所信息显示，过去两周，国美电器大股东黄光裕旗下全资公司 Shinning Crown Holdings Inc. 已连续增持 3.97 亿股，合计耗费近 7 亿港元，持股比例已接近 36%。

2010 年，国美于 9 月 10 日、13 日遭第三和第四大股东摩根大通、摩根士丹利场内减持。减持后，摩根大通及摩根士丹利持股约为 6% 及 6.31%。9 月 15 日，贝恩资本发布债转股公告，债转股后，贝恩资本持股 9.98%，成为国美第二大股东。同时，黄光裕家族持股比例被摊薄至 32.47%。

2010 年 9 月 23 日，董事会主席陈晓呼吁国美电器 14 万股东积极参与投票，以避免在低投票率下出现大股东支配的局面。此时，黄光裕阵营持股情况：黄光裕家族 32.47%，郑建明 2%，欧阳雪初及湖南职业投资者 0.60%，合计 35.07%；陈晓阵营持股：贝恩资本 11.06%，永乐旧部员工 3.45%，陈晓 1.25%，陈晓女儿陈叶 0.42%，F&C 0.05%，合计 16.23%；机构投资者持股：摩根士丹利 4.95%，摩根大通 5.49%，富达国际 4.37%，合计 14.81%。

2010 年 9 月 26 日，为得到更多支持，黄光裕方面发布《再致股东同仁公开函》。在该函件中，黄光裕方面称陈晓未能正确领导国美，主张在股东大会投票罢免陈晓董事会主席一职。黄光裕方面表示，创始股东尊重授予高管期权的事实，同时建议在与其他各相关方进一步讨论后，研究发展更符合国美情况的与业绩挂钩的期权激励方案。

2010 年 9 月 27 日，国美管理层发文：希望股东明天现身股东特别大会，对 1~3 项决议案投支持票，对 4~8 项决议案投反对票；希望股东作出选择：究竟是选择一个遵循现代企业规则，以股东价值为指引，治理完善的企业，一个战略清晰并有执行力的专业团队，还是选择以单一大股东为重的经营思路，从而时刻存在大股东利益凌驾于其他股东利益之上的风险。

2010 年 9 月 28 日，国美电器临时股东会按期举行，持有国美约 70% 以上股份的股东参加投票。黄光裕方面提出的 5 项提案中，除"撤销配发、发行和买卖国美股份的一般授权"获得通过外，"撤销陈晓、孙一丁的董事职务"及"委任邹晓春和黄燕虹为执行董事"的提案均未能获得通过。最终，董事会主席陈晓、董事及副总裁孙一丁得以留任。

2010 年 9 月 29 日，黄光裕方面发布感谢信。信中指出，尽管这次特别股东大会的部分投票结果令人失望，但创始股东对国美的未来仍充满信心，相信国美的未来会更加美好，呼吁投资者一如既往地支持国美。

2010 年 10 月 28 日，杜鹃表示创始大股东的诉求没有改变。就国美电器董事会席位问题，黄光裕方面认为，公司管理层在董事会中占有太多席位，不利于公司治理，有必要调整管理层代表的董事席位。同时，黄光裕方面还称，其正在与国际著名私募基金洽谈合作，以确保集团零售业务及地产业务未来发展所需资金。

2010 年 11 月 10 日，国美电器发布公告，称董事会已经与大股东黄光裕持有的 Shinning Crown 签订谅解备忘录，主要内容包括：（1）扩大董事会规模，将董事会最高人数从 11 人增加至 13 人；（2）建议董事会委任邹晓春和黄燕虹分别担任执行董事和非执行董事。国美下一步将召开股东特别大会，在获得股东批准后，黄燕虹和邹晓春将进入国美董事会。

2010 年 11 月 16 日，国美电器发布公告称，公司将于 2010 年 12 月 17 日召开特别股东大会，审议三项议案，分别是：（1）"增加许可的董事最高人数，从 11 人增加至 13 人"；（2）"委任邹晓春先生为公司的执行董事，并即时生效"；（3）"委任黄燕虹女士为本公司的非执行董事，并即时生效"。

2010 年 12 月 17 日，特别股东大会讨论上述三项议案，并顺利获得通过。

2011 年 3 月 9 日，国美电器对外发布公告称，陈晓辞任董事会主席、执行董事等职务；孙一丁辞去执行董事，但继续留任公司副总裁职务；张大中出任国美电器非执行董事及董事会主席。国美电器的控制权之争，以大股东黄光裕的胜利而落下帷幕。

（四）诉讼纷争

2011 年 5 月 10 日，《21 世纪经济报道》发表对陈晓的采访报道，题为《国美事件再露面，陈晓大爆国美财务漏洞》。《商界》杂志 2011 年 6

月刊也发表了对陈晓的采访报道，题为《陈晓是与非》。在上述两篇报道中，陈晓披露了一些不利于国美品牌形象的言论。

2011年6月21日，国美电器向北京市第二中级人民法院提起诉讼。原告国美电器有限公司、北京国美电器有限公司认为，陈晓的行为给原告的经营以及"国美电器"的品牌形象、国美声誉造成了极大伤害，直接导致其商品销售受到影响，要求陈晓在《21世纪经济报道》和《商界》上公开道歉三次，并返还对价款1000万元。

2012年1月5日，北京市第二中级人民法院开庭审理国美诉陈晓案。2012年12月19日，北京市第二中级人民法院作出"二中民初字12518号"民事判决，判决国美胜诉。陈晓不服，向北京市高级人民法院提起上诉，要求撤销一审判决。

2013年12月20日，北京市高级人民法院裁定发回重审。北京市第二中级人民法院在审理期间，陈晓分别以名誉权纠纷起诉广东二十一世纪环球经济报社、商界杂志社，因上述两案的事实认定及处理结果均对该案有直接影响，北京市第二中级人民法院于2015年4月16日裁定中止诉讼。2016年6月6日，国美以陈晓起诉广东二十一世纪环球经济报社、商界杂志社两案判决均已生效为由，①申请恢复审理。2016年8月25日，北京市第二中级人民法院恢复审理此案。

2014年11月19日，北京市第二中级人民法院再次判决国美胜诉，对国美要求陈晓返还1000万元对价的诉讼请求予以支持。陈晓不服，向北京市高级人民法院提起上诉。

2016年12月30日，北京市高级人民法院作出终审判决，认定陈晓违反保密协议向他人披露国美相关资料，判决陈晓向国美全额返还对价款1000万元。陈晓不服二审判决，向最高人民法院申诉。2017年5月，最

---

① 陈晓对涉案两家媒体向上海市浦东新区人民法院提起名誉侵权诉讼。法院认为，不能认定媒体的新闻报道严重失实。案件以几方和解而告终。

高人民法院作出裁定，驳回陈晓的再审申请。

此后，国美电器认为前董事会主席陈晓向媒体披露大量有损国美品牌形象的不实甚至诽谤言论，严重损害了公司声誉，造成了公司重大经济损失。北京国美公司、国美电器公司向北京市朝阳区人民法院提起诉讼，请求：（1）陈晓在全国性的媒体上向北京国美公司、国美电器公司公开书面赔礼道歉，消除影响。（2）陈晓赔偿北京国美公司、国美电器公司侵害名誉权损失 4900 万元。损失包括两项：①净利润损失，实际损失按照北京国美公司、国美电器公司计算方式为 5046 万元；②为陈晓支付个人所得税 777 819.24 元。以上损失北京国美公司、国美电器公司只主张 4900 万元。

2017 年 3 月 13 日，北京市朝阳区人民法院开庭审理此案。2017 年 8 月 1 日，朝阳区人民法院判决北京国美电器有限公司、国美电器有限公司败诉。国美不服北京市朝阳区人民法院（2013）朝民初字第 04916 号民事判决，向北京市第三中级人民法院提起上诉。

北京市第三中级人民法院于 2017 年 10 月 19 日受理。2017 年 12 月 20 日，北京市第三中级人民法院对国美诉陈晓名誉侵权索赔一案作出终审判决，驳回国美的诉讼请求。

二、评析与经验法则

国美电器控制权之争凸显了公司治理的典型问题，包括股权结构与股东持股比例、职业经理人的道德底线、股东大会与董事会的权力分配、董事会的权力限制，以及公司章程约定条款的合理性与合法性等。

（一）判断公司国籍的标准：所依法律与设立地

国美电器是一家在英属百慕大群岛注册的公司，因此是一家外国公司。但是，这家公司的实际出资人、管理人、经营地等都具有浓厚的中国色彩，因此其无论是在股权结构还是在公司治理等方面，都具有典型中国公司的特征。在某种意义上，将其作为中国公司治理的典型案例加以研讨也不为过。实际上，除国美电器，还有很多我们耳熟能详的公司，如百度（开曼）、新浪（开曼）、阿里巴巴（开曼），都是在国外避税港设立的。

这些公司之所以选择在百慕大、开曼或者维尔京群岛等国际避税港注册，其原因显而易见。首先，便于海外上市。百慕大、开曼、维尔京群岛所适用的法律属于普通法系，如果公司选择在我国香港特别行政区、美国或者英国上市都会非常便利，省却了制度摩擦的成本。其次，能够更好地进行税收筹划。避税港往往对在此地设立的公司给予免税待遇。即使在避税地设立的公司通过在中国设立子公司、分公司等形式在中国境内展开经营，也只需要就来源于中国境内的所得向中国政府交纳所得税。就税收而言，在避税港设立公司是非常节约成本的选择。此外，以设立在避税港的公司作为母公司，通过在全球设立子公司、分公司，形成复杂的企业集团，然后通过企业集团内部的关联交易转移定价，从而进行避税。最后，返程投资的需要。尽管上述在避税港设立的企业的资金来源于中国，但按照设立所依据的法律以及设立地来判断，这些企业却属于外国企业，这些"外国企业"在中国境内的投资就形成了"外资企业"，而"外资企业"往往能够享有一定的税收优惠。尽管 2008 年内、外资企业所得税合并后，内、外资企业统一适用《企业所得税法》规定的 25% 的比例税率，但一些地方政府对于外资的优惠还是存在的，这是返程投资存在的重要原因。基于此，国美电器的投资者最终选择在百慕大注册，转而在我国香港特别行政区上市，省却了许多法律和经济成本。

（二）公司治理的目的：股东利益最大化

国美电器的控制权之争，尽管是一家外国公司内部的控制权之争，但其股权结构、管理模式所具有典型的中国特色，引发各界对其公司治理特征与问题的热烈讨论。在国美电器的一系列争议中，贯穿始终的就是作为所有者的黄光裕与作为经营者的陈晓之间的冲突。这种所有与经营之间的冲突所引发的代理成本问题正是公司治理研究的核心。

1932年，伯利和米恩斯在其传世之作《现代公司与私有财产》一书中对美国大型股份有限公司进行了研究，揭示了大型公司所有权与经营权的高度分离所引发的代理成本问题。相应地，如何在所有权与经营权框架下对经营者进行有效的约束与激励，使其行为满足股东利益最大化的需求，便成为公司治理研究的初始切入点。当然，目前对于公司治理的研究已经突破了所有与控制的框架，而拓展到信息披露、外部审计、破产机制等；甚至突破了公司框架，拓展到公司的外部环境，如公司控制权市场、资本市场、经理人市场等。但无论如何，所有—经营、委托—代理的分析框架都是公司治理研究中最重要的切入点。

公司的经营者究竟为了谁的利益而管理公司？在国美争议中，有两种观点。一种观点认为，陈晓作为大股东黄光裕及其家族委派的经营者，应当谋求大股东的利益；另一种观点认为，陈晓应当谋求公司利益，陈晓对此也表示了支持。但是实际上，如果从公司治理的观点去分析，就会发现两种观点都不能成立。

第一种观点的错误在于，尽管陈晓是黄光裕所委派的董事，但一旦其成为董事，他就对所有股东负有信义义务，而不是仅仅对委派其的大股东负有信义义务。第二种观点的错误在于，"公司利益"实际上是一个极为抽象的概念。公司是什么？公司是一个"缩小的社会"，它包括多重利益主体——公司、股东、雇员、债权人等。似乎是不证自明的"为了公司利益", 究竟是为了这些复杂主体中的谁的利益? 这是一个极其模糊的问题, 如果硬性作答, 也只能得出模糊的答案。事实上, 如果给出一个多元化的目标, 那么任何一个目标都无法切实实现。这也就是为什么在股东至上理论与利益相关者、公司社会责任理论的近百年的争论中, 股东至上依然是主导理论, 而利益相关者、公司社会责任理论至多是一种矫正的理论。正如古典自由主义长期居于主导地位, 而干预主义只是在 20 世纪 30 年代这一特殊历史时期得到政府的推崇, 而在那之后新自由主义又再次居于主导地位, 而干预主义只是对于自由主义所带来的诸多弊端进行的适度矫正罢了。事实上, 如果在追求股东利益最大化的同时, 能够兼顾其他利益相关者的利益, 将是一种具有可操作性的模式。反之, 追求一种"模糊的"公司利益, 最终只会使经营者在众多利益主体之间的利益冲突中迷失, 最终无论是效率还是公平都无法实现。

陈晓是否违反了对股东的信义义务? 其实, 股东是一个抽象的群体, 既包括大股东, 也包括中小股东。作为经理人的陈晓应当是谋求全体股东的利益最大化, 这其中既包括大股东黄光裕, 也包括其他中小股东。但是, 当大股东与小股东之间存在利益冲突时, 应当如何处理? 本案中, 引入贝恩资本, 对于大股东而言, 其股权被稀释, 控制权被弱化; 但是对公司而言, 通过引入新资本, 使公司得以度过危机, 对于全体股东而言是有利的。再如, 公司实行股权激励, 对于大股东而言, 股权是被稀释了, 但是对于公司而言, 由于凝聚了经营者, 使公司脱离了困境, 长期而言, 对于全体股东是有利的。所以, 在谈到股东利益的时候, 涉及大股东与小股东的利益、股东的短期利益与长期利益、股东的个体利益与整体利益等多重差异性的利益。因此, 对于股东利益而言, 难以通过计算得出具体数值, 以进行评判。现实中, 应更多针对个案, 对股东及其利益进行具体分析, 以得出相对合理的结论。本案中, 陈晓采取的诸多措施对于公司, 对于股东的长远利益是有利的, 因此不能认为不符合股东利益。

如果从董事信义义务角度而言, 陈晓并没有违反自己的信义义务。那种认为"管家"占了"主人"的位置的观点，更多的是出于一种"情感"的宣泄和"道义"的谴责。作为社会公众，从道德角度对管家"鸠占鹊巢"的行为进行抨击也是正常的。但是，作为法律人，则应当从"较少具有道德判断"的"技术性法律"——公司法角度进行评判。换言之，只要在法律制度框架下，无所谓道德之争。延伸开来，还涉及"合理性"与"合法性"之争。"管家"的行为看似"不合理"，却是"合法的"。所以，"合理"与"合法"不可同日而语。

（三）家族企业向现代企业转变：所有权与经营权分离

实际上，许多公司都是从小型家族企业发展成为大型现代公司的。当企业还处于发展初期时，创始人及其家族成员显然能够有效控制企业。但是，随着企业规模不断扩大，创始人将不得不面临一个选择：究竟是保持其封闭性以谋求继续控制，还是选择成为一个公众公司但同时可能面临控制权旁落？这是一个两难选择。如果家族企业的创始人倾向于保留自己的控制权，或者使财务信息不被公开，那么保持原来的封闭结构是最好的选择。但是，如果家族企业选择把企业做大、做强，不断融资，那么走向公开将是一个必然路径。在这条路径上，它将有两个选择。

1. 家族企业创始人继续控制企业

家族企业走向公开，一般会有新投资人加入，在没有同比增资或者即使同比增资但是创始人并无充裕资金的情况下，创始人所持股份比例就会被稀释。对于创始人而言，持股比例的边界极其重要的。一是50%，如果持股超过50%，就意味着对股东大会的普通事项具有了绝对支配权；对于重大事项，则可以联合其他中小股东或受托行使其他股东的投票权，从而行使达到66.7%以上的投票权。二是33.4%，这一比例是行使否决权的比例，对于公司股东大会通过修改公司章程、增加或者减少注册资本、合并分立解散或者变更公司形式等重大事项，一般需要取得 2/3 以上的表决权通过，如果创始人能够投出 33.4% 的否决票，那么这些事项都是无法通过的。尤其是其中的增资决议，因为有可能有新投资人加入，从而稀释创始人的持股比例，创始人就可以运用该 33.4% 的持股比例投出否决票，从而否定该项决议，以保持自己对公司的控制权。

总之，对于创始人而言，持股比例是极其重要的。在家族公司逐步公开化的过程中，创始人可以在章程中约定有利于自己的条款，以便保障自己在公司逐步公开化的过程中依然能够保持对公司的控制权，如反摊薄条款（anti—dilution）。反摊薄条款，也称同比增资条款，是指公司发行新股的时候，原有股东可以按照原有持股比例认购新股。约定反摊薄条款的目的在于，确保投资人的股权比例不会因新股发行或新投资人加入而减少，从而保证原股东对公司的控制力不被稀释。当然，该条款能够保障创始人控制权的前提是，创始人必须有充足的资金。

2. 将企业交给职业经理人打理

大多数家族企业走向公开后，因为创始人的持股比例被持续摊薄，其往往难以再独自控制公司，公司经营权逐渐落入职业经理人手中。如杜兰特创办了通用汽车，后来通用收购了斯隆的企业，董事会聘请斯隆为公司首席执行官。斯隆在董事会的支持下，将公司所有者与经营者的权力进行重新划分。尽管斯隆是一个拿高工资的高级经理人，但他却拥有对公司的控制权。斯隆将公司的管理单元化、扁平化，有效解决了大公司集中管理、集中决策带来的低效率和高风险。斯隆的理念和做法彻底颠覆了几百年来创业者"一人当家"的管理模式。斯隆带领下的通用取得的成功，对职业经理人制度的推行产生了极大的示范效应。[1]

---

[1] 新望：《经理人革命》，载《经济观察报》2010 年 9 月 27 日。

3. 我国公司的选择

多年来，我国民营企业的所有与经营几乎合一，所有与经营之间的代理成本较小，但是在同为所有者的大股东与小股东之间的代理成本却非常高。加之，所有与经营合一导致企业的命运被掌握在作为创始人的大股东手中，大股东的命运与公司的命运被牢牢绑定。多年来，中国民营企业的兴衰，总是与其创始人的命运联系在一起。此前，因为创始人的意外获罪而导致企业随之垮台的案例比比皆是，如唐万新之于德隆、牟其中之于南德、胡志标之于爱多等。相反，创始人入狱后，企业依然能够健康发展的案例却寥寥无几。之所以会出现这种现象，一个重要原因就是所有者在公司扩张时未能处理好所有与经营之间的关系。

国美毕竟没有重演当年唐万新入狱后，"德隆系"倒塌的中国式结局。仅就这一点而言，国美电器事件反映出中国民营企业治理终究向前迈出了一大步。且不说黄光裕入狱后，仍能够对公司"发号施令"，仅就其入狱后国美依然得以正常经营而言，就与此前"南德""爱多""德隆系"等不可同日而语。在陈晓的带领下，2010 年上半年公司收入为 248.73 亿元人民币，同比增加 21.6%。控制权争夺下的国美并没有分崩离析，正是得益于相对规范的公司治理结构。

但是不可否认，将企业交给职业经理人打理，将不可避免地出现"内部人控制"。2001 年 11 月，美国安然轰然倒下。经理人的一系列欺诈行为将公众对经理人的信任彻底击碎。紧接着，美国的贝尔斯登被收购、美林证券被收购、雷曼兄弟破产，意大利的帕玛拉特倒闭，日本的西武铁道，这些曾经如日中天的大公司接连出现诚信危机。在"经理人革命"七十多年后，21 世纪初出现了世界性的解雇经理人的浪潮。[1] 人们开始质疑，职业经理人到底能不能为股东最终负责？

---

[1] 新望：《经理人革命》，载《经济观察报》2010 年 9 月 27 日。

显然，职业经理人作为所有者的受托人会尽到受托人的信义义务，但是这是建立在"职业经理人是道德人"的假设基础上的。事实上，职业经理人更是一个理性经济人，会对自己行为进行成本与收益的权衡，会在自身利益与股东利益发生冲突时倾向于作出有利于自己的决策，如果其违法或不诚信，行为被发现的可能性很低或者为零。因此，在所有不得不与经营分离的现代企业中，代理成本是无法避免的，对此只能通过各种制度加以约束。世界上不存在一劳永逸的公司治理安排，只是在诸多制度中选择相对较优的制度，并且针对相对较优的制度的弊端设计互补性制度加以矫正。只有存在健康的法治环境，良好的商业规则，家族企业向现代企业制度有效转型才能实现。

（四）公司治理的核心：解决两种主要的利益冲突

在公司中，一般有三种利益冲突。这三种利益冲突使经理人在作出决策时容易陷入两难。第一类利益冲突是所有者与经营者之间的冲突，从而引发了传统意义上的代理成本问题。第二类利益冲突是大股东与小股东之间的所有者内部的冲突，从而引发对大股东对小股东的信义义务的关注。第三类利益冲突是股东与债权人、雇员等之间的冲突，从而引发经理人作出决策时究竟追求谁的利益的争论。本案中，国美电器主要涉及前两种主要的利益冲突。

1. 国美所有者与经营者之间的冲突及代理成本

国美电器的控制权之争，源于 2006 年公司章程的修改以及国美收购永乐后引入总裁陈晓。在大股东黄光裕的控制下，国美的所有与经营相对合一，公司被大股东黄光裕高度控制。但是，当大股东黄光裕锒铛入狱，失去对公司的绝对控制时，股东与经营者之间的争夺也就愈演愈烈了。

2008 年，黄光裕涉嫌非法经营、内幕交易、行贿等犯罪被警方调查，国美电器由此陷入困境。在内忧外患下，大股东黄光裕将公司经营权让渡给职业经理人陈晓。在面临公司财务困境时，陈晓采取了增资扩股的做法，但同时导致大股东黄光裕所持股份被稀释。同时，陈晓还采取了对高管的股权激励做法，意图凝聚公司人力资本所有者，但同时也导致黄光裕所持股份被稀释。不可否认，这些做法从公司或者从高管的角度来讲都是很受欢迎的，但是从结果来看，对大股东却是极其不利的。

作为对贝恩资本所作的承诺，以陈晓为主导的董事会同意贝恩资本委派三名董事。但是在2010年5月国美股东大会上，因黄光裕方面投了反对票，导致贝恩资本委派的三名董事候选人未能获得通过。但是当晚，国美电器召开紧急董事会会议，第二天即宣布否定股东会决议，仍然任命贝恩资本委派的三名候选人进入董事会。

2. 大股东与小股东之间的冲突及代理成本

在黄光裕入狱前，虽然一直在减持股份并套现，但是依然保持第一大股东的地位。这也是2006年"任命、罢免董事的权力授予董事会"的章程修正案能够顺利通过的原因。但也正是这一章程修正案，被陈晓用来进行增资扩股、股权激励与委派董事，从而引发国美控制权之争。

黄光裕将英美法系下股东大会原本就不多的权力通过公司章程授予董事会，其目的无非就是当自己持股比例降低时，可以通过控制董事会而掌握公司控制权。2004~2008年，黄光裕通过配售、上市公司回购等方式，累计从国美套现近100亿港元。其收购大中电器、三联商社所用资金，也是从国美拆借而来。在这期间，黄光裕通过董事会架空了股东大会。可以说，如何限制大股东的权利，保护中小股东的权益，是国美控制权之争所显示出的表象问题之外的更深层次问题。

一股独大的股权结构必然带来巨大的治理风险，中小股东权益极易受到侵犯。但是，当大股东失控时，管理层强势而起，又出现管理层侵犯大股东权益的问题。这是中国目前大多数公司面临的现实问题。公司想要发展壮大，必须拥有清晰的公司治理结构，包括股权结构、管理层级，及权力配置结构。

（五）"授权董事会重大权力"章程条款效力的具体分析

1. 章程条款分别规定了什么

2010 年 5 月 11 日，国美年度股东大会上，国美电器控制权的争夺正式开始。黄光裕方面出乎意料地连投反对票，否决了 12 项决议中的 5 项，其中包括对贝恩委派的 3 名非执行董事的任命。面对黄光裕方面的发难，国美电器董事会连夜召开紧急会议，以"投票结果并没有真正反映大部分股东的意愿"为由，否决了股东大会的相关决议，重新委任贝恩委派的 3 名代表进入董事会。

董事会推翻股东大会的决议，这一明显违背公司治理常识，但不违反国美公司章程的事件，使国美大股东与董事会的矛盾第一次被公之于众。这种事情在我国上市公司中是不可能发生的，因为我国《公司法》规定，股东大会是公司的最高权力机构，"执行股东大会的决议"是董事会主要职责之一。

但是，国美电器并不是中国的公司，而是在百慕大群岛注册，在我国香港特别行政区上市的外国公司。其注册地和上市地所属法系均属于英美法系，而英美法系国家奉行"董事会中心主义"，对于股东会与董事会的权力划分，往往由公司章程加以确定。在英美法系国家，法律对公司章程干涉很少。公司只需要将一个"章程大纲"在公司登记机关进行备案，真正详尽的"章程细则"并不需要备案，公司自己存留即可。

具有讽刺意味的是，董事会拥有比股东大会大得多的权力这一公司治理结构，除符合英美法系国家"董事会中心主义"这一客观事实外，一个根本的原因正是当初作为大股东、决策者和执行者的黄光裕自己决定的。

首先，为更方便和自由地控制公司，黄光裕选择在属于英美法系的百慕大注册、在我国香港特别行政区上市。其次，2006 年，黄光裕家族一度持有超过 75% 的国美股份，正是在这一时期，黄光裕凭借其绝对控股地位多次修改公司章程。2006 年，国美股东大会对公司章程进行了一次最为重大的修改，内容包括：无须股东大会决定，董事会享有包括随时任免、增减董事且不受人数限制的权力；董事会还获得了增加股本的一般授权，包括同比认股、定向增发，以及对管理层、员工实施各种期权、股权激励等；董事会还可以决定订立与董事会成员"有重大利益相关"的合同。[①]

作为大股东的黄光裕本意是通过章程保持自己对公司的绝对控制且使这种控制便利化。但是，在黄光裕被追究刑事责任后，一切都发生了彻底改变。章程条款被陈晓所运用，董事会被陈晓所控制，国美电器控制权发生了反转。在某种意义上，国美控制权之争，与其说陈晓"背叛"了黄光裕，倒不如说黄光裕为自己制定的这种章程"游戏规则"所反制。在大股东失去对公司的绝对控制的时候，其利益被以董事会为代表的管理层"合章侵犯"。

对创始人而言，深刻理解不同法系国家公司法框架下股东大会与董事会的权力边界的划分是非常重要的。如果一家公司选择在美国、英国或者我国香港特别行政区的证券市场上市，创始人没有必要做大股东，其只要做董事会主席基本上就可以控制公司。因为在这些证券市场上，由于大股东义务、小股东权利保护、做空、举证倒置、集体诉讼等制度的存在，做大股东的成本比较高。而且，在英美法系下，董事会享有公司的实际控制权，如果能够成为公司的董事会主席，再通过公司章程将一些本属于股东大会的权力授予董事会，就可以通过控制董事会来实际控制公司。当然，如果创始人能够同时兼任公司 CEO，他就拥有董事会与高管层面对公司

---

① 马永斌：《公司治理之道：控制权争夺与股权激励》，清华大学出版社 2013 年版，第 139 页。

的控制，其对公司的控制力就会更强。

2. 章程条款既有合理之处，也有不合理之处

本案中，董事会决议推翻了股东大会决议，并不能说违法。但是，该行为是否合理，进言之，授权董事会享有如此巨大权力的章程条款是否合理？对此，分析如下。

第一个约定，"股东大会授权公司董事会有权在不经股东大会同意的情况下任命公司非执行董事，直至下一届股东大会投票表决"的条款不合理。

首先，在股东会与董事会的职权划分上，属于股东会的权力应当实行"股东会权力保留主义"，如选任董事、决定董事薪酬等。股东是公司的所有者，从理论上讲公司所有的权力都应当归属于股东，股东大会是公司的权力机关，应当享有对公司重大事项的决定权。董事会只是公司的经营决策机构，负责公司的日常经营与管理。即使在股东大会和董事会的权力划分上，经历了"股东会中心主义"向"董事会中心主义"，甚至"经理人中心主义"的转变，但是无论如何都不应侵犯股东与股东会的固有权力。退一步讲，即使董事依照公司章程作出决议，但当股东大会作出的决议与董事会的决议存在冲突时，显然股东大会的决议才是股东真实意思的体现。在这种情况下，董事会的决议因为违反股东大会的决议应当无效。在国美一案中，董事会以股东大会的决议未反映大部分股东的意愿为由，否决了股东大会的决议，有违基本法理。

其次，从公司法规范的性质来看，包括强制性规范、任意性规范和缺

省性规范，而任意性规范又包括赋权性规范、补充性规范。[①] 强制性规范是公司必须遵循的规范，如果公司章程违反强制性规范，章程条款应属无效。强制性规范体现了国家意志，排除了当事人之间的契约安排。即使这种契约安排是有效率的，但是考虑社会整体利益，立法者也必须作出这种强制性要求。如果当事人面临强制性规范而从事规避行为时，就不得不面临高昂的交易成本，从而在一定程度上损害效率。这种强制性规范便是体现在公司法中的政府管制。

究竟哪些公司法规范应当被定为强制性规范，哪些又应当被定为任意性规范？公司行为主要体现公司与其他人之间的交易关系，当事人意思应当得到充分尊重，因此，对于这一部分应当采取任意性规范。对于董事、高管的信义义务，一般涉及股东利益保护，应当采取强制性规范。对于公司结构而言，关系到机构设置是否健全、机构权力配置是否合理，从而直接或者间接地影响当事人、第三人，甚至社会，因此，多采用强制性规范。简言之，对于封闭公司而言，除信义规则为强制性规范外，其他多为任意性规范。但是对于股份公司而言，由于人数众多，难以有效讨价还价，此时公司结构规则与信义规则都应属强制性规范。

最后，章程规定董事会可随时调整董事会结构，包括随时任免、增减董事，这就涉及选举董事的权力归属问题。法律明显将此权力赋予股东，但本案的关键在于，当股东将该权力通过章程授予董事会时，就成为自己选择自己，自己做自己的法官，而这显然是不公平的。

第二个约定，"董事会有权决定增发"，没有问题。

在英美授权资本制下，董事会可以在章程授权的情况下在授权资本

---

① 按照艾森伯格的观点，公司法规范分为三类，一是强制性，二是补充性，三是授权性。可以将公司法理解为一系列的合同条款的总和。其中一些合同条款是强制性的，而一些条款则可以由公司及其参与方协议修改。一些合同条款如果是强制性的，则可以理解为这是一种标准合同，是不允许修改的。参见艾森伯格：《公司法的结构》，载《比较》（第14辑），中信出版社2004年版。

的范围内增发资本。但是如果股东会通过决议修改章程，取消董事会的增发权也是可以的。但是，国美章程允许董事会在不经股东大会批准的情况下，能够以各种方式增发、回购股份，此类授权过于概括。这种一般授权性条款，由于没有规定权力行使期间和行使方式，从而给董事会行使权力提供了过于宽泛的自由，极易导致董事会作出偏离股东设置该条款初衷的决策。

第三个约定，董事会决定股权激励，没有问题，但不合理。

股权激励制度之所以被设计出来，是为了使经营者与所有者的利益保持一致，使其为股东利益最大化而从事管理。但在本案中，股权激励却是陈晓等用来凝聚经理人的一种措施。因此，一项制度只是单纯地具有其制度内涵，但被适用于不同的场合后，便具有了不同的目的。曾经用于激励经理人的制度，在被经理人用来"自我激励"和"抱团取暖"后，大股东的利益受到了一定"伤害"。

按照国美董事会授予的股票期权计划，国美部分董事及高管可以认购国美发行的 3.83 亿股新股，共涉及 105 人，授予价格 1.9 港元。其中，陈晓 2200 万股，王俊洲 2000 万股，李俊涛 1800 万股，魏秋立 1800 万股，孙一丁 1300 万股。在此之前，除陈晓外，其他高管均不享有股权。在股权激励实施之后，大股东黄光裕所持股份被严重摊薄。

黄光裕方面在公开信中指责，董事会的这一激励方案是"慷大股东之慨"，且这个方案没有取得大股东的同意，并对于期权推出的时机、动机、具体分配比例、公平性和合理性提出异议。黄光裕方面既然反对股权激励，为什么不能阻止该股权激励计划的实施？这是由于 2006 年国美章程修改中，将授予股权激励的权力作为"一般授权"赋予董事会。国美对经理人的股权激励只要董事会批准就可以了，无须上报股东大会。这一点与我国的情况很不一样，我国上市公司的股权激励计划必须经股东大会批准，且不可以将该权力授予董事会。

（六）经理人的不当言论违反了协议约定

陈晓在离职时与国美电器签署了一份协议，记载了陈晓在离职时向国美作出的各项承诺。后《21世纪经济报道》《商界》报道了陈晓对国美的不利言论。国美认为，陈晓向财经媒体发表对国美不真实或误导性言论，对公司声誉、经营活动等造成经济损失，属于违约行为。国美希望通过起诉，维护国美与股东的利益，维护契约精神和市场经济的正常秩序。那么，陈晓的言论是否涉及违约披露公司商业秘密？这需要从法律层面，对违约和侵权的事实、法律构成进行分析。

1. 陈晓构成违约

对于商业秘密而言，无论经理人在职还是离职，都应负有保密义务。公司会与经理人签订保密协议，对在职期间与离职之后的保密义务，以及经理人违反保密义务的法律责任进行约定。对此，可以适用的法律有《合同法》《公司法》。当然，即使公司与经理人之间没有签订保密协议，经理人也不得披露公司秘密，因为商业秘密受到《侵权责任法》《反不正当竞争法》等法律的保护。

陈晓在离职时曾与国美签订了一份协议。从协议的部分内容来看，陈晓向国美无条件及不可撤销的作出如下承诺、确认及保证，即"陈晓不会，及促使其关联人士不会：无论以口头或者书面的方式，使用或泄露给任何人，或发表或披露或允许发表或允许披露集团任何成员的非公开资料（无论是否机密和保密资料，亦无论是以文字、口头或其他方式录制的资料）"。协议同时对"资料"一词作出解释，即"包括但不限于以下内容：（1）关于集团任何成员业务或财产的资料。（2）关于集团任何成员经营策略的资料（包括业务、价格及/或销售战略）竞争业务：在中国（包含港澳台地区）经营家用电器及电子消费类产品的零售业务以及无论以口头或者书面的方式，对集团任何成员、集团成员的任何股东、董事、高级管理人员，其各自的关联人士及其各自的联系人本身，及/或陈晓与他们中的任何人之间的关系，对任何人发表任何国美控股公司合理认为对集团成员、集团成员的任何股东、董事、高级管理人员、其各自的关联人士可能造成负面影响的言论、评论或作出任何不利行动……"协议规定："陈晓如果违反相关承诺，应退还国美控股公司已支付的协议对价税后 1000 万元。"[①]

五天后，也就是 2011 年 3 月 14 日，国美控股有限公司通过其附属的一家外商合资公司采用转账方式分两笔各 500 万元，向陈晓个人工资账户支付了人民币 1000 万元。

尽管国美与陈晓签订了保密协议并为此支付了高达 1000 万元的对价款，但仅仅两个月后，密集的媒体报道便将陈晓与国美再次推向风口浪尖。《21 世纪经济报道》头版刊登了题为《国美事件再露面陈晓大爆国美财务漏洞》的文章，引发媒体迅速而广泛的转载。此后，《北京青年报》《商界》杂志分别刊登了题为《陈晓揭黑国美一日三变》《陈晓是与非》的文章。在上述文章中，涉及了一些敏感的提法，如陈晓表示"那些股票我很快就会卖掉，因为国美电器的股价在我看来不可能再涨了，而很多机构已经选择了撤出，从机构云集的热门股票到现在成为散户的集中营，这样的股票在投资价值上是没有前途的"等。此外，陈晓还对国美供应商关系、财务问题等提出质疑。

在媒体的大量转载和报道下，"国美电器控股有限公司"的股价在复盘后连跌两天，市值损失达 30 多亿港元。此外，国美旗下约 1400 家电器门店的日常经营也遭受重创。"国美电器"的品牌形象及声誉受到极大损害。国美随即作出反应，一方面，作出官方回应，强调陈晓的表述与国美

① 泽宇：《国美诉陈晓违约案，被遗忘的"契约精神"》，载《法律与生活》2015 年第 1 期。

实际情况出入很大；另一方面，以陈晓违反保密约定为由提起诉讼。

在北京市第二中级人民法院的一审和北京市高院的二审中，争议的焦点不是陈晓是否违反《协议》约定披露了国美的商业秘密，而是国美控股公司是否按《协议》约定向陈晓支付了 1000 万元对价，以及陈晓是否因违反其在协议中的承诺而负有向国美控股公司返还 1000 万元对价的义务。因为，尽管陈晓在答辩中表示，从未向媒体透露与国美控股公司有关的信息和言论，未实施国美控股公司所称的违约行为，因此不应承担违约责任。但是，由于作出报道的媒体均出具书面材料表达采访内容属实，以至于可以理解为，陈晓的违约事实是显而易见的。法院认为，无论陈晓与记者的谈话是朋友聊天还是记者采访，陈晓的本意是对朋友说出真实想法还是揭露国美，陈晓均已构成向他人泄露国美集团成员的非公开资料，对他人发表国美集团成员股东的评论，且该行为在客观上产生的后果足以使国美控股公司合理认为系对集团成员、股东可能造成负面影响的言论。一审法院和二审法院均认定陈晓违反《协议》的承诺，向他人披露了国美相关资料，依据《协议》约定，陈晓应向国美全额退还 1000 万元。

陈晓不服北京市高级人民法院的民事判决，向最高人民法院申请再审。最高人民法院对于一、二审判决认定的基本事实，即陈晓违反《协议》约定的承诺义务进行了认定。国美控股公司与陈晓于 2011 年 3 月 9 日签订《协议》，约定陈晓同意自 2011 年 3 月 10 日起，与国美控股公司及其附属公司全部解除已签订的《董事服务合同》、《高级管理人员劳动合同》（含补充协议）、《高级管理人员竞业限制协议》等法律文件，放弃行使国美控股公司根据《购股权计划》授予的未到期购股权，并承诺不"以口头或者书面的方式，使用或泄露给任何人，或发表或披露或允许发表或允许披露集团任何成员的非公开资料"，不"以口头或者书面的方式，对集团任何成员、集团成员的任何股东、董事、高级管理人员，其各自的关联人士及其各自的联系人本身，及 / 或承诺人与他们中的任何人之间的关系，对任何人发表任何公司合理认为对集团成员、集团成员的任何股东、董事、高级管理人员、其各自的关联人士可能造成负面影响的言论、评论或作出任何不利行动"等。《协议》还约定，在签署协议后 5 日内，国美控股公司（或安排附属公司）支付给陈晓税后 1000 万元人民币（以下币种同）的款项，作为陈晓作出协议项下各项承诺的全部对价；如陈晓违反任何承诺，应国美控股公司的要求，陈晓同意向国美控股公司全额退还协议对价。该合同是双方当事人之间的真实意思表示，并不违反我国法律的规定，一审、二审法院认定合同有效是正确的。双方当事人均应依约履行各自的合同义务。国美控股公司依约向陈晓支付了 1000 万元。

最高人民法院认为：2011 年 5 月 10 日，《21 世纪经济报道》刊登了题为《国美事件再露面陈晓大爆国美财务漏洞》的文章；《商界》杂志2011 年 6 月号"商界明星"专栏刊登了题为《陈晓是与非》的文章。上述文章均披露了国美控股公司及其关联公司的非公开资料，并可能造成公众对国美控股公司及其关联公司、股东、董事、高级管理人员等的负面评价。尽管陈晓否认其接受了两家媒体记者采访，但《21 世纪经济报道》报社、《商界》杂志均确认其记者与陈晓进行过面谈，并根据面谈内容进行了报道。特别是，在另案，即陈晓诉《商界》杂志社、陈晓诉广东二十一世纪环球经济报社名誉权纠纷两案中，上海市第一中级人民法院作出的民事判决，已经分别认定陈晓与《商界》杂志社记者、《21 世纪经济报道》报社记者进行过面谈，均未认定有关报道失实，并分别判决驳回了陈晓基于两家媒体侵犯其名誉权而提出的诉讼请求。以上内容足以证明陈晓未全面履行《协议》约定的义务。因此，一审、二审判决认定陈晓违反了《协议》约定的承诺义务是正确的。

在陈晓诉《商界》杂志社名誉权纠纷案一审过程中，陈晓虽然与《商界》杂志社自行达成了《和解协议》，但因审理该案的上海市浦东新区人民法院认为"无法核实双方在和解协议中所确认的情况是否属实"，因此未能得到该院确认。因此，本案二审判决认为《商界》杂志社与陈晓达成的《和解协议》中的陈述不能作为认定本案事实的依据，并无不妥。最高人民法院认为，陈晓构成违约，一审、二审法院根据《协议》的约定判令陈晓承担相应的违约责任，向国美控股公司退还税后 1000 万元款项是正确的。据此，2017 年 5 月，最高人民法院作出终审裁定，驳回陈晓的再审申请。[①]

2. 陈晓不构成侵权[②]

北京国美公司、国美电器公司认为，前董事会主席陈晓向媒体披露大量有损国美品牌形象的不实甚至诽谤言论，损害了公司声誉，造成了公司重大经济损失，遂向北京市朝阳区人民法院提起诉讼，请求法院判令：（1）陈晓在全国性的媒体上向北京国美公司、国美电器公司公开书面赔礼道歉，消除影响。（2）陈晓赔偿北京国美公司、国美电器公司侵害名誉权损失 4900 万元。

2017 年 8 月 1 日，朝阳区人民法院判决北京国美电器有限公司、国美电器有限公司败诉。国美不服，向北京市第三中级人民法院提起上诉。2017 年 12 月 20 日，北京市第三中级人民法院作出终审判决，驳回国美的诉讼请求。北京市第三中级人民法院主要针对两个问题进行判定。

第一，《21 世纪经济报道》的文章《国美事件再露面陈晓大爆国美财务漏洞》是否构成侵犯名誉权。根据《最高人民法院关于审理名誉权案件若干问题的解释》规定，因被动采访而提供新闻材料，且未经提供者同意公开，新闻单位擅自发表，致使他人名誉受到损害的，对提供者一般不应当认定为侵害名誉权。基于此，本案中关于陈晓是否属于被动采访而提供新闻源进一步转化本案诉争的焦点。关于是否构成被动采访，应考虑以下两个因素，一是被动采访提供新闻材料，二是未经提供者同意而擅自公

---

① 参见最高人民法院：陈晓、国美电器控股有限公司合同纠纷再审审查与审判监督民事裁定书，载中国裁判文书网。

② 参见北京市第三中级人民法院：国美电器有限公司、北京国美电器有限公司与陈晓名誉权纠纷二审民事判决书，载中国裁判文书网。

开。本案中，从现有证据材料上能够认定广东二十一世纪环球经济报社记者在与陈晓面谈过程中谈论过涉及国美内容的客观事实，但需要指出的是北京国美公司、国美电器公司未能提供证据证明面谈内容的发表系征求陈晓本人意见，且陈晓对此予以否认。而根据记者在微博记述的内容、陈晓在报道的当晚通过网络所发表的否认接受采访声明，以及广东二十一世纪环球经济报社将电子版撤稿的事实，能够认定陈晓所提出文章中的内容未经其同意发表的主张具有较高的盖然性。一审法院根据现有证据未支持北京国美公司、国美电器公司的主张并无不当。

第二，《商界》杂志的文章《陈晓是与非》是否构成侵犯名誉权。法院认为，法律并不禁止某人对其他人的人格、品行、思想、道德、作风等有所评价，但评价人的言论必须在合理的限度内，不得使用侮辱、诽谤的方式造成他人的人格贬损。案涉文章中确实存在对工作人员收取灰色利益的描述，但结合整段文字的文义分析，有理由认为文章中的描述是针对文章中"在这个行业里，要突破原有的沉疴模式，就必然触动整个组织体系的利益"展开，并与之形成逻辑上的联系。该描述所表达的意思应是整个行业现象而非有针对性的指向北京国美公司、国美电器公司。这段文字的内容本身也并非为贬低特定人，不具有侵害他人名誉权的主观故意或者过失。对于北京国美公司、国美电器公司提出的文章中"那些所谓的争斗都是编出来的，根本不存在。很多人对行业不理解，没有看到行业的本质。家电连锁渠道的社会价值已经很低了""其实他很理解黄光裕，这样巨大的落差，一般人很难承受……"等描述均系个人观点的阐述，属于个人观点、态度和评论的范畴。上述用语未超出正常评论的界限，亦不属于贬损人格的侮辱性用词，并不足以影响他人对北京国美公司、国美电器公司的自我判断。

2017 年 12 月 20 日，北京市第三中级人民法院作出终审判决，北京国美公司、国美电器公司的上诉请求均不能成立，应予驳回；一审判决认定事实清楚，适用法律正确，应予维持。

　　尽管北京市第三中级人民法院并未认定陈晓侵权，但这并不意味其行为合理。较之普通人，作为国美的曾经高管以及具有影响力的公众人物，更应充分认识到其言论对国美股票价格以及经营业绩的影响。保证发表合理且谨慎的言论是一个合理的经理人应当符合的基本要求。

阿里巴巴集团的控制权协议安排

【引言】

公司控制权的协议安排

阿里巴巴是目前全球最大的网上贸易市场，英国《经济学人》杂志称其为"世界上最伟大的集市"。马云作为创始人，在其湖畔合伙人的支持下将阿里巴巴不断地从一个辉煌推向另一个辉煌。马云及其湖畔合伙人控制下的阿里巴巴是一个经营和管理都非常值得推崇的互联网企业，但是这种控制权的取得并不是依据创始人对于阿里巴巴的股权而衍生出来的控制。在公司规模不断扩大的情况下，吸引新投资一般会稀释原股东的持股比例，创始人持股比例不断下降是很正常的。在不断融资的情况下，马云及其他创始人持有的阿里巴巴集团的股份比例非常低。但是，创始人通过与雅虎之间控制权协议，依然享有对阿里巴巴集团的控制权。尽管有效期至2010年10月，但是没有关系，创始人又设计出合伙人制，即由合伙人提名阿里巴巴集团董事会候选人，从而在董事提名方面控制了董事会的构成，依然保持了对公司的控制。

为维持合伙人制，阿里巴巴放弃了在认为双层股权结构违法的香港证券交易所上市，而到承认包括双层股权结构在内的表决权协议安排的纽约证券交易所上市。在创始人不断给投资人带来利润增值，尤其是在创始人能够通过协议行使对阿里巴巴的控制权的情况下，投资人显然会一如既往地尊重创始人对阿里巴巴集团的控制。

一、案情

（一）阿里巴巴集团体系的形成

1998 年年底，马云创办阿里巴巴集团（Alibaba group），注册地为开曼群岛。集团国际总部设在我国香港特别行政区，中国总部设在杭州，并设立硅谷、伦敦等分支机构。

1999 年，马云创立阿里巴巴网络有限公司（Alibaba.com Limited），注册地也是开曼群岛，后在港交所上市。阿里巴巴网络有限公司主营 B2B 电子商务。

1999 年，阿里巴巴获得 500 万美元的第一轮投资。该轮投资由高盛牵头，联合美国、亚洲、欧洲的多家投资机构共同投资，包括新加坡汇亚（Transpac Capital）、瑞典 Investor AB 和新加坡政府科技发展基金。

2000 年，阿里巴巴引进第二轮 2500 万美元投资。软银领投 2000 万美元，富达、汇亚资金、TDF、Investor AB、日本亚洲投资公司等跟投 500 万美元。

2003 年 5 月，阿里巴巴集团投资 1 亿元人民币，建立网上购物平台"淘宝网"。

2004 年 2 月，阿里巴巴第三轮融资 8200 万美元，成为当时中国互联网历史上最大一笔融资。其中，软银牵头投资 6000 万美元，其余 2200 万美元由富达、TDF 和 GGV 投资。第三轮融资对于阿里巴巴从 B2B 到 C2C 的转型十分重要。软银的 6000 万美元全部投到"淘宝"项目上。当时，阿里巴巴刚熬过互联网的严冬，马云准备向风头正劲的竞争对手 eBay 发起挑战。在获得软银 6000 万美元投资之后一年，淘宝终于在 C2C 领域领先。

2004 年 10 月，阿里巴巴集团投资成立"支付宝"，面向中国电子商务市场推出第三方支付服务。

（二）雅虎投资与控制权协议安排

2005 年，"淘宝"与 eBay 经过两年大战，彼此消耗极大。在这种情况下，eBay 谋求收购淘宝。不愿失去控制权的马云与希望套现的软银达成妥协，希望找到 eBay 之外的接盘者。

2005 年 8 月，在软银孙正义的撮合下，阿里巴巴集团与雅虎结成战略联盟。雅虎以 20 亿美元现金加上"雅虎中国"（包括一搜、3721）的所有资产换取阿里巴巴 40% 的股权。这其中包括四笔交易：（1）雅虎以 3.6 亿美元，收购软银所持有的全部淘宝网股权。（2）软银用套现淘宝网股权所得的 3.6 亿美元中的一半，受让阿里巴巴前三轮投资人所转让的 2770 万股的阿里巴巴股票。（3）雅虎以 3.9 亿美元，收购阿里巴巴前三轮投资人（除软银外）所持有的剩下 6000 万股阿里巴巴股票。（4）雅虎以 2.5 亿美元现金，加上从软银购得的淘宝股权，以及雅虎中国的全部资产，换取阿里巴巴集团向雅虎增发 2.016 亿股。交易完成后，雅虎成为第一大股东持股 40%，马云团队持股 31%，软银持股 29%，形成三足鼎立的股权结构。

雅虎虽然成为第一大股东，但在进行上述股权交易时，雅虎还签订了一个额外的控制权协议。具体包括：（1）雅虎持有 40% 股权，但只享有 35% 的投票权，多余的投票权归马云团队所有，此条款有效期至 2010 年 10 月。（2）阿里巴巴董事会中，马云团队拥有两个席位，雅虎、软银各有一个席位；直到 2010 年 10 月，雅虎才有权获得与马云团队数量相等的董事会席位。（3）2010 年 10 月前，董事会不得解除马云阿里巴巴 CEO

的职务。

2007 年 11 月，阿里巴巴集团将旗下 B2B 业务注入开曼群岛注册的阿里巴巴网络，后阿里巴巴网络在我国香港特别行政区上市。根据招股说明书，全球发售完成后，阿里巴巴集团持有阿里巴巴网络 75% 的股权。

（三）未获董事会同意而转让"支付宝"

阿里巴巴集团与雅虎的控制权协议所约定的最后期限即将于 2010 年 10 月到期，不愿失去控制权的马云对雅虎入主阿里巴巴集团产生忧虑。

2009 年 6 月 1 日，支付宝原股东、阿里巴巴集团全资子公司 Alipay，向浙江阿里巴巴转让支付宝 70% 的股权，作价 2240 万美元（折合 1.66 亿元人民币）。支付宝由外商独资企业变更为中外合资企业。

2009 年 9 月，雅虎出售其持有的阿里巴巴集团股份，套现 11.4 亿港元（约 1.47 亿美元），持股比例减至 39%。这一举动引起阿里巴巴集团高层的意外与关注。

2010 年 5 月，阿里巴巴集团股东大会上，阿里巴巴集团首席财务官蔡崇信首次表示，阿里巴巴集团准备回购雅虎持有的股份。

2010 年 7 月，阿里巴巴集团推出合伙人制，以维护创始人的愿景与价值观。

2010 年 8 月 6 日，支付宝召开董事会，Alipay 决定以 2010 年 5 月 31 日为估价转让基准日，按照当日的股价评估价，以 1.6489 亿元人民币的价格将其持有的支付宝剩余 30% 的股份转让给浙江阿里巴巴。交易完成后，浙江阿里巴巴共支付 3.3 亿元人民币，将支付宝收为全资子公司。雅虎发表声明称，阿里巴巴集团将支付宝在线支付业务转移给其他公司并未获得阿里巴巴集团董事会或股东的批准。

2010 年 9 月 13 日，雅虎表示将继续持有阿里巴巴 39% 的股份，不会出售。

2010 年 9 月 15 日，雅虎 CEO 卡罗尔·巴茨（Carol Bartz）表示，她可能会在年底加入阿里巴巴董事会，但没有最终决定。如果进入董事会，雅虎在阿里巴巴董事会席位将变成两个，阿里巴巴管理层就会变得被动。9 月 18 日，雅虎再次强调，其对于阿里巴巴集团的投资是战略投资，雅虎作出任何决定都会以股东利益最大化为出发点。雅虎在声明中称，"非常支持"马云及其团队对阿里巴巴集团的管理。

2010 年 10 月 12 日，在中国计算机大会上，阿里巴巴集团董事会主席马云强调，虽然外资是阿里巴巴的大股东，但是外资不会控制阿里巴巴，自己会掌控阿里巴巴的未来。马云表示，在消费者、阿里巴巴团队之外，股东影响力永远处于第三位，"最后是我来决定"，而能改变自己的力量只有用户和团队。

2010 年 10 月 13 日，雅虎股价在纳斯达克市场盘后交易中暴涨 12.92%。这并非源于阿里巴巴与微软在国内联手的消息，而是美国在线正在与几家私募股权公司探讨收购雅虎的可能性。对于此前一直积极寻求回购股权而未果的阿里巴巴而言，终于迎来"以静制动"的机会。因为根据此前阿里巴巴与雅虎签订的协议，在大股东雅虎的情况发生变化时，阿里巴巴享有优先回购权。

2011 年 5 月 12 日，雅虎发表声明称，2011 年 3 月 31 日，雅虎和软银获悉阿里巴巴集团进行了两笔交易，它们既未得到阿里巴巴集团董事会和股东的批准，也未履行通知义务。

2011 年 5 月 13 日，阿里巴巴集团发布公告，对雅虎声明予以否认，称董事会一直在探讨此事，并且在 2009 年 7 月召开的董事会上，董事会已获悉第一笔交易。

2011 年 5 月 14 日，在香港特别行政区举行的阿里巴巴网络股东大会上，阿里巴巴集团董事会主席兼首席执行官马云，回应了备受关注的支付宝股权变更事件。马云未明确否认"支付宝重组未获阿里巴巴集团董事会批准"的说法，只强调"为了集团和股东利益，必须这么做"。

2011 年 5 月 15 日，阿里巴巴集团和雅虎发表联合公告，称阿里巴巴及其主要股东雅虎、软银正在就支付宝问题进行协商，以尽可能地维护各方利益。

2011 年 5 月 16 日，雅虎及阿里巴巴发表联合声明，表示将努力解决由支付宝资产转移所引发的问题和纠纷。声明指出，"阿里巴巴集团及其主要股东雅虎、软银将尽快出台解决支付宝相关问题的协议，以此满足所有股东的利益。"

2011 年 6 月 1 日，雅虎与阿里巴巴就支付宝转让纠纷达成和解，但迟迟未得到阿里巴巴另一大股东软银的同意。软银表示，三方的谈判仍在进行。

2011 年 6 月 6 日，美国证券公司 Kendall Law Group 代表雅虎股东向美国加州北部地方法院对雅虎提起集体诉讼。诉讼称，由于支付宝的所有权转移降低了雅虎的价值，雅虎的业务前景声明涉嫌虚假和误导，违反了 1934 年《证券交易法》的相关规定。

2011 年 6 月 14 日，马云在紧急召开的媒体沟通会上多次强调，他有阿里巴巴集团董事会的会议纪要证明，他及管理层在 2009 年 7 月 24 日获得了董事会给予的"合法获得牌照，调整股权结构"授权。

2011 年 7 月 29 日，阿里巴巴集团、雅虎和软银共同宣布，就支付宝股权转让事件正式签署《框架协议》。该框架协议约定支付宝将对各方给予一定的利益回报。

2011 年 9 月 7 日，雅虎解雇首席执行官卡罗尔·巴茨（Carol Bartz），任命首席财务官蒂姆·莫尔斯（Tim Morse）担任临时 CEO。

2011 年 11 月 9 日，对于阿里巴巴集团、日本软银以及其他私募股权基金商谈在未获允许的情况下联合竞购雅虎全部资产的事宜，雅虎、阿里巴巴和软银拒绝对此发表评论。

2012 年 1 月 18 日，雅虎创始人杨致远辞去雅虎董事会以及公司内一切职务，同时辞去其在雅虎日本以及阿里巴巴集团董事会中的职务。

（四）"阿里巴巴"——阿里巴巴网络与阿里巴巴集团的股份回购

2012 年 2 月 9 日，香港特别行政区上市公司阿里巴巴网络有限公司（代码 1688）宣布停牌。

2012 年 2 月 21 日，阿里巴巴集团和阿里巴巴网络联合宣布，阿里巴巴集团向旗下阿里巴巴网络提出私有化要约，以每股 13.5 港元的价格回购上市公司约 26% 的股份，预计耗资约 190 亿港元。

2012 年 3 月 14 日，雅虎宣布，首席财务官蒂姆·莫斯（Tim Morse）将加入阿里巴巴集团董事会，以填补杨致远离开后留下的空缺。

2012 年 5 月 21 日，阿里巴巴集团宣布，以 71 亿美元的价格回购雅虎所持有的 20% 股份。

2012 年 5 月 25 日，阿里巴巴网络有限公司股东大会通过了私有化要约。

2012 年 6 月 8 日，阿里巴巴网络股票正式停止交易。

2012 年 6 月 20 日，阿里巴巴网络有限公司（代码 1688）在香港特别行政区港交所退市。

2012 年 9 月 18 日，阿里巴巴集团宣布，已经完成对雅虎 71 亿美元的股份回购计划。作为交易的一部分，雅虎放弃委任第二名阿里巴巴董事的权力，也放弃对阿里巴巴集团战略和经营决策相关的否决权。阿里巴巴集团董事会维持 2：1：1（阿里巴巴集团、雅虎和软银）的比例。至此，马云已稳掌阿里巴巴集团控制权，持续多年的控制权纷扰尘埃落定。

（五）阿里巴巴集团纽约上市

2013 年 7 月，阿里巴巴集团向香港特别行政区港交所递交上市申请，启动在香港特别行政区上市。

2013 年 9 月 25 日，阿里集团与港交所谈判破裂。阿里巴巴集团采取的"合伙人制"为此时港交所的《上市规则》所不允许。

2014 年 3 月 16 日，阿里巴巴集团宣布启动在美国上市事宜。

2014 年 5 月 6 日，阿里巴巴向美国证监会（SEC）递交 IPO 申请。

2014 年 6 月 26 日，阿里巴巴向美国证券交易委员会提交的招股书增补文件显示，阿里巴巴计划在纽约证券交易所挂牌上市，股票交易代码为"BABA"。

2014 年 9 月，阿里巴巴先后在纽约、波士顿、巴尔的摩、洛杉矶、旧金山、丹佛、新加坡、我国香港特别行政区和伦敦举行路演。

2014 年 9 月 18 日，阿里巴巴正式公布挂牌价，确定为 68 美元，募资金额为 218 亿美元。

美国东岸时间 2014 年 9 月 19 日上午 9 时，阿里巴巴集团在美国纽约证券交易所上市。阿里巴巴开盘价 92.7 美元，在未上市其独立资产支付宝的情况下，就已成中国第二大市值公司。

2018 年 9 月 10 日，马云宣布 2019 年 9 月 10 日不再担任董事局主席，CEO 张勇接任。

二、评析与经验法则

（一）监管竞争下一家海外公司的诞生

1. 监管竞争的涵义

（1）设立的监管竞争。

监管竞争（regulatory competition）产生于美国 50 个州之间竞相降低设立门槛的"朝底竞争"。19 世纪末，新泽西州开各州公司法"竞相降低门槛"之先河。尽管被斥为"托拉斯之母"和"叛徒州"，但其丰厚的财政收入却使不少州纷纷效仿，竞相放松对公司的限制。尽管美国公司法的自由化促进了资本主义的发展，然而各州政府对公司的过度纵容以及现代大企业的兴起却引发了诸多社会不满和其他社会问题。到了 20 世纪 70 年代，终于爆发了公司立法竞争的大论战。①

放眼国际资本市场，资本是趋利避害的。它们流向能够给它们带来最大化利润的法域去设立。各法域为吸引国际资本，提供越来越宽松、越来越灵活的公司法，从而形成各法域之间的"监管竞争"。一国吸引公司设立具有许多利益，如增加本国的税收收入，提供相关产业链条的发展机

---

① 1974 年，美国证券交易委员会（SEC）前主席威廉·卡里在《耶鲁法律杂志》上撰文《联邦主义与公司法：对特拉华州的反思》，抨击以特拉华州为代表的各州公司法"竞相降低公司门槛"，损害了股东权益，拉开了公司立法竞争论战的序幕。与之相对，丹尼尔·费舍、罗伯特·罗马诺以及莱尼尔·克拉克曼等学者则认为，各州之间的公司法竞争促使各州竞相提供更有效率、更能保护投资人利益的公司法，监管竞争的存在不但没有损害反而有利于股东利益。

会[①]，加快本国的国际化进程等。如果一国公司法规定的设立公司的标准非常高，公司就会选择在设立标准低的国家设立公司，然后在设立标准高的国家设立分公司从事经营活动，从而规避设立标准高的国家的法律规定。欧盟的 Centros 裁决就说明了这一问题。[②] 就我国而言，如果公司法无法提供公司设立或者公司经营的更多优惠，公司就有可能转向其他国家设立或者经营。

在公司设立领域，我国已经流失了诸如汇源、腾讯、百度、阿里巴巴等行业巨头。这些企业之所以选择在海外设立公司，一方面是出于设立标准低与税负轻方面的考虑，另一方面则是出于我国法律对于股份有限公司控制权的协议安排持否定态度。创始人一方面意图吸收资金，另一方面还要在无法持续增加出资的情况下维持控制权，那么就必须通过协议安排加以实现。但是，这在我国是不可能的。因此，选择海外设立也就在情理之中。

（2）上市的监管竞争。

公司设立阶段的监管竞争，引发各国投资人竞相到设立标准低的法域组建公司。在公司证券发行领域亦存在此类竞争。21 世纪伊始，我国 A 股市场就错过了三大门户网站的集体 IPO。2000 年，三大门户网站，新浪、网易和搜狐顶着各界对网络泡沫的质疑先后在纳斯达克上市：4 月 13 日，新浪在纳斯达克交易所上市；两个月后，网易也在纳斯达克正式挂牌；7 月，搜狐也成功登陆纳斯达克。上市后的几年中，三家互联网公司熬过了最艰难的时光，最终存活了下来，并在之后继续引领中国互联网的走向。然而，A 股的遗憾还在继续。2004 年 6 月，腾讯于我国香港特

---

① 跨国公司的设立能够带动相关产业链条。如律师和会计师的收入可能会由于组建公司的数量的增加而骤增。再如公司设立还会创造更多的就业机会，因为律师事务所和会计师事务所将会雇用更多的员工以便应付增加了的工作。

② Centros Ltd. v. Erhverus–og Selskabsstyrelsen, case no. C.21/297, March 9, 1999 [1999] 2 CMLR 551.

别行政区上市。2005 年 8 月 5 日，百度也在美国纳斯达克上市。2014 年 9 月，阿里巴巴于美国纽约证券交易所上市。在回顾中国背景公司过往荣耀的时候，不得不面对一个让人失落的现实——明明是中国本土培育起来的、中国市场和用户扶持的公司，却纷纷在国外上市，国内资本市场对其根本无吸引力可言。

阿里巴巴集团在纽约证券交易所上市不仅是一个具有中国背景的企业上市融资规模巨大引发民族自豪感问题，其中所蕴含的法律问题也值得深思。阿里巴巴、百度、腾讯等大型高科技企业的创新与发展标志着中国背景的企业做大做强、引领世界，也是中国背景的企业在激烈的国际竞争中赢得一席之地的重要突破。但是，这些企业却舍弃国内证券市场而远赴大洋彼岸的美国纽约证券交易所上市，其中缘由及所反映的现实与法律问题值得深思。一方面，阿里巴巴集团主要在中国经营并赚取利润，尽管中国政府可以依据属地原则进行税收管辖并获得经济利益，但是阿里巴巴集团从中国所赚取的收益却给美国投资者分红。中国在世界经济舞台上所扮演的角色确实值得反思，作为经济运行所依托的法律制度更值得反思。

究其原因，诸如阿里巴巴等外国企业本身无法选择在境内上市融资，因为我国目前证券市场只是面对中国企业。在我国证券市场国际板缺失的情况下，阿里巴巴集团等无奈选择海外上市。阿里巴巴集团最初选择在香港证券交易所上市，然而香港证券交易所拒绝了其上市申请，原因是阿里巴巴集团所采取的"合伙人制"的效果被认为等同于"双层股权结构"，违反"一股一票"原则，对股东构成侵害。最终，阿里巴巴赴美上市成功。在上市的监管竞争中，香港证券交易所与美国纽约证券交易所相比处于下风。显然，港交所也认识到自身竞争的劣势，2018 年 4 月 24 日，港交所发布 IPO 新规，允许采取双层股权结构的公司上市。当然，这是后话。

2. 监管竞争利弊并存

对于监管竞争是好是坏，学者观点各异。支持者认为，（1）法律是一种产品（Law is a product）[1]，完全竞争能够提供最优质的产品。（2）各国可以通过提供"极为方便的互惠"（Portable Reciprocity）的监管体制，方便公司根据其所选择的任何国家的法律发行证券，并方便其所有国家上市交易。[2]（3）监管竞争能使各国更加迅速地纠正监管错误。[3]

反对者则认为，监管竞争理论存在重要缺陷。（1）竞争性的放松监管将导致"朝底竞争"，比如零监管或次优监管。[4]（2）过于放松的监管将最终损害消费者的利益；如果监管竞争意味着规则和标准的持续调整，企业和个人的预期将面临更多不确定性，将给企业造成更多成本。[5]（3）监管竞争将会导致监管套利（regulatory arbitrage）和法律规避（evasion of law）。[6]

尽管从理论上讲，监管竞争存在利与弊的争论，但是在当前世界经济一体化的大趋势下，监管竞争在现实中将无法避免。与其说监管竞争是利大于弊，倒不如说是现实需求迫使立法者所作出改变。1994 年，纽约证券交易所对双层股权结构由拒绝到接受的直接诱因就是来自美国股票交易

---

① Frederick Tung, *Lost in Translation: From U.S. Corporate Charter Competition to Issuer Choice in International Securities Regulation*, Working Paper of Boston University School of Law, 08（Mar 2004）. http: //papers.ssrn.com/sol3/papers.cfm? abstract_id=515088.

② Choi et al, *Portable Reciprocity: Rethinking the International Reach of Securities Regulation*, Vol. 71, Issue 5（1998）, Southern California Law Review, p. 903–952.

③ Romano & Roberta, *Empowering Investors: A Market Approach to Securities Regulation*, Yale Law Review, Vol. 107, No. 5,（1998）, p.2359–2370.

④ Merritt B Fox, *Retaining Mandatory Securities Disclosure: Why Issuer Choice Is Not Investor Empowerment*, Virginia Law Review, Vol. 85, No. 7, Oct.（1999）, p.1335–1419.

⑤ K Gatsios & P Holmes, *Regulatory Competition and International Harmonization*, Global Economic Institutions Working Paper Series, No. 36（1997）, London at 2.

⑥ Steven K. Vogel, *International Games with National Rules: Competition for Comparative Regulatory Advantage in Telecommunications and Financial Services*, Working Paper 88, 1996.

所和纳斯达克证券交易所的竞争。2018 年，香港证券交易所承认了双层股权结构的合法性，也是对全球激烈的上市监管竞争所作出的回应。就我国而言，如果不能系统地对公司设立、公司治理，以及公司上市规则作出更有利于投资人的、更加灵活的设计，那么对于很多极有潜力的创业企业则很容易失去吸引力。值得欣喜的是，2019 年 4 月 17 日，中国证监会发布了《关于修改〈上市公司章程指引〉的决定》，结合目前科创板的改革来看，该项修改最大的意义就在于落实了"特别表决权"的上市规则。

（二）引入新投资人时充分利用表决权协议安排

首先需要讨论的问题是，能否进行表决权的协议安排。

股东所享有的权利被称为股权，股权包括许多具体权能，如表决权（投票权）、知情权、诉讼权、分红权、转让权等。从理论上讲，拥有股权对应的就享有投票权，而且基本原则是一股一票。但是，也存在一些例外。对于大陆法系国家的有限责任公司，即英美法系国家的封闭型公司而言，创始人与投资人可以通过协议约定公司增资之后的控制权归属。

但是，对于股份有限公司而言，大陆法系与英美法系国家对于股权与投票权是否一一对应，换言之是否可以约定投票权，立法态度不同。大陆法系国家采取的是股票类型与投票权法定化，即法律规定股份公司只能发行两种类型的股份，一是每股拥有一个表决权的普通股，二是不享有表决权的优先股。换言之，公司不得发行每股具有多重表决权的股份。这一模式的典型代表是德国。《德国股份法》第 12 条规定，（1）每一股票都享有表决权，根据本法规定，优先股可以作为没有表决权的股票发行；（2）不允许有多重表决权。采取这种立法模式的还有韩国、我国台湾地区。

英美法系国家采取的是股份种类自由化，法律对公司发行股份的种类不作出强制规定，公司可以根据自身情况，通过公司章程规定或者股东大会决议发行任何种类的股份。这种立法模式的典型代表是英国。英国公司法允许公司发行各种类别的股票，这些种类的股票在投票权与盈余分配权、剩余财产索取权等方面的差异化配置可以由公司自行决定。公司一般会在章程大纲或者章程细则当中载明股份的具体种类以及各种股份所对应的权利。但是这并不是公司法的强制性要求，公司法只要求在公司公开的文件中，载明公司股份种类以及其所代表的权利。采取这种立法模式的还有美国、加拿大等国家。对于无法继续增资、但又迫切希望继续控制公司的创始人而言，英美这种宽松的、允许自由约定的模式显然更受青睐。[①]

对于阿里巴巴集团而言，如果选择在我国境内设立，那么在初创阶段选择有限责任公司的组织形式，自然可以通过协议安排实现对公司的控制。但是，如果寻求上市，则无法继续维持此类表决权的协议安排。对于公司创始人而言，显然会控制权旁落，这也是为什么阿里巴巴选择在开曼群岛设立，以及在同一法系的美国上市的原因。创始人对阿里巴巴集团的协议控制，有两个措施值得注意。一个是创始人与雅虎对于股东投票权的约定以及对董事会席位的约定，这种约定的力度尚不是很强；另一个是"合伙人制"，这是一种力度较大的对董事会多数董事候选人的控制。

1. 第一阶段的协议安排：股东投票权与董事会席位

2003年后的两年间，阿里巴巴集团面临着创业的艰难以及竞争对手Ebay虎视眈眈的收购企图，阿里巴巴急需资金以扩大经营。2005年8月，在软银孙正义的撮合下，阿里巴巴集团与雅虎结成战略同盟。雅虎以20亿美元的现金外加"雅虎中国"（包括一搜、3721）的所有资产换取阿里巴巴40%的股权，成为名副其实的地第一大股东。但是，马云也是一个足够强大的创始人，雅虎不得不在对阿里巴巴控制权方面作出让步。

在股权交易时，雅虎签订了控制权协议：（1）雅虎持有40%股权，

① 参见张舫：《美国"一股一权"制度的兴衰及其启示》，载《现代法学》2012年第2期。

但只有35%的投票权，多余部分投票权归马云团队所有，此条款有效期至2010年10月；（2）阿里巴巴董事会中，马云团队拥有两个席位，而雅虎、软银各有一个席位，直到2010年10月，雅虎才有权获得与马云团队数量相等的董事会席位；（3）2010年10月前，董事会不得解除马云在阿里巴巴CEO职务。正是通过这份协议，马云确定了自己在阿里巴巴集团的"实际控制人"地位。加之，阿里巴巴集团拥有完善的公司治理，相信这里不应该存在所谓的"控制权"纷扰。但是，所有这一切都是在一个关键时间点到来之前得以维系的：2010年10月。

2010年10月之后，尽管雅虎可以摆脱这种"协议控制"，但当时雅虎已经在走下坡路，无力与马云抗衡。因此，雅虎最终选择了温和的处理方式，表态支持马云及其团队的管理。但是，只要这种协议控制停止了，一旦大股东雅虎恢复了往日的竞争力，其对于阿里巴巴集团控制权的竞逐就是大概率事件了。

不能说阿里当年引入雅虎是个错误，因为在那个时间点，雅虎的资金和影响力，对阿里都带来了正面影响。对创始人而言，对资本作出妥协尽管可能会导致自身丧失对公司的控制，但如果要盲目地保持自身对公司的控制，也很可能会丧失发展的机会。因此，这是一个平衡。

2. 第二阶段的协议安排："合伙人制"

在西方，双层股权结构是创始人或者核心股东保持对公司控制权的利器，而阿里巴巴集团的"合伙人制"则显示出了东方智慧。

2010年7月，阿里巴巴集团推出合伙人制，以维护创始人的愿景与价值观。其基本含义就是由马云及其合伙人共同推举董事，从而在董事会层面控制公司。2013年9月，港交所否决了阿里巴巴的上市申请，主要还是因为合伙人制度与上市规则存在冲突。港交所《上市规则》第2.03条规定，"上市证券的所有持有人均受到公平及平等对待""上市规则致力确保证券持有人（持有控股权者除外）获得若干保证及平等对待，而该等保证及平等对待是他们在法律上未必可能获得的。"从形式上看，合伙人制度只是有关董事提名权的安排，但是由于其他股东对于该提名权只享有否决权，合伙人实际上享有委任董事的权利，这种安排本质上具有了排除其他股东权利的属性。

早在 2007 年，港交所就曾以违反公平及平等原则，否决了一家新股申请人意图对董事提名权享有特权的申请，构成规则适用上的先例。长期以来，香港特别行政区只有港交所一家上市公司基于政府控制的需要，在提名董事方面可以存在特殊安排，即在港交所 13 个董事会成员中，包括不多于 6 名由财政司司长委任的董事，不多于 6 名由股东选出的董事及行政总裁。港交所有关董事提名权的特殊安排，依据的是香港特别行政区立法会通过《交易所及结算所（合并）条例》，该条例与香港特别行政区《公司法》具有同等效力。最终，阿里巴巴集团赴港上市未果，转而奔赴美国纽约证券交易所上市。美国时间 2014 年 9 月 19 日早 9 时，阿里巴巴集团正式在纽交所挂牌交易。

2014 年 5 月 6 日，阿里巴巴集团向美国证监会（SEC）递交了 IPO 申请。在阿里巴巴集团 IPO 的招股说明书中，公司披露将由 28 名高管组成一个团队，这个团队将拥有选举阿里巴巴董事会多数董事的权力。在这 28 人中，6 人甚至不是阿里巴巴员工，而是为阿里巴巴相关企业工作。具体设计是，合伙人可以提出董事候选人，选举新的合伙人需要得到全体合伙人 75% 的投票支持，而罢免合伙人则需要得到全体合伙人 51% 的投票支持。董事候选人经股东大会批准之后成为董事；如果股东大会不批准，合伙人需要再次提出董事候选人，直到股东大会最终批准。至于其他董事，则由其他股东提名，并由股东大会批准。合伙人制的关键就在于由以马云为核心的少数人选择公司的管理者，从而取得对公司的实际控制权。归根到底，是小股东控制公司的实践版本。尽管合伙人在决定公司董事候选人方面享有显著权力，但是在出现可能导致阿里巴巴集团控制权变化的交易时，合伙人却无权获得任何特别补偿。

（三）两起典型的股份回购

1. 阿里巴巴网络的股份回购——阿里巴巴网络的"私有化"

2012 年 5 月 25 日，阿里巴巴网络有限公司股东大会通过了"私有化要约"。其实，私有化这个词语并不是法律术语，其法律意义应当是"退市"，使公司从公开公司转变为封闭公司。对于选择私有化的原因，马云将其归结为需要对 B2B 业务进行深入改革。阿里巴巴 2011 年会员总数减少、增长放缓，似乎也印证了阿里巴巴 B2B 业务发展进入转型期。会员减少带来的问题很明显，因为在阿里巴巴收入中，会员费占了绝对比重。2012 年 6 月 20 日，阿里巴巴网络有限公司（代码 1688）在港交所退市。有观点认为，阿里巴巴网络从一个公开公司走向了封闭公司，是一种制度选择的倒退。究竟是否如此？

开放型公司和封闭型公司是英美法系国家对公司的一种分类，封闭型公司是股票不能在证券交易所自由交易的公司，相当于大陆法系国家的有限责任公司；开放型公司就是股票能够在证券交易所自由交易的公司，相当于大陆法系国家的上市公司。从很多人的观点来看，上市公司显然比非上市公司更为先进，其强大的吸收资金的能力、健全的公司治理制度、强劲的市场拓展能力，显然不是有限责任公司所能够比拟的。因此，开放型公司显然是封闭型公司发展的目标。但是，事实并非如此。

从公司产生与发展的历史来看，股份有限公司的出现要早于有限责任公司。早在 17 世纪初，荷兰东印度公司、英国东印度公司作为股份有限公司就诞生了。1602 年，世界第一个股票交易所创建于荷兰，被称为阿姆斯特丹证券交易所（Amsterdam Stock Exchange），是世界上最古老的证券交易所。有限责任公司则是到了 19 世纪 80 年代才出现，1892 年《德国有限责任公司法》首次规定了有限责任公司制度。有限责任公司出现的原因就在于股份有限公司制度存在一定不足，如严格的信息披露、股权转让频繁导致公司控制权更迭等。投资人在充分认识到股份有限公司、上市公司的不足后，才产生了有限责任公司制度。因此，究竟孰优孰劣、孰先进孰落后，并不能简单地作出判断。究竟选择哪种公司模式，取决于投资人的投资需求。投资人选择最适合自己的公司模式即可。

世界上许多知名跨国公司并不是上市公司，那些被我们称为"家族企业"的公司之所以不愿意上市，是因为他们不缺少经营资金，也不需要改变公司的治理结构，更不需要通过股票市场发现交易价格。因此，上市与否并不是衡量公司先进与落后的标志，也不是衡量公司经营好坏的标准。①

2. 阿里巴巴集团的股份回购：回购雅虎股份

2009 年 9 月，雅虎抛售部分股份，持股比例从 40% 降低到 39%。这一举动引起了阿里巴巴管理层的关注。因为雅虎股份究竟转让给谁，转让比例是多少，这是阿里巴巴不能掌控的，这将直接影响阿里巴巴集团的股权结构与控制权配置。在 2005 年雅虎投资协议中，有一个条款规定，一旦大股东情况发生变化，阿里巴巴集团拥有对雅虎持有股份的优先回购权。换言之，如果作为大股东的雅虎，其自身控制权结构发生，阿里巴巴可以回购股份。该条款成为阿里巴巴保持独立的筹码。

2012 年 9 月 18 日，阿里巴巴集团宣布，已经完成对雅虎 71 亿美元的股份回购计划。阿里巴巴集团以 63 亿美元现金及价值 8 亿美元的阿里巴巴集团优先股，回购雅虎持有的阿里巴巴集团股份的一半，大约为阿里巴巴集团 20% 的股份。同时，阿里巴巴集团还一次性地向雅虎支付技术和知识产权许可费 5.5 亿美元现金。在公司未来上市时，阿里巴巴集团有

---

① 王洋：《阿里巴巴私有化：马云卖的什么药》，载《中华工商时报》2012 年 3 月 2 日。

权优先购买雅虎所持有的剩余股份的 50%。作为交易的一部分，雅虎放弃委任第二名董事的权力，也放弃对阿里巴巴集团战略和经营决策的相关否决权。阿里巴巴集团董事会将维持 2 ∶ 1 ∶ 1（阿里巴巴集团、雅虎、软银）的比例。至此，马云已稳掌阿里巴巴控制权，持续多年的控制权之争尘埃落定。

3. 延伸思考：不同法系对股份回购的态度不同

（1）允许公司买回自己股份。

股份回购，是公司以自有资金、借贷资金或者其他资金买回发行在外的公司股份的行为。公司在股票回购完成后，可以将所回购的股票注销。但在绝大多数情况下，公司将回购的股票作为"库藏股"保留，不再属于发行在外的股票，且不参与每股收益的计算和分配。库藏股日后可以用于发行可转换债券、雇员福利计划等，或者在公司需要资金时还可以将其出售。无论如何，对于股份回购，都是公司将资金支出，将股东手里的股份买回，导致公司现金流减少的一种行为，因此，对于公司资本充实会构成一定影响。

综观世界各国、各地区以及国际组织有关"禁止公司取回自己股份"的立法，最宽松的是美国。美国联邦法和州法一般均承认公司取回自己股份的效力。比较具有代表性的有特拉华州公司法、加利福尼亚州公司法、纽约州公司法、美国示范公司法，以及美国联邦证券法。实践中，美国公司回购股份主要有以下原因。一是防御收购。20 世纪 80 年代以来，由于敌意收购的盛行，许多公司为避免被收购而大举回购自己股份。如 1989 年和 1994 年，埃克森石油公司分别动用 150 亿美元和 170 亿美元回购本公司股票。二是股权激励。公司回购本公司股票，是建立股权激励制度的前提。三是维持本公司股价稳定。1987 年 10 月 19 日，纽约股票市场股价暴跌。上市公司大举回购股份，其主要目的就是稳定本公司股票价格，防止因股价暴跌而出现经营危机或者被收购。1975~1986 年，美国联合电信器材公司一直采用股份回购，使公司股价从每股 4 美元上涨至每股 35.5 美元。1986~1989 年，IBM 用于回购本公司股票的资金达到 56.6 亿美元，共回购 4700 万股股票。对于在开曼群岛注册、在美国上市的阿里巴巴集团而言，显然可以非常自由地回购股份。

（2）原则禁止，例外允许。

除美国外，日本、英国、德国等国均采取原则上禁止、例外允许的态度。当然，各国、地区以及国际组织对禁止公司取回自己股份的例外情况所作的规定也不尽相同。《欧盟第 2 号公司法指令》第 19 条、第 20 条和第 24 条规定的例外事由有：经股东大会认可、回避公司重大而且急迫的损害、为公司或关系企业员工持股、因执行减资协议或偿还偿还股、因财产的概括承受、因无偿取得或银行等金融机构基于受托代购所取得以及固定资本之投资公司应客户要求而取得自己或关系企业之股份、为保护少数股东、因怠于履行出资义务之股东所取得、公司为实现债权因法院强制执行之拍卖所取得、银行等金融机构因业务收质所取得。

1985 年颁布的《英国公司法》第 143 条、第 162 条规定了 5 种例外事由；《联邦德国股份公司法》第 71 条规定了 9 种例外事由；《法国公司法》第 217 条规定的 7 种例外事由；《日本商法》第 204 条、第 210 条、第 211 条、第 212 条、第 230 条、第 245 条、第 349 条、第 408 条规定的 16 种例外事由；我国台湾地区"公司法"第 158 条、第 167 条之 1、第 186 条，以及第 317 条规定的 4 种例外事由，与欧盟第 2 号公司法指令的相关规定较为类似，只是范围宽窄略有差别。截至目前，即使是采取原则禁止例外允许的国家，也日益拓宽允许股份回购的情形，公司可以在更多场合回购自己股份。

（3）我国《公司法》放宽股份有限公司回购股份的限制。

我国长以来对股份回购采取极为保守的立法态度。我国公司法奉行"资本三原则"，即资本确定、资本维持和资本不变。其中，资本维持原则要求公司应当维持与其注册资本基本相适应的实有资产。为实现这一原则，从法律制度上要求公司原则上不得回购股份，不得在未盈利的情况下分红，禁止接受以自己股份设定的质押等。一方面，严格的资本维持原则与禁止股份回购制度确实有利于公司资本维持，从而保护公司债权人利益。但另一方面，禁止公司回购股份却给实践带来很多难题。如允许股份回购的情形较少，难以适应公司实施股权激励以及及时回购股份以稳定股价等需求；股东会作出决议，导致实施股份回购的程序复杂，不利于把握市场机会；对公司持有所回购股份的期限规定较短，难以满足长期股权激励计划及稳定股价的需求等。鉴于此，我国《公司法》于 2018 年 10 月对第 142 条"股份有限公司回购股份"作出修改。

《公司法》第 142 条规定："公司不得收购本公司股份。但是，有下列情形之一的除外：（一）减少公司注册资本；（二）与持有本公司股份的其他公司合并；（三）将股份用于员工持股计划或者股权激励；（四）股东因对股东大会作出的公司合并、分立决议持异议，要求公司收购其股份；（五）将股份用于转换上市公司发行的可转换为股票的公司债券；（六）上市公司为维护公司价值及股东权益所必需。公司因前款第（一）项、第（二）项规定的情形收购本公司股份的，应当经股东大会决议；公司因前款第（三）项、第（五）项、第（六）项规定的情形收购本公司股份的，可以依照公司章程的规定或者股东大会的授权，经三分之二以上董事出席的董事会会议决议。公司依照本条第一款规定收购本公司股份后，属于第（一）项情形的，应当自收购之日起十日内注销；属于第（二）项、第（四）项情形的，应当在六个月内转让或者注销；属于第（三）项、第（五）项、第（六）项情形的，公司合计持有的本公司股份数不得超过本公司已发行股份总额的百分之十，并应当在三年内转让或者注销。上市公司收购本公司股份的，应当依照《中华人民共和国证券法》的规定履行信息披露义务。上市公司因本条第一款第（三）项、第（五）项、第（六）项规定的情形收购本公司股份的，应当通过公开的集中交易方式进行。公司不得接受本公司的股票作为质押权的标的。"与之前立法相比，《公司法》作出了很多改进。

首先，此次修改补充、增加了允许股份回购的情形。将原规定中"将股份奖励给本公司职工"这一情形修改为"将股份用于员工持股计划或者股权激励"，增加"将股份用于转换上市公司发行的可转换为股票的公司债券"和"上市公司为避免公司遭受重大损害，维护公司价值及股东权益所必需"两种情形，以及"法律、行政法规规定的其他情形"的兜底性条款。

其次，简化了股份回购的决策程序，提高了公司持有本公司股份的数额上限，延长了公司持有所回购股份的期限。《公司法》规定，公司因"将股份用于员工持股计划或者股权激励""用于转换上市公司发行的可转换为股票的公司债券"，以及"上市公司为避免公司遭受重大损害、维护公司价值及股东权益所必需而收购本公司股份的"，可以依照公司章程的规定或者股东大会的授权，经三分之二以上董事出席的董事会会议决议，不必经股东大会决议。因上述情形收购本公司股份的，公司合计持有的本公司股份数不得超过本公司已发行股份总额的百分之十，并应当在三年内转让或者注销。

再次，补充上市公司股份回购的规范性要求。为防止上市公司滥用股份回购制度，引发操纵市场、内幕交易等利益输送行为，增加规定上市公司收购本公司股份应当依照《证券法》的规定履行信息披露义务，除国家另有规定外，上市公司收购本公司股份应当通过公开的集中交易方式进行。

最后，删除此前关于公司因奖励职工收购本公司股份，用于收购的资金应当从公司的税后利润中支出的规定。[1]

上市公司股份回购将逐步成为我国资本市场的基础性制度安排，相应

---

① 程丹：《公司法修改拟从三方面完善股份回购规定》，载《证券时报》2018 年 10月 23 日。

地,《公司法》的修订标志着我国资本市场立法逐步走向成熟。员工持股和股权激励制度正式在公司法层面得以确立，将能够有效地提高员工的积极性和对公司的归属感。此外，还可以稳定公司资本结构和控制权，维护公司信用，保障股东权益。

（四）对支付宝的协议控制及解除

1. 作为外商独资企业的支付宝

2004 年 10 月，阿里巴巴集团在英属开曼群岛注册的 Alipay E-commerce Corp. 投资成立支付宝（中国）网络技术有限公司，面向中国电子商务市场推出第三方支付服务。

2009 年 6 月，Alipay E-commerce Corp. 将其全资持有的支付宝股份的 70% 以 1.67 亿元人民币的价格出售给浙江阿里巴巴，使支付宝成为中外合资经营企业。

2010 年 6 月，央行发布《非金融机构支付服务管理办法》。该办法第 9 条第 4 款规定："外商投资支付机构的业务范围、境外出资人的资格条件和出资比例等，由中国人民银行另行规定，报国务院批准。"由于央行对于外商投资支付机构的相关规定未出台，且报经国务院批准的难度大、时间长，因此所有的支付机构均以境内机构身份申请。这意味着，如果支付宝打算领取第三方支付牌照，必须证明自己的合法身份。如果其大股东是注册于开曼群岛的 Alipay，显然不符合中国人民银行的要求。

2. 作为纯内资企业的支付宝与协议控制

2010 年 8 月，浙江阿里巴巴又以 1.65 亿元人民币收购 Alipay 所持有的支付宝余下的 30% 股权。自此，支付宝成为完全内资的公司。浙江阿里巴巴由马云和作为阿里巴巴 18 位创始人之一的谢世煌分别持股 80% 和 20%。

阿里巴巴集团将其间接持股的支付宝转让给浙江阿里巴巴是为了满足中国政府现有管制措施所作的规避性安排。但是，为了继续实际控制支付宝，阿里巴巴集团与受让方浙江阿里巴巴网络技术有限公司确定了协议控制安排，使阿里巴巴集团能够继续控制支付宝。

"协议控制"产生于中国的外商投资与行业监管体系。我国在吸引外资的同时，对于很多行业的外资准入进行了严格限制甚至禁止。典型就是，禁止外资投资电信增值业务，如互联网业务。实践中，很多互联网公司需要离岸风险投资的支持，以谋求更大发展。基于此，很多互联网公司为规避《外商投资产业指导目录》对于限制类和禁止类行业限制外资进入的规定，在融资或上市时，往往采用协议控制。由此形成的控制权结构，被称为 VIE 结构（Variable Interest Entities）。

VIE 结构，就是在境外设立一家离岸公司，离岸公司并不直接收购境内经营实体，而是在境内投资设立一家外商独资企业，并以这家外商独资企业为主体向国内经营实体提供垄断性咨询、管理等服务，国内经营实体企业将其所有净利润，以"服务费"的形式支付给外商独资企业；同时，该外商独资企业还应通过合同，取得对境内企业全部股权的优先购买权、抵押权和投票表决权，以及经营控制权。

VIE 结构之所以出现，主要是为规避中国现有法律，其合法性亦存在一定争议。一方面，由于我国法律未明文禁止协议控制，有关政府部门也未对协议控制结构的合法性作出回应，因此，按照对一般私人主体"法无明文禁止即自由"的基本原则，国内经营实体完全可以依据协议约定将其控制权和部分利润转移给外商独资企业，然后再转移至离岸公司。因此，VIE 协议控制模式一直被互联网等行业广泛采用。但是，按照《合同法》的规定，以合法形式掩盖非法目的的合同无效，这也正是协议控制的合法性存在可质疑性的缘由。作为一种居中的处理方案，所有存在协议控制的公司在海外上市时均应详尽披露其协议安排及风险。

央行在向支付宝颁发首批执照前，曾要求支付宝出具声明：浙江阿里巴巴电子商务有限公司为支付宝的唯一实际控制人，无境外投资人通过持股、协议或其他安排拥有本公司的实际控制权。支付宝的协议控制显然无法满足央行的要求。可以看出，央行对于支付宝的控制权的要求是，外资既不能是控股股东，也不能由外资采取协议控制的方式实际上控制支付宝。因此，单纯的股权转让显然不能满足央行颁发支付牌照的要求，解除协议控制势在必行。

2011 年第一季度，在与大股东协商无果的情况下，马云为确保支付宝获得经营所必需的牌照，决定断掉支付宝与阿里巴巴集团之间的协议控制，以获取央行发放的支付牌照。马云坚称，该股权处置是合法、透明的，并无违规操作。

3. 马云是否擅自转让支付宝

（1）是否有董事会决议？

对于支付宝是否应当被转让以及转让价格如何确定，作为支付宝实际控制人的阿里巴巴集团显然有权作出决定。如果阿里巴巴集团董事会没有作出决议，马云控制的阿里巴巴集团擅自将所持有的支付宝股份转让出去的效力如何？

从英美法系经理人的权限考察，显然经理人应当在章程规定的职权范围内行使自己的权利，如果超越明确授权的职权范围，则构成无权代理。如果公司事后以公司名义对该行为进行追认，那么同样能够约束公司。在英美法系国家，除了明示权限之外，还有默示权限。如果经理人超越了权限，对外以公司名义处分了包括股权在内的公司财产，公司事后知道了，并且使用了出售财产所带来的资金或者以其他默示的方式表明了对该行为的认可，这一处分行为显然也能够约束公司。此外，还有一类权限，叫作不可否认的权限。如果经理人第一次、第二次、第三次都是在授权的情况下处分了公司财产，那么第四次处分同类财产，即使没有获得授权，该处分也是有效的，也能够约束公司。

马云作为阿里巴巴集团 CEO 将阿里巴巴集团间接持股的支付宝转让给浙江阿里巴巴，显然事前与董事会成员进行了协商。其实，早在 2009 年 6 月，董事会就已经口头同意转移。同年 7 月 24 日的董事会纪要中，也明确说明董事会同意阿里巴巴关于支付宝的股权转移。但毕竟没有最终的董事会决议，可以推断董事会成员对此事知晓，但并未形成共识。但是，如果事后董事会并未对此提出异议并且享有了合同带来的利益，那么可以视为对该行为的默示追认。

（2）关联交易与低价转让？

支付宝的转让是否涉及关联交易？阿里巴巴集团董事会主席是马云，而浙江阿里巴巴的大股东、实际控制人也是马云，阿里巴巴集团与浙江阿里巴巴之间的交易显然属于关联交易。在关联交易中，无论是股东会还是董事会作出决策，利害关系股东、董事都是需要回避表决的。但是，在披露的文件中并没有显示出是否关联股东、董事表决权被排除在外。因此，这显然存在瑕疵。但如前所述，如果阿里巴巴集团事后进行追认，不管是明示的，还是默示的，该转让的效力都不可否认。

支付宝是否被贱卖？支付宝的转让价格是 3 亿元人民币，但有机构给出的评估价是 50 亿元。如果支付宝以如此低的价格转让给浙江阿里巴巴，作出决策的董事显然要承担对公司的损害赔偿责任。但是，合同是一种很强的私法自治行为，如果认为阿里巴巴集团将支付宝贱卖，损害了阿里巴巴集团及其股东的合法权益，但随后支付宝与阿里巴巴集团达成协议，对阿里巴巴集团给予很多回馈。对此，可以扩张性地理解为一笔交易，两个合同，总体来看，价格是公允的。

2011 年 7 月 29 日，阿里巴巴集团、雅虎和软银共同宣布，就支付宝股权转让事件正式签署《框架协议》。各方同意：①当支付宝的某种形式变现事宜（包括公开发行股票或者公司转让）发生时，支付宝会将变现收入的一部分支付给阿里巴巴集团（以下简称变现事宜的支付金额）；②阿里巴巴集团（包括其下属子公司淘宝集市和淘宝商城）会根据一份长期的商业协议，以优惠的条件接受支付宝及其子公司所提供的支付服务；③阿里巴巴集团会根据知识产权的许可协议以及软件技术服务协议，许可授权给支付宝特定的知识产权使用以及给支付宝提供各种相关的软件技术服务；④IPCo 会给阿里巴巴集团出具一份面值为 5 亿美元 7 年到期的无息承诺票据；⑤IPCo 开具的承诺票据，变现事宜的支付金额以及其他相关的付款，会以马云先生和蔡崇信先生向 IPCo 投入的由他们所持有的 5000 万股阿里巴巴集团普通股股份作为担保，以及未来其他的担保品。①

（五）表决权的特殊安排：双层股权结构

1. "合伙人制"与双层股权结构的差别

创始股东在公司成长过程中将面临不断强化的融资需求与继续保有公司控制权之间的冲突。创始人或者选择同比增资，或者选择采取协议控制以继续保持自己对公司的控制。在广义的协议控制中，双层股权结构是最典型的安排。

在美国法律界有一种惯例，不论创始股东的股权被稀释到什么程度，其都要占据董事会，或由其提名的人占据董事会的多数席位。在这一游戏规则下，管理者很难与创业投资者进行对抗。实现这一目的的主要措施就是双层股权结构。双层股权结构就是公司发行的股份分为两种类型 A 股和 B 股，A 股作为普通股，对应一个投票权；B 股作为特别股，对应的多重投票权。一般而言，创始人持有的是 B 股，投资人持有的是 A 股。

与 Facebook、Google 等国际 IT 巨头以及京东、百度等中国企业在美国上市选择的双层股权结构不同，阿里巴巴在纽交所发行的是普通股，实

---

① 《阿里雅虎软银关于支付宝股权框架协议（全文）》，载网易科技频道：https://tech.163.com/11/0730/07/7A6P2C1T000915BF.html，最后访问日期：2019 年 4 月 10 日。

行一股一票。但是，阿里巴巴集团实行的是另一种控制权的协议安排——"合伙人制"。从形式上看，合伙人制在许多方面都不同于双层股权结构。

首先，在决定董事人选的权限方面。在合伙人制下，合伙人只能提名董事，不能直接代表股东投票。如果股东大会未能通过合伙人提名的董事候选人，那么合伙人需要再次提名，直到股东大会通过为止。而在双层股权结构下，拥有多重投票权的股东可以直接选举董事。

其次，在重大交易、关联交易的批准上，合伙人并不享有这些方面的特殊投票权；而多重投票权股东则可以依据投票权比例进行实际控制。

再次，在超级投票权是否可以继承方面，合伙人投票权无法继承，新的合伙人将从合格高管中产生；而多重投票权股东的投票权则可以由子女继承。

最后，在股份转让之后，特殊权力是否能够继续享有方面，合伙人转让股份之后将丧失此类提名权；拥有超级投票权的股份转让后一般会自动转为低投票权股份。所以，随着股权转让交易的增多，超级投票权股份的数量可能会有所下降。

因此，合伙人制所产生的超级投票权限定于选举公司董事层面，这是一种委任权的强化；而双层股权结构则是对多重投票权股东的包括委任权在内的各种表决权的强化。但是无论如何，合伙人制度与双层股权结构都是对股东一股一票基本原则的背离。因此，港交所认为阿里巴巴违反了股东平等原则是无可厚非的。但是，问题的关键在于，一股一票作为股东平等原则的制度体现是否必须被奉为圭臬？

2. "一股一票"原则的历史演进

一股一票、资本多数决原则似乎是一个显而易见的、自然而然的塑造公司内部权力关系的原则，而阿里巴巴合伙人制则突破了这种传统原则，被认为是对资本平等的背离与突破。然而事实上，被奉为圭臬的一股一票并不是公司法长期奉行的基本原则，对一股一票的突破也并不突兀，而是适应时代变化的制度微调。

剩余索取权与控制权的重合在现代公众公司中几乎是不可能的。被授予剩余索取权的投资者将他们投入的资金委托给控制企业的经营者来管理。为应对所有权的越来越高程度的分散化，治理体制允许参加者选举一个管理核心，以更高效和更有组织性的方式作出决策。股东保留了一种修正的控制权以选举他们的代表，这些代表事实上控制公司的运行。"一股一票"似乎是一种构建权力关系的直白和自然的路径。然而在早期公司形式中，股东所有权并不是在股东之间被平等分配的。

一般被认为，荷兰东印度公司是第一家公众公司。1602 年，公司经特许成立。作为现有公司合并的结果，它明确被设计用来消除竞争，之前的每家公司都针对单——次航海而采取了康孟达或有限合伙的形式。为换取政府对好望角与 Magellan 海峡之间贸易路线的垄断，公司还履行了一些公共职能。

荷兰东印度公司的章程限制大股东的投票权，尽管不是通过使少数股东获益的方式。公司拥有双层持股结构，一方是"州长"（governors），他们曾经管理过合并之前的 6 家公司；另一方是外部投资者。前者每人拥有一个投票权，而且只有他们能够被选入公司管理层，即成为"17 个董事"之一。[①] 相反，后者则缺乏投票权和信息权。尽管荷兰东印度公司的初始章程授权股东在第一个十年后可以撤回资本，随后修改的章程删除了这一权利，结果就是外部投资者被牢牢锁定在公司中，违反了他们的自由

---

① Ella Gepken-Jager, Verenigde Oost-Indische Compagnie (VOC): The Dutch East India Company, in VOC 1602-2002: 400 YEARS OF COMPANY LAW 41, 54 (Ella Gepken-Jager et al. eds., 2005). The Seventeen Directors were governor representatives of each of the VOC's six chambers, which were remnants of the early trading companies existing before the merger. The division of activities and votes among the chambers was done in a manner such that no single chamber would come to dominate the others, even though the chamber of Amsterdam had invested the most capital. See FEMME S. GAASTRA, THE DUTCH EAST INDIA COMPANY: EXPANSION AND DECLINE 21 (2003).

意志。[①]荷兰东印度公司逐渐具有了我们现在所熟知的公司形式的核心要素——法律人格、有限责任、受托管理的经理层、可转让的股份，以及部分投资者的所有权。

在英国，股东投票权的模式，在 18 世纪晚期和 19 世纪早期，与美国非常相似。在提供基础设施服务的公司中，限制投票权特别的普遍，但是在纯粹的投资者所拥有的公司中却较为稀少。[②]19 世纪的大多数时间，公司普通法提供了一人一票（one voter per person）的缺省性规则。[③]这一做法延续了缺省性合伙规则，即每个合伙人都享有一个投票权，而不论其在合伙企业中经济利益的多寡。有学者发现，1825 年到 1835 年间，超过 1/3 的公司章程样本存在"一人一票"的治理体制。其他章程条款，用亚历山大·汉密尔顿的话来讲，就是为平衡股东与股份之间的关系而规定的较为"审慎中庸"（prudent mean）的安排。此类章程条款规定，随着个人股东拥有越来越多的股份，每股所拥有的投票权（votes-per-share）将减少；一个拥有 5 股的股东将获得 5 个投票权，但是一个股东如果拥有 100 股，那么他仅仅享有 10 个投票权。在为美国第一银行（first Bank of the United States）确立一个"审慎中庸"（prudent mean）体制中，汉密尔顿拒绝接受一股一票体制，因为它将使一些大股东"垄断银行的权利和利益"。

但是，在 19 世纪，公司日益远离半合伙性质的安排。截至 19 世纪

---

① See Andrew von Nordenflycht, The Great Expropriation: Interpreting the Innovation of "Permanent Capital" at the Dutch East India Companies, in ORIGINS OF SHAREHOLDER ADVOCACY, supra note 15, at 89, 90–91.

② Hansmann, Henry, *The Evolution of Shareholder Voting Rights: Separation of Ownership and Consumption* (2014). Faculty Scholarship Series. Paper 4721. http://digitalcommons.law.yale.edu/fss_papers/4721.

③ Dunlavy, supra note 7, at 1354. Colleen A. Dunlavy, Social Conceptions of the Corporation: Insights from the History of Shareholder Voting Rights, 63 WASH. & LEE L. REV. 1347, 1367 (2006) (quoting Caroline Fohlin, The History of Corporate Ownership and Control in Germany, in A HISTORY OF CORPORATE GOVERNANCE AROUND THE WORLD: FAMILY BUSINESS GROUPS TO PROFESSIONAL MANAGERS 223, 262 (Randall K. Morck ed., 2005) (alteration to the original).

末，美国大多数州都从那种倾向于限制大股东权利的强制性或者缺省性规则中撤离。世纪之交，曾有一个短暂时期，累积投票制成为了保护少数股东的工具。20世纪早期，各州和公司倾向于"一股一票"的股权与投票权结构，尽管存在大量发行的无投票权股份作为例外。"股东民主"术语从中产生，以确保股东能够拥有切实可行的表决权，不管是通过股份还是通过代理机制。

随着1988年美国证券交易委员会采纳了19C-4规则，"一股一票"也达到了其适用顶峰。19C-4规则要求在主要证券交易所上市的公司不得再发行不成比例投票权的股票。但是，华盛顿巡回法院否决了这一规则，而且从未恢复该规则的效力。证券交易所现在允许上市公司发行双层股权结构的股份，而且不必退市。尽管19C-4规则最终没有被采纳，但是一股一票依然是公司治理的标准。一个不平衡的投票权体制有可能损害公司治理评级，而这反过来就会影响机构股东如何对待公司。媒体也都将一股一票这一限制性规则作为评判股东是否得到公平对待的标准。事实上，一股一票原则在公司法的经济学理论上是更为根本的，而在实践中则并不是那么一如既往地得到推崇。

3. 我国应引入双层股权结构

双层股权结构存在一个根本缺陷，即其违背现代公司治理结构，不利于股东利益保障，容易导致管理中独裁的发生。实行双层股权结构的公司，公司控制人往往会去追求符合自身利益的目标，而不是为了满足股东利益。一旦他们作出错误决定，承担的法律后果也很有限。双层股权结构加剧了公司治理中实际经营者的道德风险和逆向选择。但不可否认，双层股权结构的优势也很明显。

第一，上市公司创始人采用双层股权结构的主要目的包括：控制人谋取个人经济利益、防止恶意收购，以及为了公司的长久发展。特别是"为了公司的长久发展"最被强调，学者将其总结为公司的长远发展假说。根据该假说，双层股权结构有利于公司的长期发展。对于一般公司而言，股东和管理层大多只关注公司短期业绩但忽视长期发展。双层股权结构可以使公司高层关注公司长期目标，不必为短期效益波动而过度分心。

第二，让"听见炮声的人做决策"。公司的高级管理人员工作在公司的第一线，他们最了解市场，最了解消费者，让他们来提名董事，并由股东会决定董事人选，是否更符合公司长远发展目标？高管决定董事提名本身并不侵害股东利益，相反，维护了股东的长远利益。

第三，从保护小股东的角度，增强了小股东选任董事的话语权。但是这里的问题也很突出，如果从管理者角度出发，这是持续强化的内部人控制；而且，小股东保护不应当成为常态，只是在大股东滥用资本多数决，违反对小股东的信义义务的时候才应强调小股东保护。两者的主线与辅线的关系需要明确。

第四，由于高级管理人员较理解公司的价值，在与收购公司谈判中，如果高级管理者充当捍卫者的角色，往往可以获得更高的收购价格，有利于目标公司的股东。

此外，企业所有权的多元化也是双层股权结构存在的一个合理性理由。

4. 双层股权结构创设的具体路径

首先，科创板之后的国际板试点。双层股权结构是对传统一股一票和资本多数决原则的背离，但是由于现实需求与监管竞争的存在使这种制度的创设将成为趋势。但是，一股一票原则无论如何都不能被撼动，因此双层股权结构只能成为矫正一股一票弊端的辅助制度。此外，由于没有确切证据证明双层股权结构利大于弊，因此宜首先展开试点。

我国目前已经在科创板市场允许双层股权结构。2019年4月17日，证监会发布了《关于修改〈上市公司章程指引〉的决定》。结合目前科创板实践，修改最大的意义在于具体化了"特别表决权"的上市规则。此外，对于采取 VIE 架构的公司，为吸引回归 A 股，可以尝试在 A 股市场开辟国际板。由境外企业在境内上市，并试点双层股权结构。国际板也将成为继科创板之后，中国资本市场创新的又一举措。

其次，双层股权结构下股东权利的均衡。如果能够通过赋予其他权利来填补非创始股东在表决权上的不足，双层股权结构仍然不失为一种能够兼顾各方利益的良好制度安排。如果创始股东不愿意在公司章程或者其他文件中对普通股东进行有效承诺，则可以通过公司法的强制性规定，允诺对普通股东进行补偿。至于补偿的方式和额度则可以由公司章程具体约定。

再次，有效的治理制度。双层股权结构本质上是使创始股东能够控制公司。如果创始股东本身就是大股东，其同时作为管理者，实际上容易出现大股东与小股东之间的代理成本问题；如果创始股东本身是小股东，其同时作为管理者，在很大程度上则是股东与管理者之间的传统代理成本问题。因此，针对这两种不同类型的代理问题，应当由不同的方案加以解决。前者主要包括大股东对小股东的信义义务、小股东知情权、累计投票权、诉讼权等；后者主要包括董事信义义务、监督与激励机制、董事责任、关联交易规制等。

最后，在公司法制度之外还应存在其他制度，以配合双层股权结构的运行。这些制度包括：证券监管制度、信息披露制度，以及公司控制权市场、资本市场、经理人市场等外部控制机制等。在给予当事人更多意思自治空间的基础上，通过法律强制性规范的设计以及法律之外其他互补性制度的设计，防止意思自治与契约自由所带来的负面效应。

创始股东在公司成长过程中将面临控制权与融资需求之间的冲突，而双层股权结构使创始股东能够在吸收新资本的同时保持公司控制权。各国对于上市公司双层股权结构的法律规定各异，这在很大程度上取决于各国制度背景的差异。我国目前已在"科创板"试点，并可以尝试在条件成熟时开设"国际板"，以寻求双层股权结构制度的全面突破。

（六）互联网公司通行的股权激励机制

1. 员工持股计划

（1）一种现象描述：阿里巴巴的"百万富翁流水线"。

松下幸之助说过，"企业最大的资产是人"。员工持股计划，通过赋予员工股权的方式增强了员工之间的凝聚力与对企业的归属感。这种对公司的强烈归属感，又激发了他们的工作热情与奉献精神。当然，如果公司没有上市的希望，这一制度就没有了激励作用；相反，如果公司有很大机会上市，"员工持股"就能够作为激励机制发挥重要作用。把员工变成自己的合伙人，让员工从"为老板打工"变成"为自己打工"。

对于员工持股计划的采纳，互联网企业走在其他行业的前面，如阿里巴巴、腾讯、百度、亚马逊以及美国在线等。如今，全球的优秀公司大都进行了根本性的管理变革，让员工从企业"雇员"向企业"合伙人"转型。

马云及"阿里系"对外宣称，阿里崇尚"财散人聚"式的股权分享方式。阿里巴巴集团在美国IPO时，公司股票的发行价已高达68美元。SpaceX的行政主管埃塔点评阿里巴巴："这是一条百万富翁流水线。一夜之间，中国多了几千名有钱人，他们全是阿里的员工。"

员工持股，属于广义上股权激励的范畴。广义上的股权激励，是指企业以本公司股票为媒介，对其董事、监事、高级管理人员及其他员工进行的长期性激励。除员工持股外，广义上的股权激励还包括管理层持股和管理层收购。从员工持股到管理层持股，再到管理层收购，是一种从"福利性"到"激励性"，再到"控制权转移"的表述。

（2）员工持股计划。

员工持股计划（Employee Stock Owneship Plans，ESOP），是由公司员

工出资认购本公司股份，并委托公司进行集中管理的新型产权形式。员工既是劳动者，又是财产所有者，既有劳动收入，又有资本收入，从而形成"按劳分配"与"按资分配"相结合的利益制衡机制。

员工持股制度最早由美国经济学家、律师路易斯·凯尔索（Louis Kelso，1913~1991）提出，他也因此被称为"员工持股计划之父"。凯尔索及其追随者为解决由于工业革命和科技发展所造成的社会财富分配不公问题，提出"二元经济学理论"：在正常的经济运行中，任何人不仅可以通过他们的劳动获得收入，还可以通过资本获得收入，这是作为人的基本权利。根据这一思想，凯尔索等提出，人类社会需要一种既能促进经济增长又能激发社会公平竞争的制度，这种制度必须具有这样一种结构，使任何人都能够获得两种类型的收入，即劳动收入和资本收入，以激发职工的创造性和责任感。[①] 于是，他们设计出员工持股计划，通过使职工拥有公司的部分产权并以此获得相应管理权，形成公司民主管理和经营的基础。在某种意义上，也可以将员工持股计划理解为对员工的人力资本的一种回报，从而成为分享公司所有权的一种方式。尽管这种模式并不是直接对人力资本的承认，而是将人力资本兑换为股份，从而实现对公司所有权的共享，但无论如何，都是对货币资本至上的一种矫正。

1952 年，美国菲泽尔公司设计并实行世界上首个股票期权计划。1956 年，美国潘尼苏拉报纸公司率先推出员工持股计划。自 20 世纪 70 年代中期以来，员工持股计划日益引起各界关注，美国政府和国会都对此给予大力支持并制定了专门法律。随后，德国、法国、英国等国也认识到这种制度的优越性，纷纷予以效仿。

在美国，员工持股计划立法的发展史上有两个关键时点值得注意。一是 1974 年通过的《职工退休收入保障法》，首次明确了员工持股的合法地位。二是 1984 年通过的《税收改革法》，规定了对参与员工持股计划的各

---

① 张文国：《美国企业职工持股计划及启示》，载《亚太经济》2000 年第 4 期。

方的税收减免待遇。在上述法案的推动下，员工持股计划在美国获得了空前发展。迄今，美国90%的高科技企业以及80%以上的上市公司都实施了员工持股计划。

员工持股计划一般包括非杠杆型与杠杆型。非杠杆型员工持股计划，是指由公司每年向该计划提供一定数额的股票或用于购买股票的资金。其基本点是：①公司每年向该计划提供股票或用于购买股票的资金，员工不需要作出任何支出；②由员工持股信托基金持有员工股票，并定期向员工通报股票数额及价值；③当员工退休或因故离开公司时，将根据年限等标准取得股票或现金。

杠杆型的员工持股计划主要是通过信贷杠杆来实现。其基本点是：①银行贷款给公司，公司再将款项出借给员工持股信托基金，或由公司作担保，由银行直接发放贷款给员工持股信托基金；②信托基金用借款从公司或现有股东手中购买股票；③信托基金用每年从公司取得的利润和其他资金，归还公司或银行的贷款；④当员工退休或离开公司时，按照一定条件取得股票或现金。

2. 其他股权激励机制

（1）管理层持股。

股权激励源于19世纪50年代的美国，其诞生与美国家族企业的发展密不可分。家族企业第一代企业主无法保证后代有足够的能力管理家族企业，为了企业能够持续发展，不得不聘请职业经理人管理家族企业。随着经理人权力的不断增长，双方立场与利益严重分化，代理成本持续增高。家族企业主不得不设计出相关制度，以减少这种代理成本。

其中一项非常重要的制度就是股权激励。股权激励制度的重要出发点就是将双方原本界限分明的所有与经营的立场进行淡化。通过给予职业经理人一定股份，将所有者与经营者的立场与利益进行同化，以部分解决委托一代理成本问题。其基本意图是，使经理人在成为股东的前提下，分享公司未来发展的收益，使其自身利益与股东利益紧密相连，使风险与收益相对应，使剩余索取权与剩余控制权基本相适应。实践中，最常见的管理层股权激励包括：股票期权、虚拟股票、股票增值权和限制性股票等。

①股票期权。

股票期权，是指公司授予激励对象（受权人）在未来某一时期内（行权期）以某一既定价格（行权价）购买一定数量的本公司流通股票（行权）的权利。股票期权一般是公司无偿赠予激励对象的，但行权有时间和数量限制，且需要激励对象为行权支付现金。

股票期权并不是给予激励对象股票，而只是一种购买股票的权利。受权人在行权前并不拥有股票，行权以后才持有股票，并有权在一定时间后将所购股票在市场上出售。但是，股票期权本身是不能转让的。

股票期权本质上是一种看涨期权，受权人可以在股价上涨的情况下，通过行权获得行权价差收益，即行权价与行权时市场价之差，以及随后的转售增值收益，即行权后所购股票的市价继续上升，受权人通过转售获得的股票增值收入。受权人也可以在股票价格低于"行权价"时放弃行使这种权利。因此，股票期权只有在行权价低于行权时的股价的时候才有价值。

期权与期股不同。期股是一种有中国特色的股权激励方式，是指公司与激励对象约定在未来某一时期内以一定价格购买一定数量的股权。购买股票的价格一般参照股票的当前价格确定，同时还会对激励对象在购股后再出售股票的期限作出规定。期股与期权的最主要区别在于：期股接受者届时必须购买股权。这就意味着当股权贬值时，期股的所有者就必须承担相应的损失。比较而言，期权只是一种权利而非义务，持有者可以在市场行情不好的时候选择不购买股票，因此不存在风险。

②虚拟股票。

虚拟股票，也被称为名义股票，是指授予激励对象名义上的股票，实际上仅享有相当于持有这些股票的收益。激励对象可以依据被授予"虚拟股票"的数量参与分红，并享受股价升值收益，但不享有表决权、转让权等权利，且在激励对象离开公司时，虚拟股票将自动失效。这种激励计划的优势在于不会影响公司的股权结构，缺点在于兑现激励时现金支出压力较大，特别是在公司股票升值幅度较大的时候。

股票增值权，是企业给予激励对象在规定时间内获得规定数量的股票股价上升所带来的收益，但是激励对象并不拥有这些股票的所有权，自然也不拥有表决权、配股权，当然也不用为行权付出现金。因此，股票增值权给激励对象提供了一个可以享受公司股票升值的毫无风险的机会。

股票增值权与虚拟股票相似，不同之处在于拥有股票增值权者并不能参与公司分红。股票增值权的设计原理与股票期权相似，但差别在于：行权时，管理者并不需要购入股票，而是直接对股票的升值部分要求兑现；另外，股票期权的利益来源是证券市场，而股票增值权的利益来源则是公司。

③限制性股票。

限制性股票，是企业事先赠予或以较低价格售予激励对象一定数量的股票，但对股票的抛售设定一些特殊限制，如激励对象只有在完成特定的服务期限后，并完成特定的业绩目标时，才可以抛售限制性股票并从中获益，否则公司有权将免费赠予的限制性股票收回，或以激励对象购买时的价格回购限制性股票。公司采用限制性股票的目的是激励高级管理人员将更多的时间和精力投入某个或某些长期战略目标中。

④业绩股票。

业绩股票是根据激励对象是否完成公司事先规定的业绩指标，由公司授予其一定数量的股票或从当年利润中提取一定的奖励基金为其购买本公司股票。业绩股票主要用于激励经营者和工作业绩有明确数量指标的具体业务的负责人。

与限制性股票不同，业绩股票的兑现不完全或基本不以服务期限作为限制条件，激励对象能否最后得到股票主要取决于其业绩指标的完成情况。在有的计划中，业绩股票的兑现速度还与业绩指标完成的具体情况挂钩，指标完成情况越好，业绩股票兑现速度就越快。

⑤延期支付。

延期支付，是指公司为管理层设计一揽子薪酬收入计划中的部分年度奖金、股权激励收入不在当年发放，而是按当日公司股票市场价格折算成股票数量，存入公司为管理层单独设立的延期支付账户，在既定的期限后或高管员退休后，再以股票形式或根据期满时股票市值以现金方式支付给激励对象。延期支付计划中，如果存入延期支付账户的股票市价在行权时有增值，则激励对象可以获得收益；但如果股价不升反跌，激励对象不能放弃行权，因此利益就会受损。延期支付的主要目的在于激励管理层决策时考虑公司的长远利益，避免经营行为短期化。

（2）管理层收购。

管理层收购（Management Buy-Outs，MBO），又称为"经理层融资收购"，是指公司管理者个人或集体利用借贷资本购买本公司股份，从而改变公司所有者结构、控制权结构和资产结构，实现由企业管理者向股东的转变。由于管理层收购在激励管理层积极性、降低代理成本、改善公司经营等方面具有积极作用，从而成为二十世纪七八十年代欧美流行的公司收购方式。

3. 我国的股权激励制度

（1）面向管理者和员工的普遍股权激励。

《上市公司股权激励管理办法》（2018年修正）第8条第1款规定："激励对象可以包括上市公司的董事、高级管理人员、核心技术人员或者核心业务人员，以及公司认为应当激励的对公司经营业绩和未来发展有直接影响的其他员工，但不应当包括独立董事和监事。外籍员工任职上市公司董事、高级管理人员、核心技术人员或者核心业务人员的，可以成为激励对象。"《上市公司股权激励管理办法》规定的股权激励方式主要有限制性股票和股票期权等。《国有控股上市公司（境外）股权激励试行办法》规定的股权激励计划主要有股票期权和股票增值权等。

（2）管理层收购。

管理层收购主要有以下作用。一是解决国有企业长期存在的"所有者缺位"问题，促进国企产权体制改革；二是帮助国有资本从非竞争性行业中逐步退出；三是激励和约束企业经营者，减少代理成本。但是，由于实践中的混乱操作，引发了一系列国有资产流失问题。一时间，国有企业产权改革和MBO受到学者的质疑。国资委不得不于2005年4月14日出台《企业国有产权向管理层转让暂行规定》①，规定中小型国有企业可以探索，大型国有企业不得转让。但时隔不到一年，国资委出新规"国有大型企业管理层持股解禁"。

目前，《上市公司收购管理办法》（2014年修订）明确规定了管理层收购，主要涉及三个条款。根据第51条规定，上市公司董事、监事、高级管理人员、员工或者其所控制或者委托的法人或者其他组织，拟对本公司进行收购或者通过本办法第五章规定的方式取得本公司控制权（以下简称管理层收购）的，该上市公司应当具备健全且运行良好的组织机构以及有效的内部控制制度，公司董事会成员中独立董事的比例应当达到或者超过1/2。根据第67条第（6）项规定，涉及管理层收购的，应当对上市公司进行估值分析，就本次收购的定价依据、支付方式、收购资金来源、融资安排、还款计划及其可行性、上市公司内部控制制度的执行情况及其有效性、上述人员及其直系亲属在最近24个月内与上市公司业务往来情况以及收购报告书披露的其他内容等进行全面核查，发表明确意见。第71条第（5）项规定，涉及管理层收购的，核查被收购公司定期报告中披露的相关还款计划的落实情况与事实是否一致。

从正面价值考察，管理层收购不仅能够作为一种激励管理者的手段，

---

① 该规定现已失效。

也是改善公司治理的途径。但是，从反面考察，管理层收购本身即属于一种关联交易，且较其他类型的关联交易对公司的影响是根本性的，因为其关系到公司控制权的最终配置。因此，对于管理层收购进行更为严格的法律规制是极其必要的。

家族企业何去何从

——真功夫大股东家族的控制权之争

【引言】

50%：50% 股权结构下的公司控制权争夺

作为我国中式快餐直营连锁鼻祖的真功夫，从诞生之日就引起了广大消费者的关注与认同。但是真功夫在作为家族公司的成长历程中却经历了长时间的控制权争夺。这种控制权的争夺发生在曾经作为共同创始人的两个家族之间。创业初始，两个家族合作密切，在股权比例采取 50% 对 50% 的划分模式，以此印证两者的绝对平等。但是，公司股权结构上的这种机械平等，与哲学理念上的平等显然不同。对于哲学或者法哲学理念而言，每个人都会有自己对于平等的理解与阐释。但是，在公司治理领域，这种可以在理念中解释得通的平等，在公司治理中却出现了一系列严重问题。两个创始人的话语权相当，在公司尚小、营利不丰的时候，一般不会产生争议。但是，一旦公司做大，一方就很容易产生对公司控制权的觊觎。如果另一方不愿意放弃控制权，就会产生一系列的争夺。真功夫案例，非常好地揭示了两位创始股东平均持股的股权结构下的公司僵局，以及随之而来的控制权之争。质言之，如果创始人未能在初始环节合理设计股权结构，必然会对公司治理与经营产生极大的负面影响。在持续数年的控制权之争中，真功夫丧失了最佳上市时机。

一、案情

（一）真功夫的兴起

1991 年，潘宇海在东莞长安 107 国道旁边经营"168 蒸品店"。

1994 年，潘宇海和蔡达标各出资 4 万元，合作经营"168 蒸品店"，双方各持 50% 股权。

1997 年，"168 蒸品店"更名为"东莞市双种子饮食有限公司"（以下简称双种子）。潘宇海担任法定代表人、执行董事、总经理，负责公司全面管理。

2003 年，蔡达标向潘宇海提出由自己担任董事长，每 5 年换届一次。由于蔡达标具有策划天赋，潘宇海同意了蔡达标的提议。

2004 年，蔡达标建议启用"真功夫"新品牌，但遭到潘宇海的反对。在蔡达标的坚持下，最终还是启用了"真功夫"新品牌。随着新品牌的推广，公司业绩不断提升，蔡达标也确立了自己在公司的主导地位。

2006 年 9 月，蔡达标与潘敏峰感情破裂，双方协议离婚。为换取子女的抚养权，潘敏峰将自己在"双种子"25% 的股份让渡给蔡达标。此前，蔡达标和潘敏峰共同持有双种子公司 50% 的股份，作为夫妻共同财产。

2007 年 7 月 19 日，真功夫餐饮管理有限公司（以下简称真功夫）在东莞市工商行政管理局登记。

2007 年 10 月，真功夫引入今日资本投资（香港）有限公司（以下简称今日资本）与中山市联动创业投资有限公司（以下简称中山联动）两家风投机构。两家风投机构所持有的股份各占公司资本的 3%。此时，公司的股权结构为：蔡达标、潘宇海各持 41.76%；双种子持 10.52%；今日资本与中山联动各持 3%。其中，双种子由蔡达标与潘宇海各持 50% 的股份。

（二）争议出现

2008 年，五年一换的总裁任期届满，但蔡达标拒绝交出总裁职位。

2008 年年初，渴望重掌企业的潘宇海与真功夫进行内部协商，形成妥协方案：成立一个子公司并创立新品牌"哈大师"。由母公司投入 5000 万元以支持新品牌的发展，子公司业务由潘宇海负责。

2008 年年底，蔡达标单方面停止了潘宇海了解真功夫相关信息的 OA 系统，潘宇海多次反映未果。

2009 年年初，"哈大师"经营不顺，蔡达标拒绝支付余下的 3400 万元。

2009 年 6 月 2 日，潘宇海向真功夫发出《审计通知书》，声明依据公司章程，其将指定会计师事务所对真功夫账目进行审计，要求真功夫提供相关材料、场所及设施。真功夫复函称，"聘请会计师事务所对公司财务状况进行审计系公司董事会之职权，首先应由董事会通过法定程序表决通过及批准"，并以目前办公场地及财务人手不足为由拒绝潘宇海提出的审计要求。

2009 年 6 月 12 日，真功夫制定《有关调整真功夫餐饮管理公司运营架构及公司控制权事项项目操作方案》，蔡达标试图争夺真功夫控制权。

2009 年 7 月 23 日，潘宇海向广州市天河区人民法院起诉"真功夫"，要求行使股东知情权，并请求法院查封该公司 2007 年 7 月至 2008 年 12 月的财务报告、财务账册以及会计凭证。天河区人民法院经审理认为，潘宇海作为合营一方，有权指定在中国或外国注册的会计师事务所审计合营公司的账目。真功夫收到《审计通知书》后，拒绝审计请求，违反了法律规定和章程约定；同时，潘宇海依法享有股东知情权，真功夫侵害了其作为股东的基本权利。"真功夫"公司不服，上诉至广州市中级人民法院。广州中院二审认为，一审认定事实清楚，适用法律正确，判决结果适当，予以维持。二审法院判决，驳回上诉，维持原判。

（三）内斗升级

2009年8月12日，潘宇海签名授权其哥哥潘国良出任真功夫副总经理，但这一委派并未得到蔡达标的认同。

2009年11月，中山联动的第一大股东由中山市联动资产管理有限公司（持股40%）变更为东莞市赢天企业投资有限公司（以下简称东莞赢天），同时股权扩大到66.67%。东莞赢天实际上是蔡达标全资拥有的公司，注册于2009年2月12日，注册资本10万元，并于当年8月1日和8月26日分两次增资150万元。股权变更后，蔡达标可以直接控制真功夫44.76%的股份，加上通过双种子间接控制的5.26%，蔡达标由过去的并列第一大股东，变成唯一的第一大股东。

2010年8月1日，真功夫监事、潘宇海妻子窦效嫘向广州市公安局经济犯罪侦查支队报案，控告蔡达标与真功夫财务总监、总裁助理和员工等，在2009年1月至2010年2月擅自将真功夫账上共5930万元资金挪用于蔡达标私人购买别墅及私人开办公司进行营利活动。侦察支队认为，窦效嫘的举报欠缺直接证据，未予立案。

2010年9月18日，蔡达标、今日资本、潘宇海签署《关于真功夫餐饮管理有限公司股权转让及后续事宜之框架协议》。协议约定，潘宇海向蔡达标独资的东莞赢天以7520万元转让双种子35.74%的股权；潘宇海向今日资本方面指定的受让方以4.25亿元的价格转让真功夫21.25%股权；真功夫向潘宇海方面指定的受让方以1万元的价格转让真功夫旗下的新品牌"东莞市哈大师餐饮管理有限公司"和"深圳市千百味餐饮管理有限公司"100%的股权。各方确认，此次股权转让全部完成且 2008 年股权激励计划实施后，潘宇海不再持有双种子股权，其直接持有的真功夫股权比例也将调减至 20.49%。[①] 这意味着，如果交易顺利完成，真功夫两大股东势均力敌的状态将被打破。2010 年 12 月 27 日，广东省对外贸易经济合作厅批准了股权转让事宜。

2010 年 12 月 1 日，窦效嫘再次向广州市公安局经济犯罪侦查支队报案，称其在履职中发现蔡达标等人自 2008 年以来侵吞公司钱款的部分犯罪线索。窦效嫘控告蔡达标的罪名已变为职务侵占，包括蔡达标等虚构"外卖市场调查研究"项目，在 2009 年从真功夫公司账户上向广州天河金培商务咨询中心两次汇款共计 500 万元；蔡达标以王树坚的名义在银行开设 21 个账户并从中转入自己个人账户 600 多万元，转入妹夫李跃义账户 200 多万元。[②]

2011 年 3 月 17 日，广东省公安厅网站发布公告称，广州市公安局对真功夫个别高管涉嫌经济犯罪展开调查。

2011 年 3 月 17 日，蔡达标签署委派其妹蔡春红作为新任董事长的文件，同时提名冼顺祥为新任总经理。

2011 年 3 月 18 日，新任董事长蔡春红向董事会提请任命冼顺祥为新任总经理。次日，收到董事徐新（今日资本委派）、周晓（中山联动委派）的书面确认，加上蔡春红作为董事的一票，已有过半数董事签署同意，任命新总经理的决议生效。

2011 年 3 月 20 日，潘宇海未直接回应此事，但他向全体员工发出安抚信，称根据公司《章程》《公司法》和《工商登记管理条例》规定，在

---

① 林向：《真功夫内斗再升级 蔡达标被指侵占公司 3600 万》，载《第一财经日报》2012 年 1 月 11 日。

② 叶碧华：《7520 万元归属争议：真功夫股权转让案判决再曝蔡潘纠纷细节》，载《21 世纪经济报道》2014 年 12 月 30 日。

蔡达标不能履行职责时，由公司创始人、第一大股东、副董事长潘宇海代为主持公司全面工作。他表示："个别高管和人员涉嫌犯罪与公司无关，与其他高管和员工无关。"

2011年3月22日，真功夫法务部要求包括股东、董事、供应商在内的所有真功夫人"学习公司章程，维护稳定大局"的文件，文件中称"公司董事长由蔡达标变更为蔡春红，公司总经理由蔡达标变更为冼顺祥。"同时表示，"根据《公司法》第11条，公司章程是公司管理方面的最高规定，公司的任何人员（包括股东、董事、监事、高级管理人员及员工）必须予以遵守，任何与公司章程相违背的言行都是无效的行为。"真功夫章程有如下有利于蔡达标一方的内容："4.2……董事长应由甲方（即蔡达标）任命…… 4.3 董事长是合营公司的法人代表…… 5.1（a）……总经理由甲方提名。"此外，章程中亦有关于重大事项的决定可由半数以上董事书面确认通过。

2011年3月23日，非公司工作人员潘国良封堵存放公司公章及下属子公司的公章、合同章的保险柜锁眼，导致公司合同和文件无法盖章，严重影响公司业务正常运行，真功夫"被迫放弃福州机场投标、厦门湖里万达进驻等重要市场拓展项目"。

2011年3月24日，真功夫内部网站上发布了以"总裁办"名义发出的由副董事长潘宇海代行董事长职务的消息。法务部与总裁办两个不同的部门发布了立场截然相反的文件，表明真功夫两大家族的权力斗争，已经由股东层面的"空战"发展到公司事务管理层面的"争夺"。

2011年3月29日，蔡达标签署委派书，委派蔡春媚出任董事长。据悉，此时蔡春媚也被控制并接受调查，蔡春红对此委派表示质疑。

2011年4月7日，公司副董事长、创始人之一的潘宇海计划召开临时董事会，却被现任董事长蔡春红以违反公司章程为由不予认可。

2011年4月8日，潘宇海方面称，真功夫监事窦效嫘起诉蔡达标，广州市天河区人民法院受理此案。窦效嫘诉称，蔡达标在担任董事长及实际控制人期间，利用职务之便，通过其所有的东莞赢天，非法占用、使用公司资金 3600 万元，要求其返还该笔款项及利息损失。2012 年 6 月 1 日，广州市天河区人民法院宣判，判决蔡达标退还真功夫反担保金 3600 万元，并计付迟延退还期间的利息损失。

2011 年 4 月 11 日，真功夫大股东潘宇海对外公布了蔡达标在 2009 年企图削弱潘宇海控制力的一份名为《有关调整真功夫餐饮管理公司运营架构及公司控制权事项项目操作方案》（以下简称《方案》）（"脱壳计划"之一）的秘密文件。①

2011 年 4 月 13 日，蔡达标"脱壳计划"的另外两份文件——2010 年 3 月 1 日的《真功夫脱壳工作计划》和 3 月 3 日《真功夫系正式脱壳运作前的工作安排》也相继被披露出来。这两份文件提到了九项工作安排。②

---

① 具体内容包括：（1）表决权。《方案》对当时蔡达标与潘宇海双方的优劣势进行了对比，并为蔡达标采取抗御措施提出建议。由于潘宇海持有 41.7% 的股权，有权提议召开临时股东会，《方案》建议蔡达标巩固与另两个投资人的关系，以获得其支持。而后，可以筹备资金收购其股权，以达到掌握董事会的表决控制权，从而正式开始脱壳；在财务方面，谨慎做账的同时，对潘宇海的查账要求，以投资人会议或董事会会议予以驳回；以书面表决方式代替召开董事会。（2）人事权。双种子公司由潘宇海任法定代表人，双种子公司已经委派一名董事潘敏峰，因此潘宇海在真功夫董事会中就有两票表决权。对此，可不予办理双种子的年审及续期手续，并暂停其委派董事资格。（3）商标权。对于潘宇海在真功夫商标持有人中占有 50% 份额，可通过商标转让，将商标权益剥离出广州真功夫餐饮管理有限公司。鉴于广州市真功夫餐饮管理有限公司目前并无具体业务，并且是真功夫公司系列的公司之一，将其转让真功夫公司，再作为真功夫公司的资产转让给脱壳后的新公司承接。（4）争夺新品牌。真功夫旗下全资子公司中由潘宇海出任法定代表人的还有哈大师公司、千百味公司，潘宇海掌握了两公司新品牌的发展。《方案》提出，可停止对两公司及其新品牌的投资运作，强行解散上述公司，以真功夫公司替换其网点或直接撤点。（5）争夺供应链。可将厨具业务和有关餐料公司业务转让给蔡达标和另外两个投资人按股份比例成立的新公司名下，将厨具采购链和餐料供应链剥离。参见胡笑红：《真功夫密件曝光 蔡达标"去潘化"路径被揭开》，载《京华时报》2011 年 4 月 12 日。
② 具体内容包括：第 1 项，停止双种子公司委派董事潘女士的董事职务；第 2 项，监事变更；第 3 项，要求对哈大师、千百味、双种子公司财务状况进行审计。第 4~9 项分别为：北京真功夫、哈大师、千百味变更法定代表人；在东莞市成立一家新的真功夫公司全资子公司，承接东莞区域 67 家门店；真功夫商标转让；有关厨具公司事宜；不定期对本项目办理过程中发生事件进行处理方案制定，及按处理方案对事件进行有效处理；通过上述脱壳前准备工作。

2011 年 4 月 22 日，经广州市公安机关侦查，证实蔡达标等人涉嫌挪用资金、职务侵占等犯罪，经广州市人民检察院批准，4 月 22 日对蔡达标等 4 名嫌疑人执行逮捕。2013 年 12 月 12 日，广州天河区人民法院作出一审判决，认定蔡达标于 2009 年至 2010 年间，先后虚构合同或项目，侵占了真功夫公司 1500 余万元，并挪用了 1800 余万元供私用。法院认定职务侵占罪、挪用资金罪两项罪名成立，判处蔡达标有期徒刑十四年，没收财产人民币 100 万元。一审宣判后，蔡达标、蔡亮标、李跃义、洪人刚均提起上诉。2014 年 5 月，广州市中级人民法院连续四天开庭审理。2014 年 6 月 6 日，广州中院作出判决，维持一审判决。

2011 年 4 月 28 日，蔡达标前妻潘敏峰起诉蔡达标，请求分割蔡达标所持股权的一半或折价补偿 4.7 亿元财产，最终获广东省高级人民法院立案。2012 年 4 月 25 日，蔡达标与潘敏峰股权纠纷案在广东省高级人民法院一审。2014 年 3 月 12 日，潘敏峰撤诉。

2011 年 5 月 11 日，真功夫公关部发出声明：鉴于真功夫原董事长蔡达标被依法逮捕，目前不能履行董事长职责，根据真功夫公司章程和相关法律法规，由真功夫公司创始人兼副董事长潘宇海先生代为履行公司董事长职务，对外代表公司。对此，蔡春红宣称这是其自封的，自己才是真正的董事长。

2011 年，真功夫在内部账目清理与资产审计中，发现蔡达标的关联交易金额高达人民币 1.3 亿元，其中东莞逸晋装饰工程有限公司（以下简称逸晋公司）在 2008 年后从真功夫通过关联交易套取逾人民币 7000 余万元。真功夫分别针对不同关联交易的涉案主体提起侵权赔偿诉讼。

2011 年 9 月，广州真功夫起诉蔡达标称，真功夫审计发现：在蔡达标控制真功夫期间，真功夫与王志斌、蔡春红夫妇所有的个体经济组织东莞市长安志利源三鸟经营部、东莞市虎门优中康三鸟经营部存在关联交易，五被告从真功夫获取关联交易款 56 128 745.28 元。其间，由于由受蔡达标刑事案件审理的影响，以及真功夫多次以"涉及公司商业秘密"为由申请，不对外公开庭审，案件搁置了两年后，2014 年 2 月才首次开庭。东莞中院经审理认定，虽然原告广州真功夫系第三人真功夫的全资子公司，但两公司是相互独立的民事主体，原告广州真功夫公司并未受让案涉债权，其与本案不具有直接利害关系。3 月 12 日，东莞中院裁定驳回原告广州真功夫的起诉。各方当事人在上诉期内均未提起上诉，裁定已发生法律效力。

此外，真功夫还针对蔡达标与逸晋公司之间的关联交易提起诉讼，获东莞市第二法院立案。但是，一审败诉。真功夫上诉至东莞中级人民法院，二审维持原判。

2011 年 11 月，今日资本集团将原下属子公司——今日资本投资（香港）有限公司的全部股权转让给润海有限公司，并于 2012 年 11 月 30 日完成了交割。自交割之日起，今日资本集团与今日资本投资（香港）有限公司不存在任何关联关系，后者"及其授权代表的任何行为，包括以真功夫股东或董事身份从事的任何行为，均与今日资本集团无关"。声明透露，润海承诺将对今日资本投资（香港）有限公司进行更名。今日资本投资（香港）有限公司委任方华为真功夫董事。①

2011 年 11 月 30 日，今日资本向真功夫发出《关于解除〈真功夫餐饮管理有限公司股权转让及后续事宜之框架协议〉的通知》，表示因蔡达标违反其对今日资本的陈述与保证，立即解除各方之间的《框架协议》《定金协议》《股权授予协议》等。

2012 年 2 月 24 日，蔡达标通过其代理人向东莞市工商局提交《法定代表人审查意见》，申请对真功夫法定代表人进行变更登记，并对董事、董事长等事项进行备案，以及补发营业执照。

2012 年 3 月，双种子向广州市天河区人民法院起诉真功夫，请求撤

---

① 吴娓婷：《今日资本"倒戈"真功夫股权之争生变》，载《经济观察报》2013 年 1 月 14 日。

销《中外合资真功夫餐饮管理有限公司章程》第 4.2 条关于"董事长由蔡某标任命"的规定。2012 年 10 月 29 日，天河区人民法院开庭审理双种子诉真功夫撤销公司章程条款一案，蔡达标被列为第三人。2013 年 12 月 23 日，原告撤诉。同日，天河区人民法院作出准予撤诉裁定。

2012 年 3 月 16 日，东莞市工商局受理蔡达标等提出的变更真功夫法定代表人、备案董事长和董事，以及补发营业执照的申请。4 月 9 日，东莞市工商局举行听证会。综合听证会上各方意见，东莞市工商局认为，上述涉案章程效力待人民法院确认，遂于 5 月 18 日作出《公司变更驳回通知书》，驳回蔡达标的涉案变更登记申请。蔡达标不服，向东莞市第一人民法院提起行政诉讼。蔡达标和蔡春红认为，工商局认定真功夫公司"章程效力待人民法院确认"没有法律依据，且作出的《公司变更驳回通知书》程序违法，请求撤销其作出的上述《公司变更驳回通知书》。2012 年 10 月 11 日，东莞市第一人民法院称，已就"真功夫董事长蔡达标及其胞妹试图变更公司法人代表被东莞市工商局驳回案"，作出一审判决，蔡达标方面败诉。蔡达标方面不服，提起上诉。2012 年 12 月 11 日，广东省东莞市中级人法院作出终审判决，驳回蔡氏兄妹的上诉，维持原判。

2012 年 5 月 25 日，蔡达标向真功夫发函，要求查阅公司章程、股东会议记录、董事会议决议、公司架构、财务会计报告等资料。6 月 1 日，蔡春红以蔡达标委托代理人的身份，向真功夫要求查阅公司会议记录、决议、财务报表等多项材料。

2012 年 6 月 6 日，真功夫回函称，由于其无法确认和核实函件中"蔡达标"签名及授权的真实性与合法性等，因此无法提供相应材料供蔡春红查阅。蔡春红再次要求行使股东知情权，但被真功夫以上述理由再次拒绝。蔡达标以股东知情权受损害为由向广州市天河区人民法院提起诉讼。2013 年 12 月 20 日，广州市天河区人民法院作出一审判决，支持了蔡达标的大部分诉讼请求。真功夫不服一审判决，提起上诉。2014 年 2 月 26 日，广州中院开庭审理该案。广州中院改判了原审判决的部分内容，限缩了查阅对象，判决真功夫公司于判决生效后十日内，将 2011 年 3 月 17 日至 2013 年 7 月 18 日的会计账簿提供给蔡达标委托的代理人及会计专业人员查阅，将 2011 年 3 月 17 日至 2013 年 7 月 18 日的董事会会议决议、监事报告、财务会计报告提供给蔡达标委托的代理人查阅、复制，驳回蔡达标的其他诉讼请求。真功夫不服一审、二审判决，向广东省高级人民法院提起申诉。2015 年 4 月，广东省高级人民法院驳回其再审申诉。

2012 年 9 月，实际控制真功夫的潘宇海向广州市中级人民法院提起诉讼，称蔡达标于 2010 年限制股权转让并从中牟利。当年潘宇海持有的 21.25% 的股权向今日资本转让的股份总价为 5.4 亿元，这一价格是以公司整体作价 20 亿元而确定的。但是直到今日资本要求解除协议，潘宇海才发现蔡达标曾与今日资本签订过一份《股权授予协议》，协议要求今日资本对真功夫按照 25 亿元进行整体作价。潘宇海认为，其股权是被预谋"贱卖"。据此，潘宇海起诉蔡达标违约并索赔 7500 万元，蔡达标则提出反诉。2014 年 5 月 16 日，广州市中级人民法院开庭审理此案。2014 年 12 月 15 日，广州市中级人民法院一审判决，解除潘宇海、蔡达标与今日资本于 2010 年 9 月 18 日签订的《关于真功夫餐饮管理有限公司股权转让及后续事宜之框架协议》及相关附件；同时，潘宇海需向蔡达标返还股权转让款 7520 万元。

2013 年 1 月 5 日，真功夫召开临时董事会，通过了组建特别管理委员会、成立专门督查小组和设置董事会办事机构等六项议案。董事会采取的表决方式为：（1）逐项讨论时，予以举手表决；（2）全部议案讨论完后，签署书面表决票；（3）签署会议决议。参会的四名董事或董事代表全部参加了上述表决，全部签署了表决票与会议决议。

2013 年 1 月 8 日，方敏声明称，"今日资本集团已将原下属子公司——今日资本投资（香港）有限公司的全部股权转让给润海有限公司，并已于 2012 年 11 月 30 日完成了交割。"声明强调，自交割日起，今日资本集团与今日资本投资（香港）有限公司不存在任何关联关系，后者"及其授权代表的任何行为，包括以真功夫股东或董事身份从事的任何行为，均与今日资本集团无关"。声明透露，润海承诺将对今日资本投资公司更名。交割前两天，11 月 28 日，今日资本投资公司委任方华为唯一董事，方华也因此成为真功夫董事。

2013 年 12 月 9 日，真功夫公司在广州召开该年度第二次临时董事会。会议议题包括修改公司章程和选举潘宇海为公司董事长等六项议案。按照公司章程的规定，董事会召开前应向各董事发出会议通知及会议提案。真功夫以特快专递的方式向蔡达标履行了这一义务，但特快专递的邮寄地址是蔡达标的身份证地址。临时会议由副董事长潘宇海主持，蔡达标等 2 名董事未能出席。会上，全票通过了包括修改公司章程、选举潘宇海为董事长等六项决议。其中，蔡达标等 2 名董事的权利由主持人潘宇海代为行使并签名。2013 年 12 月 31 日，东莞工商局对真功夫法定代表人进行了变更登记，变更之后的公司法定代表人为潘宇海。

蔡达标对于"真功夫 2013 年 12 月 9 日的董事会决议"，以自己在狱中不能行使股东权利、且作为蔡达标代理人的蔡春红也未被通知出席为由，向广州市天河区人民法院提起诉讼，请求撤销该次董事会决议[①]。2016 年 7 月 20 日，广州市天河区人民法院作出一审判决，真功夫于 2013 年 12 月 9 日作出的一份《临时董事会决议》被撤销。原因是真功夫在那次董事会之前向各董事发出的会议通知及提案不符合"适当发出"要求，存在明显的程序瑕疵。蔡达标当时因涉嫌犯罪被羁押在看守所，但真功夫将会议通知和提案以特快专递的方式寄到了蔡达标身份证所载明的地址。真功夫向广州市中级人民法院提起上诉。二审中，真功夫及潘宇海方面提出一审程序违法，蔡达标已经失去董事资格无须通知其参会，会议召集程序仅存在轻微瑕疵等理由，认为不应撤销决议。2018 年，二审法院

---

① 决议的重要内容包括：（1）修改公司章程多条条款，重点是撤销章程有关公司董事长由股东蔡达标委派的条款，以及（2）选举潘宇海为董事长。

终审判决认为，一审判决认定事实清楚，适用法律正确，驳回上诉，维持原判。

2013 年 12 月 12 日，广州市天河区人民法院对蔡达标等职务侵占、挪用资金、抽逃出资案作出一审判决，认定蔡达标职务侵占和挪用资金两项罪名成立，判处有期徒刑十四年，没收个人财产 100 万元。蔡达标对判决不服，向广州市中级人民法院提起上诉。2014 年 6 月 6 日，广州市中级人民法院对蔡达标刑事案件进行终审判决：维持一审判决。

2014 年 2 月 18 日，蔡春红向原广东省外经贸厅提交《查处违法行为申请书》，请求对潘宇海、潘敏峰、方华等人未经批准擅自修改公司章程的违法行为进行查处。时隔两个月，省商务厅没有作出任何行政处理决定，也没有作出任何回应。蔡达标、蔡春红认为其已构成行政不作为，向广东省政府提起行政复议。2014 年 6 月 26 日，广东省政府行政复议庭开庭审理。行政复议决定书认为，商务厅未对申请人的《查处违法行为申请书》依法作出处理，属于未履行法定监管职责。据此，责令商务厅对蔡达标、蔡春红的请求依法作出处理。

（四）纷争渐平

2014 年 3 月 7 日，真功夫称，"在历经长达近三年的董事长、法定代表人缺位后，公司董事会选举潘宇海先生担任董事长。随后，公司根据董事会决议向工商行政管理部门申请变更登记并获得批准，完成了董事长、法定代表人的工商变更"。

2014 年 5 月 13 日，蔡达标所持真功夫股权进入司法拍卖程序。无论受让方是谁，均意味着蔡达标所持股份的减少，真功夫股权结构也随之发生变化。

二、评析与经验法则

（一）初始股权结构设计不合理使公司陷入纷争

1. 从熟人股东到陌生人股东

真功夫是一家典型的家族企业，其控制权的争夺暴露了中国家族企业的治理风险与漏洞。真功夫是由蔡达标与前妻潘敏峰、妻弟潘宇海一起创立的。此后，蔡、潘两家的家族成员陆续加入真功夫。正是这一系列错综复杂的家族关系，为真功夫后来的内乱埋下了伏笔。内乱的结果可能就是，一家本来具有发展前途的企业日渐衰落甚至支离破碎。

公司不过是一个"缩小的社会"，它从一个微缩的点反映了中国社会的变迁与传统观念向现代观念的演进。对于许多处于初创阶段的企业而言，投资人一般是彼此较为熟悉的人。这种熟人之间的相处多依靠一种默契，而不是契约。但是，当公司经过多年发展，更多陌生人加入公司之后，这种熟人社会所依赖的默示法则，必然是难以充分发挥作用的。在一个陌生人所组成的企业小社会，需要的是具体的、有可操作的、可预期的权利义务规则。当然，我们无法期望在企业初创之时，投资人就会将各自的权利、义务和责任详尽地记载于公司章程或者其他协议之中，但是无论如何，投资人对于公司未来发展都应具有合理预判，最大程度地避免模棱两可的、不具有可操作性的条款。更何况，公司是发展的，必然会从一个熟人社会走向一个陌生人社会，尽管这种陌生程度会存在一定差别。相应地，符合现代企业要求的、明确的权利义务规范是一种必然的需求。

作为真功夫初始股东的双种子，是由潘宇海、蔡达标与潘敏峰共同创办和经营的。由于是共同创业，因此双方努力做到形式上的公平，也就是潘宇海与蔡达标各自持有 50% 的股份。这种持股比例尽管从形式上满足了双方共同创业所带来的对平等的诉求，但是带来的问题也是明显的，也就是没有一个真正的控股股东。如果一个公司缺乏真正的控股股东，公司决策效率可能就会在各个主体的利益摩擦中显著下降，从深层次来讲，控制权之争也会随之发生。

2. 真功夫初始股权结构不合理——50% ∶ 50%

对于真功夫，蔡达标和潘宇海都直接持有 41.76% 的股份，作为持有 10.52% 股份的另一大股东双种子，蔡达标与潘宇海分别持股 50%。从理论上讲，两人在真功夫直接、间接持有的股份比例都是 47.02%。相同的持股比例，导致双方中的任何一方都无法在公司决策中胜出。在双方关系尚好时，决议作出是没有任何问题的，但是一旦出现争议，公司决策必然受到负面影响。

（1）实践中要把握一些关键的持股比例。

一般来说，决定某股东是否对公司拥有控制权的关键因素就是持股比例，这也是控制权的最终来源。在一系列持股比例中，最关键的持股比例是 67%、51%，以及 34%。我国《公司法》对持有 2/3、1/2、1/3 的股东赋予了不同程度的控制权。

持股 2/3 就享有了对公司的绝对控股权，因为决定公司的重大事项，如分立合并解散、增资减资、修改公司章程决议，需要 2/3 以上资本多数通过。持股 1/2 也享有了对公司的绝大多数事项的支配与控制权，因为除上述列举的重大事项外，其他普通事项只需要 1/2 以上资本多数通过即可。持股 34% 的股东则享有对公司重大事项的一票否决权，如果没有足够的资金实力获得 2/3 或者 1/3 的股份，那么就一定要把握 34% 的持股比例。如公司增资，持股 1/3 就可以投出反对票，导致公司无法增资，公司现有持股比例就会相对固化，自身持股比例不会被严重稀释。

除上述三个关键持股比例外，还有另外几个关键持股比例。如果股东在二级市场集中收购目标公司的股权超过30%，就必须向全体股东发出收购要约。如果股东持股10%，依照《公司法》的规定，享有召开临时股东会、请求解散公司以及召开临时董事会的权利。按照《公司法》与《证券法》的规定，持股5%是重大股权变动警示线，如果股东持股超过了这个比例，就需要向证监会报备。如果股东持股达到3%，则可以依照《公司法》的规定享有临时提案权。如果股份有限公司股东持股达到1%，根据《公司法》的规定，享有代替公司向侵犯公司权利的董事、监事、高管或者第三人提起诉讼的权利，即股东派生诉权。

（2）实践中不合理的持股比例。

上述持股比例是股东关键的持股比例，是股东需要注意把握的持股比例节点。另外，在公司股权结构中，有两种持股比例是最不可取的。一是个人持股100%，换言之"一人公司"。因为《公司法》对一人公司规定了极为严格的制度要求，如规定一个自然人投资一人公司的限制、"财务会计报告必须经过外部审计""一人有限责任公司的股东如果不能举证证明个人财产与公司财产是独立的，将对公司债务承担连带责任"。实践中，很多初创公司的财务会计都不规范，往往经不起审计。如果按照《公司法》的规定，投资人将不得不承担严格的法律责任。因此，设立一人公司并不可取。

二是50%：50%的持股比例，如真功夫，这种持股比例最终会导致公司无法在重大事项上形成有效决议，从而导致公司僵局。或者，一个股东通过章程或者协议与其他股东形成一致行动，从而获得公司控制权，另一股东就会沦为弱势股东。弱势股东如果不甘于这种地位，就会采取措施争夺公司控制权，从而形成公司内斗，严重影响公司经营效率和业绩。

当然，50%：50%的持股比例也并不是都不可行。如果两个股东是夫妻，这种均衡的持股结构也是可以的。在夫妻双方关系尚好时，公司作出任何决议，实际上都是100%通过的。因此，在这种情况下，双方的持股比例只是一个形式，因此可以是任何比例，可以是50%：50%，也可以是99%：1%。但是，当双方出现争执时，公司决策就有可能受到影响。从婚姻法角度讲，在夫妻未对婚后财产进行特别约定的情况下，双方对股份是共同共有的。在离婚财产划分上，双方是对半分配或遵从事后约定。因此，如果股东双方是正常情况下的夫妻关系，形式上的持股比例对于公司决策而言并不重要。如果夫妻离婚，对股份则要进行分割，在这种情况下就有可能对公司决策产生不利影响。

蔡达标与潘宇海在最初投资双种子与真功夫的时候就存在两点错误。一是在股权与股东大会控制层面，双方不应该采取50%：50%的持股比例。二是如果不得不采取50%：50%的持股比例，一定要在章程中作出约定，如股份转让细节、如何聘请会计师事务所、会计师事务所费用的支付方式，以及股份价格的评估等。如果章程中存在这种预先约定，就不会导致潘宇海或蔡达标行使股东知情权的障碍。

当然，为打破这种势均力敌的持股结构，蔡达标也努力过。2010年9月，蔡达标与潘宇海、今日资本签订了一份股权转让协议。协议约定，潘宇海向蔡达标及今日资本指定的受让方转让自己所持有的21.25%的股权。转让完成后，潘宇海直接持有的真功夫股权将降至20.49%。这一股权转让协议的目的，正是打破大股东之间持股比例均等的状况，客观上优化真功夫的股本结构和公司治理结构。但遗憾的是，因蔡达标入狱，今日资本解除合同，导致这一协议并未履行。在某种意义上，也正是因为这一协议未能得到履行，才导致后续潘宇海与蔡达标对真功夫控制权的争夺。

3. 最好能有一个控股股东

两大创始人在股权结构上保持了形式上的平衡，但也导致双方对公司的决策权并无主次之分。在公司的后续经营中，蔡达标与潘宇海对公司发展模式持不同观点，并且对公司经营管理权的配置也各有打算。蔡达标与潘敏峰婚姻的破裂，更激化了这种矛盾。试想，如果没有蔡达标的婚姻变故，也许真功夫这种势均力敌的持股与控制结构能够维持颇长一段时间。但是，股权结构的隐患是客观存在的，矛盾的爆发只是时间问题。质言之，对于公司而言，势均力敌的持股比例是致命的，一个能够适度控制公司的股东对于公司发展而言至为关键。

对于公司而言，控制权究竟掌握在谁的手里，股权是最重要的决定因素。尽管在有限责任公司中，公司的控制权掌握在谁的手里，并不完全取决于公司股权结构，因为其较强的人合性允许通过章程约定，一股一票原则会有所突破。但是，在股份有限公司，尤其是上市公司中，股权结构与投票权、控制权基本上是一一对应的关系。所以，如果能够掌握控股权，不论是绝对控股，还是相对控股，都能够对公司的重大决策起到支配性的作用。或者即使不能绝对控股或相对控股，只要掌握重大事项的否决权，也足以支配公司决策，这个比例就是 1/3 的临界点，也就是 33.4% 的控股比例。在国美案例中，黄光裕所费心争夺的就是这样的一个比例。

对公司控制权的争夺，最根本的就是对持股比例的争夺，当然也可以通过委托投票或者协议控制等以获得公司的控制权。对于意图取得公司多数股份的股东而言，对于其直接或者间接持有的股权究竟是如何获得的，如通过自己设立的子公司取得，或通过自己的关联企业取得，或通过增发所获得，这些都是在所不问的。总之，在股权上取得了占优势的地位，就能够获得对公司的控制权。只要这种取得方式不违反法律的强制性规定，即使有一些谋取控制权的意味在里面，法律也是不予置评的。

本案中，对于蔡达标而言，究竟是通过什么手段获得控股权，只要其取得股份的途径合法，尽管道义上会受到谴责，但在法律上却不存在问题。如果不是蔡达标的一系列违法行为被曝出，其单纯地通过直接或间接的方式收购真功夫股份，并不应被过多指责。显然，作为大股东的蔡达标的一系列违法行为，如侵占、挪用等，才真正地使其成为法律所评判的对象。

合法的不一定合理，合理也不一定合法。如潘宇海方面占据办公室，拿走公章，似乎是情绪的宣泄，但是这显然是一种妨碍公司正常运营、造成公司僵局的行为。因此，即使潘宇海对大股东蔡达标夺取控制权的行为不满，也只能采取符合法律规定的措施。在某种意义上，法律激发的是理性对策，并不支持感情宣泄式的应激行为。

4. 相对控股的股权结构更好

在某种程度上，如果一家家族企业是由某一股东绝对控股的，这家企业的经营管理将是非常平稳的，甚至可以说是固化的。所以，很有可能形成的局面就是，在控股股东强有力的时候，公司的经营绩效无疑是非常高的。但是如果在控股股东出现问题或者继承人能力不佳的时候，这种模式无疑将是致命的。可以说，有一半的可能性是好的，也有一半的可能性是坏的。所以，如果一个公司是绝对控股，或者一个社会上的公司大多数情况下都是绝对控股，那么可能迎来一定时期的繁荣，但随之而来的可能就是衰落。在某种意义上，这种绝对控股的股权结构不如股权相对集中或者股权分散的结构。

在股权相对集中或者股权分散的结构中，任何一方都有可能联合他方寻求成为公司新的控制方。对于公司而言，现有的控制方有绝对动机提高自己的业绩，使自己不至于大权旁落。对于在野派而言，如果公司业绩很好，他们一方面会满足于现在的投资回报，另一方面也会考虑收购成本，因此往往对控制权的争夺比较谨慎；但是，一旦业绩变差，他们则会出于自身收益的考虑，或者出于战略布局等考虑，加速收购公司，从而形成对公司控制权的竞争。因此，无论是现有控制方还是在野派，都是有积极的动机去管理好公司，提高公司业绩，以谋求多数股东对于公司管理的认同。因此，在股权相对集中或者股权分散的情况下，这种竞争机制能够经常性地激励各方去管理好公司。竞争的结果，就是最有能力的新控制人的出现。

当然，无论是股权相对集中还是股权分散，在股东管理能力有限的情况下，最好能够寻找到一位合适的经理人代为管理。只要实现对经理人的有效制约和激励，就能够实现对公司的高效管理。因此，如何制约和激励经理人，便成为现代公司治理的核心问题。

（二）控股股东、实际控制人对小股东负有信义义务

控制权争夺本身是公司法所鼓励的一种制度，因为它引入了竞争，引发了各方博弈。通过控制权的争夺，激发公司不断改进管理，并推动公司业绩提高。在竞争下生存和发展的公司必然是一个有活力的主体。但是，控制权争夺必须是在合法的框架下进行，否则将构成对其他主体合法权益的侵害。

1. 控股股东、实际控制人的界定

《公司法》第216条第（2）项规定："控股股东，是指其出资额占有限责任公司资本总额百分之五十以上或者其持有的股份占股份有限公司股本总额百分之五十以上的股东；出资额或者持有股份的比例虽然不足百分之五十，但依其出资额或者持有的股份所享有的表决权已足以对股东会、股东大会的决议产生重大影响的股东。"控股股东强调的是一种股权控制，蔡达标显然符合上述标准。

《公司法》第216条第（3）项规定："实际控制人，是指虽不是公司的股东，但通过投资、协议或其他安排，能够实际支配公司行为的人。"证监会则扩大了实际控制人的内涵。根据《〈首次公开发行股票并上市管理办法〉第十二条"实际控制人没有发生变更"的理解和适用——证券期货法律适用意见第1号》，证监会将公司控制权界定为"是能够对股东大会的决议产生重大影响或者能够实际支配公司行为的权力，其渊源是对公司的直接或者间接的股权投资关系"。据此，直接或间接持有股权，均可

被界定为实际控制人。实践中，证监会也存在将控股股东与实际控制人界定为同一人的案例。

总之，实际控制人是实际控制上市公司的自然人、法人或者其他组织。有可能是股东，也有可能不是股东。实践中，社会公众投资者往往很容易从上市公司的年报中得知某一上市公司的控股股东，但是上市公司的实际控制人在某些情况下则很难辨别。根据证券交易所的要求，上市公司在进行信息披露时，实际控制人要追溯到自然人、国有资产管理部门或其他最终控制人。

2. 对小股东的信义义务

控股股东或实际控制人作为理性经济人，会对自己行为进行成本与收益的权衡，进而作出能够使自身利益最大化的决策，即使决策可能损害小股东与公司的利益。在其操作下，公司作出的决议，很可能形式上符合资本平等原则，但实质上违反公平或正义原则。"资本多数决"符合形式正义，然而滥用"资本多数决"在形式上符合正义而实质上却违反正义的要求。在控股股东或者实际控制人滥用控制权时，"资本平等"原则应当受到制约。对此，必须强调控股股东、实际控制人对小股东的信义义务。

在公司法上，信义义务最初产生于股东与董事之间的信托关系，董事作为受托人应当谋求信托人利益的最大化。传统公司法上的信义义务并不涉及股东，但随着中小股东权利被控股股东的行为所损害的案件不断发生，理论界也开始将信义义务的承担者扩展至控股股东。时至今日，大陆法系和英美法系国家都不同程度地在公司法上确立了控股股东对中小股东所负的诚信义务。[1]

考察控股股东信义义务在美国的发展史，可以发现这是一个逐渐扩展和深入的过程。由控股股东在某些特殊情况下对中小股东负有的披露

---

[1] 朱慈蕴、郑博恩：《论控制股东的义务》，载《政治与法律》2002 年第 2 期。

义务，发展为比较系统的基于信托理论的诚信义务。1886 年的 Ervin v. Oregon Ry. & Nav. Co. 案最先承认少数股东的诉权。在此案中，控股股东解散公司后又以不合理的低价购买了公司财产。法院认为，此时少数股东有权按照公平市场价格就其拥有的公司资产份额获得补偿。1919 年，布朗蒂斯（Brandeis）大法官指出，"大股东掌握着控制公司经营的实力，而当大股东行使其控制的权力时，不论其所用方法如何，诚信义务即应产生"。①1947 年 Zahn v. Transamerica Corp. 一案中，法院认定，子公司的所有者对少数股东就"以不合理低价买回少数股东的股份后立即处分的公司资产部分"承担责任。1955 年 Perlmanv. Feldmann 一案中，法院认为，董事和控股股东应当与少数股东分享销售股票所得的收益，如果该销售价格包含公司机会的收益。1969 年 Jones v. H. F. Ahmanson & co. 一案的判决以及加州最高法院的维持判决，改变了通常所接受的控股股东信义义务理论。此前，法院认为控股股东对公司承担信义义务，但不直接对中小股东承担义务，而这一判例则宣称控股股东对中小股东直接承担信义义务。此后，"具有控制权的股东必须依照诚信原则行事"，便成为英美司法中的一项重要原则。美国商事公司示范法以及许多州立法均对控制股东信义义务加以规定，使之成为公司法的一项基本原则。

《德国股份法》第 309 条规定，如果存在支配合同，支配企业的法定代表人应承担一定的义务，否则应作为总债务人对从属合同因此受到的损失负有赔偿义务。第 311 条规定，如果不存在支配合同，迫使从属企业从事对自己不利的交易属于违法，除非在最近一个营业年度终结时，向该从属企业提供相应的补偿。在德国，有关案例也依这一信义义务规则，追究了控制股东的法律责任。

我国《公司法》第 20 条规定了股东的义务，即"公司股东应当遵守法律、行政法规和公司章程，依法行使股东权利，不得滥用股东权利损害

---

① Southern Pacific Co. v. Bogert, 250 U.S 43, 487（1919）.

公司或者其他股东的利益；不得滥用公司法人独立地位和股东有限责任损害公司债权人的利益"，以及股东的损害赔偿责任，即"公司股东滥用股东权利给公司或者其他股东造成损失的，应当依法承担赔偿责任。"该规定可视为大股东信义义务的法律依据。此外，根据证监会《上市公司章程指引》（2016）第39条第2款规定，公司控股股东及实际控制人对公司和公司社会公众股股东负有诚信义务。控股股东应严格依法行使出资人的权利，控股股东不得利用利润分配、资产重组、对外投资、资金占用、借款担保等方式损害公司和社会公众股股东的合法权益。

3. 真功夫实际控制人违反信义义务的具体分析

（1）侵害股东知情权及一系列诉讼。

理论上讲，股东是公司的所有者，但在现代公司所有与经营日益分离的情况下，股东逐渐远离公司经营。为使股东能够掌握公司经营动态，必须强调股东知情权。大股东由于能够控制公司的董事或者经理，其知情权不会受到太大影响。小股东则是远离公司经营，其知情权极易受到侵害。在强调股东知情权时，主要强调的是对中小股东知情权的保护。

实际上，保护股东知情权本身并不是最终目的，保护知情权的最终目的是保障股东对公司的管理权和收益权。对于管理权的实现而言，只有了解公司产品或者服务的市场行情，才能决定公司的经营策略、正确行使提案权，以及正确选择管理者；只有了解公司股本结构，才能正确行使表决权；只有了解公司的资产负债比、公司担保情况，才能作出是否投入资本以及投入多少的正确判断；只有了解公司治理状况，才能决定是否以及如何行使股东派生诉讼、建议权等。对于收益权的实现而言，股东究竟能否获得分红，分多少红，转让价款如何确定等，也取决于股东对公司业务的了解。

①潘宇海诉真功夫。

本案中，虽然蔡达标与潘宇海持股比例旗鼓相当，但蔡达标作为公司总裁，事实上掌握了公司的控制权。蔡达标召开年终总结会时，没有通知潘宇海参加；拒绝潘宇海查阅公司财务会计账簿的请求；并通过一系列脱壳计划，欲把核心资产转移到自己控制的其他公司中。如此一系列做法，侵害了包括潘宇海在内的其他股东的合法权益。

2009 年 6 月 2 日，潘宇海向真功夫发出《审计通知书》，声明依据公司章程规定，其将指定会计师事务所对真功夫账目进行审计，要求真功夫提供相关材料、场所及设施。真功夫公司复函称，"聘请会计师事务所对公司财务状况进行审计系公司董事会之职权，首先应由董事会通过法定程序表决通过及批准"，并以目前办公场地及财务人手不足为由拒绝潘宇海提出的审计要求。

2009 年 7 月 23 日，潘宇海将真功夫起诉至法院，要求行使股东知情权，并请求法院查封该公司 2007 年 7 月至 2008 年 12 月的财务报告、财务账册以及会计凭证。真功夫委托代理人庭上辩称，真功夫一直按照规定进行有效审计，没有违反公司章程或者法律法规规定的事项，没必要另行审计。即使审计，会计师事务所也不应由潘宇海指定，而应由法院指定。同时指出，"股东对会计账册、账本有查阅权，但股东行使该权利应当出于正当的目的，必须以保护自己合法权益为前提，保护其权益首先要出现其权益受到侵害的事实"，潘宇海须证明受到侵害。

对于股东潘宇海是否有权委托会计师事务所进行审计，天河区人民法院审理认为，真功夫《章程》第 8.6 条规定："……每一方还有权指定一家在中国或外国注册的审计师审计合营公司的账目，以每个财政年度一次为限。如果该等审计的结果与合营公司审计人员审计的结果有重大差异且为董事会所接收，则上述审计的费用应由合营公司承担。合营公司将允许上述审计师接触合营公司的账册、记录和管理人员，并为上述审计师提供办公场所和所有其他合理的设施，使其能够开展审计工作。"据此，潘宇海作为合营一方，有权指定一家在中国或外国注册的会计师事务所审计合营公司的账目。真功夫收到《审计通知书》后，拒绝审计请求，违反法律规定和章程约定；同时，潘宇海依法享有股东知情权，真功夫的做法侵害了其合法权利。2010年2月10日，天河区人民法院作出判决，真功夫应当将2007年7月至2008年12月间的财务报告、财务账册、会计凭证（包括与凭证对应的合同）、银行对账单提供给潘宇海委托的会计师事务所进行账目审计，并提供不少于10平方米的办公场所。

②蔡达标诉真功夫。

2012年5月、6月和2013年7月，蔡达标多次向真功夫发函要求查阅公司章程、股东会议记录、会计账册等材料，以及被告未经股东会、董事会审议批准而作出的可能影响股东权益的各项重大决策和行动的批准文件或决策程序信息，但都被真功夫拒绝，蔡达标向法院提起诉讼。

天河区人民法院经审理认为，股东知情权是股东的法定权利，非经其本人同意，不能随意剥夺或限制。该案中，被告以无法确认是否为蔡达标本人的真实意思表示为由未给予查阅，但经法院与蔡达标本人核实，有关涉案诉状、授权委托书、查询函等确为其本人的真实意思表示。被告以蔡达标具有不正当目的为由拒绝其查阅，则应对其主张的"不正当目的"及可能损害其合法利益承担举证责任，但被告并未提供证据证明。

法院判决，真功夫于2011年3月17日至2013年7月18日的全部股东会会议记录及决议、董事会会议记录及决议、监事报告、财务会计报告及审计报告，提供给蔡达标委托的代理人及专业会计人员查阅、复制。至于蔡达标要求公布被告未经股东会、董事会审议批准，而作出的可能影响股东权益的各项重大决策和行动的批准文件或决策程序信息的问题，法院认为根据真功夫《章程》，该讼争所涉及的内容不需要经董事会或股东会决议，缺乏查阅的事实基础，故不予支持。一审判决支持了蔡达标的大部分诉讼请求。真功夫不服，向广州中院提起上诉。

广州市中级人民法院二审认为，双方在二审中均确认真功夫仅设董事会，未设股东会，因此蔡达标要求查阅、复制公司的股东会会议记录及决议不符合客观事实。另外，《公司法》关于股东知情权的规定中没有规定股东可以查阅、复制董事会会议记录及审计报告，且真功夫《章程》中也没有规定股东享有这项权利，所以法院对这一请求不予支持。广州市中级人民法院二审改判为不予支持蔡达标要求查阅、复制公司股东会会议记录、决议，以及董事会会议记录、审计报告的请求。

（2）召集董事会未进行适当通知及相关诉讼。

2013年12月9日，真功夫在广州召开该年度第二次临时董事会。会议议题主要包括修改公司章程和选举潘宇海为公司董事长等六项议案。按照《中外合资经营企业法实施条例》第33条的规定："下列事项由出席董事会会议的董事一致通过方可作出决议：（一）合营企业章程的修改；（二）合营企业的中止、解散；（三）合营企业注册资本的增加、减少；（四）合营企业的合并、分立。其他事项，可以根据合营企业章程载明的议事规则作出决议。"因此，修改公司章程的决议应当取得董事会全体董事一致通过。

按照《公司法》和公司《章程》的规定，董事会召开前应向各董事发出会议通知及会议提案。真功夫以特快专递的方式向蔡达标履行了这一义务，特快专递的邮寄地址是蔡达标身份证所载明的地址。但是，彼时蔡达标已经被羁押，显然无法收到该会议通知。真功夫临时董事会上，蔡达标等2名董事未能出席，其权利由主持人潘宇海代为行使并签名。会上，全票通过了包括修改公司章程、选举潘宇海为董事长等六项决议。2013年12月31日，东莞工商部门将真功夫法定代表人变更为潘宇海。

2014年2月，处于被羁押状态的蔡达标委托律师向天河区人民法院提起诉讼，要求判决撤销该董事会决议。蔡达标方面表示，真功夫在此次开会前，明知蔡达标已被关在广州市第一看守所，也知道其妹妹蔡春红是其案发后的代理人，却不向看守所或蔡春红的地址邮寄会议通知，反而向其身份证载明的地址送达，没有尽到公司章程约定的"适当发出"义务。

天河区人民法院经审理认为，根据《公司法》的规定，董事会会议召集程序、表决方式、决议内容违反法律或公司章程的，股东可以自决议作出之日 60 日起，请求人民法院撤销。真功夫董事会在向蔡达标送达 2013 年第二次临时董事会会议通知及提案过程中，未能合理保障蔡达标就该次会议享有的基本权利，该送达行为存在明显瑕疵，与公司章程中的"适当发出"约定不符，蔡达标请求撤销该董事会决议的要求合法有据，应予支持。天河区人民法院一审判决，撤销真功夫 2013 年 12 月 9 日作出的《临时董事会决议》。真功夫不服，提起上诉。2018 年 7 月，广州市中级人民法院终审判决，驳回上诉，维持原判。

（3）侵占公司资产。

真功夫于 2009 年及 2010 年先后向银行贷款 1.2 亿元，蔡达标对此提供连带保证，且不收取任何担保费。真功夫董事会于 2010 年 9 月 18 日通过决议，同意按照担保金额的 30%，即 3600 万元，向蔡达标指定的银行账户（包括蔡达标的银行账户和蔡达标实际控制的东莞赢天的银行账户）缴存反担保金。① 待清偿贷款并解除蔡达标连带保证责任后，由蔡达标负责将反担保金退还真功夫，不计利息。

广州市天河区人民法院认为，在该案审理期间，截至 2012 年 2 月 21 日，真功夫已清偿全部贷款，银行也明确表示已解除蔡达标的担保责任，因此，蔡达标辩称其依据董事会决议占有反担保金 3600 万元的理由已丧失。蔡达标在已知悉真功夫于 2012 年 2 月 21 日清偿全部贷款的情况，仍然占有反担保金的做法显然是没有依据的。无论董事会决议的法律效力如何，蔡达标都应将反担保金退还真功夫。据此，法院判决，蔡达标退还真功夫反担保金 3600 万元，并支付迟延退还反担保金期间的利息损失，同时还需负担该案受理费 22.18 万元。

---

① 所谓反担保，是指债务人或第三人向担保人作出保证或提供物的担保，在担保人因清偿债务人的债务而遭受损失时，债务人向担保人进行清偿。

（4）关联交易并不都违法。

①广州真功夫起诉蔡达标等。

2011 年 9 月，蔡达标被正式批捕五个月后，由潘宇海担任法定代表人的广州真功夫公司 ① 向东莞市中级人民法院起诉蔡达标等人涉嫌关联交易。广州真功夫起诉称，经真功夫审计发现，在蔡达标控制真功夫公司期间，真功夫公司与其妹夫王志斌、妹妹蔡春红所有的个体经济组织东莞市长安志利源三鸟经营部、东莞市虎门优中康三鸟经营部存在关联交易。蔡达标、王志斌、蔡春红，以及邓茂枝、邓衬娇从真功夫获取关联交易款逾 5600 万元。东莞市中级人民法院予以立案受理。此后，因众被告提出管辖权异议、法律文书迟迟无法送达等原因，此案一度搁置 2 年多。

2014 年 2 月 19 日，该案在东莞市中级人民法院首次开庭审理。因涉嫌关联交易被起诉至法庭的包括蔡达标（未出庭）、其妹夫王志斌、妹妹蔡春红，及邓茂枝、邓衬娇（未出庭）。涉案交易发生在蔡达标担任真功夫董事长期间。

法院认为，原告广州真功夫公司确认其只是接受第三人真功夫委托清收债权，并未从第三人真功夫受让案涉债权。虽然原告广州真功夫公司系第三人真功夫公司的全资子公司，但两者是相互独立的民事主体，原告广州真功夫公司并未受让案涉债权，则其与本案不具有直接利害关系。根据《民事诉讼法》第 119 条"起诉必须符合下列条件：（一）原告是与本案有直接利害关系的公民、法人和其他组织；（二）有明确的被告；（三）有具体的诉讼请求和事实、理由；（四）属于人民法院受理民事诉讼的范围和受诉人民法院管辖"及《民法通则》第 63 条"公民、法人可以通过代理人实施民事法律行为。代理人在代理权限内，以被代理人的名义实施民事法律行为。被代理人对代理人的代理行为，承担民事责任。依照法律规定或者按照双方当事人约定，应当由本人实施的民事法律行为，不得代理"

---

① 真功夫餐饮管理有限公司的全资子公司。

之规定，原告广州真功夫公司不属于与本案有直接利害关系的法人，其以自己名义提起本案诉讼缺乏法律依据。法院据此裁定驳回原告广州真功夫的起诉。各方当事人在上诉期内均未提出上诉，裁定发生法律效力。

②真功夫起诉蔡达标等。

真功夫与蔡达标、李跃义、蔡春媚、逸晋公司关联交易损害责任纠纷案，东莞市第二人民法院审理认为，涉案关联交易不涉及不公允问题，且真功夫未能举证证明关联交易导致自己损失，因此判决不支持真功夫的诉讼请求。真功夫不服东莞市第二人民法院民事判决，向东莞市中级人民法院提起上诉。

2014 年 3 月 12 日，东莞市中级人民法院经审理认为，我国《公司法》并未禁止关联交易，仅对"利用关联关系损害公司利益"的行为进行规范。合法有效的关联交易应当同时满足以下三个条件：交易信息披露充分、交易程序合法、交易对价公允。法院对案涉交易是否属于合法有效的关联交易，围绕上述三个条件分析如下。

首先，从 2008 年 4 月 19 日的真功夫《2008 年第三次董事会记录》、2009 年 1 月 5 日《临时董事会纪要》载明的参加会议人员以及议案情况来看，真功夫各股东对于蔡达标存在关联交易的行为是知晓的，没有证据显示蔡达标、蔡春媚隐瞒或未充分披露案涉交易信息。

其次，从 2009 年 11 月《真功夫工程承包框架合同》、2010 年 7 月 1 日《真功夫工程承包框架合同》、2010 年 12 月《真功夫空调工程承包框架合同》、2011 年 11 月 1 日《真功夫餐厅维修工程承包框架合同》第 1 条第 2 款、第 2 条第 6 款约定来看，逸晋公司仅为真功夫公司以及下属子公司的工程承包商之一，逸晋公司应与其他承包商进行公平竞争，通过提供优质的服务和合理的价格争取更多的业务合作机会。事实上，同期真功夫公司的承包商有很多，时任广州真功夫公司筹建中心项目经理的程军接受公安机关的询问时称，真功夫公司在全国地区有很多施工厂商，在广东地区的厂商主要有 4 家，其中包括逸晋公司。无证据显示蔡达标、蔡春媚影响案涉交易中的工程承包商的选定，也没有无证据表明案涉交易程序不合法。

最后，从案涉合同的相关约定来看，真功夫以及其下属子公司已经制定了措施确保交易对价公允，现无证据显示案涉交易的价格存在不公允的情况。

据此，原审法院认定现有证据显示案涉交易均为合法有效的关联交易并无不当。真功夫主张关联交易损害了其利益，依据《民事诉讼法》第64条第1款规定，真功夫应举证证明案涉关联交易损害了其利益，否则真功夫应自行承担举证不能的不利后果。但真功夫未能提交有效证据证明被上诉人利用关联关系损害了真功夫的利益，原审法院对真功夫的诉讼请求不予支持并无不当。①东莞市中级人民法院二审判定关联交易合法，驳回真功夫公司的诉讼请求。

（5）"脱壳计划""股权转让"的效力。

① "脱壳计划"的效力。

2006年，真功夫酝酿上市，在与风险资本及中介机构的接触中，蔡达标意识到他与潘宇海相当的持股比例不利于其以后对公司的控制。2007年真功夫成功引进风险投资后，蔡达标为使自己的控制权进一步扩大，委托中介策划并实施"脱壳计划"。

2009年上半年至2010年，中介分批向蔡达标提交"脱壳计划"：《潘宇海方面优劣势情况分析》《蔡总方面优劣势情况分析》《有关调整真功夫餐饮管理有限公司运营架构及控制权事项项目操作方案》《真功夫系脱壳计划》《真功夫系正式脱壳运作前的工作安排》。2009年6月，蔡达标开始实施脱壳计划。

至蔡达标案发前，已经实施的主要事项有：第一，蔡达标于2009年

---

① 东莞市中级人民法院：东莞市真功夫餐料生产有限公司与蔡达标、王志斌公司关联交易损害责任纠纷二审民事判决书，载中国裁判文书网。

8月2日与中山联动（持有3%真功夫股份）的五方股东签署《关于中山市联动创业投资有限公司股权转让之框架协议》，由蔡达标个人独资的东莞赢天收购中山联动的100%股权。第二，2009年6月，以公司名义拒绝股东潘宇海关于审计的要求，之后阻止董事、监事查阅账目、剥夺潘宇海的委派权。第三，违反董事会决议，以采取停止投资、强制审计等做法，限制潘宇海分管的新品牌的发展。

那么，蔡达标的所谓脱壳计划是否违法？既有违法之处，也有不违法之处。脱壳计划中限制、剥夺潘宇海知情权、委派权等显然侵害了小股东利益，违反了公司法规定。但是以东莞赢天收购中山联动，则是蔡达标进行资本运作的手段，没有任何违法性。至于限制潘宇海负责的新品牌的发展，则更多是公司经营策略层面上的争执。

②《框架协议》与《股权授予协议》之"股权转让"的效力。

2010年9月18日，潘宇海与蔡达标、今日资本签署《关于真功夫餐饮管理有限公司股权转让及后续事宜之框架协议》（以下简称《框架协议》）。主要约定：第一，潘宇海向蔡达标独资的东莞赢天转让双种子35.74%股权，交易价款为人民币7520万元。第二，潘宇海向今日资本指定的两家公司转让真功夫公司21.25%股权，其中First Glory Corporation Limited购买真功夫17%的股权，KingChamp Corporation Limited购买真功夫4.25%的股权。第三，上述股权交易为一揽子交易，其中任一股权交易中止，则全部股权交易停止。

蔡达标极力推动《框架协议》的谈判，为打消收购方的顾虑，蔡达标在签署《框架协议》的同时，还出具了一份《陈述与保证》。蔡达标承诺，在其控制公司期间，公司合法经营，没有涉及任何刑事的、民事的纠纷或诉讼，公司和其本人"均未卷入可能对真功夫公司及其子公司产生不利影响的任何重大民事、刑事、仲裁、行政或其他法律程序。除已披露的诉讼外，未曾有真功夫公司、其子公司提出的或针对真功夫公司、其子公司提出的、尚未解决或可能发生的任何民事、刑事、仲裁、行政或其他法律程序；也不存在可预见地将引起真功夫公司、其子公司有关的民事、刑事、行政或其他重大法律程序的事实或情形"。2010 年 12 月 27 日，广东省对外贸易经济合作厅批准了此次股权转让事宜。①

2011 年 3 月，蔡达标案发，此时框架协议正在执行中。2011 年 11 月，今日资本以蔡达标违反《陈述与保证》为由，致函潘宇海及蔡达标，要求立即解除各方 2010 年签订的《框架协议》《定金协议》《股权授予协议》等一揽子交易。今日资本在通知中提及了今日资本与蔡达标之间的《股权授予协议》。《股权授予协议》显示，蔡达标要求今日资本按照 25 亿元对真功夫进行整体作价。但是，《框架协议》却约定，潘宇海出售股份按照真功夫 20 亿元整体作价进行作价。此外，今日资本所指定的受让潘宇海 21.25% 股权的两家公司中的 KingChamp 所受让的 4.25% 股权，需要按照《股权授予协议书》，以 1 美元的价格出售给蔡达标。因此，尽管今日资本购买真功夫 21.25% 的股权，但实际所获得的只有 17% 的股权，剩余 4.25% 的股权则被蔡达标要求今日资本赠予他。潘宇海认为，蔡达标利用自己对公司的控制，在交易中设计抢夺潘宇海作为创始股东的权益。

根据《框架协议》，任何一方违约导致交易无法完成，应向另一方承担特别违约金 5000 万元。潘宇海认为，鉴于《框架协议》因蔡达标涉嫌经济犯罪而未得履行，且蔡达标违反了其《陈述与保证》所作的承诺，构成欺诈。2012 年 9 月，潘宇海起诉至广州市中级人民法院，称蔡达标曾于 2010 年限制股权转让，并从中牟利。2014 年 5 月 16 日，广州市中级人民法院开庭审理该股权纠纷案。

2014 年 12 月 15 日，广州市中级人民法院经审理认为，蔡达标的刑事犯罪行为致使协议无法继续履行，蔡达标存在违约；转让协议签订后，潘宇海没有及时提供账户，导致今日资本无法按约定付款，潘宇海在履约

---

① 徐明：《真功夫股权纠纷之谜关键一步掀开》，载新浪博客：http://blog.sina.com.cn/s/blog_6b55d75501016wq6.html，最后访问日期：2019 年 4 月 15 日。

过程中亦存在违约。双方均存在违约事实，故解除蔡达标、潘宇海以及今日资本签订的股权转让协议，潘宇海应返还转让款 7520 万元给蔡达标的东莞赢天；驳回双方的其他诉讼请求。

双方对一审判决不服，均提起上诉。蔡达标方面认为，其已经严格履行合同义务，导致协议不能履行的根本过错责任在于潘宇海陷害蔡达标。因此，潘宇海除返还转让金外，还应赔偿损失 2034.91 万元。潘宇海方面称，只是由于当时国家外汇政策调整，今日资本无法付款，包括潘宇海的各方并没有消极对待，而是积极与他方进行了协商。

2016 年 12 月 15 日，广东省高级人民法院作出终审判决：潘宇海应归还蔡达标的股权转让款 7520 万元，并按银行同期人民币流动资金贷款利率向其支付利息。

这一貌似阴阳合同的股权转让协议有效吗？对此，不能将商业交易中的道德行为上升为法律行为加以评判。首先，虽然三方签订了框架协议，对真功夫按照 20 亿元的整体作价确定股份转让价格，但实际上，股权转让发生在潘宇海与今日资本之间，作为平等交易主体、也作为公司股东之一的潘宇海在框架协议上签字，可以证明其认可股权转让条件。同时，股权转让价格以双方合意为准。其次，潘宇海将股权以真功夫 20 亿元整体作价为基础转让给今日资本，今日资本又与蔡达标签订股权转让协议，约定今日资本以 20 亿元整体作价为基础购买潘宇海股权后，再以 1 美元的价格将公司 4.25% 的股权转让给蔡达标，也许这一商业行为带有诚信瑕疵，但蔡达标在这一交易中并不需要承担法律责任。因为以 20 亿元整体作价为基础作出股权转让决定的是潘宇海，潘宇海与今日资本在平等自由的基础上达成协议。作为今日资本所指定的受让潘宇海 21.25% 股权的两家公司中的 KingChamp 公司，将其所受让的 4.25% 股权按照《股权授予协议书》，以 1 美元的价格卖给蔡达标，可以理解为具有一定赠与因素。①

当然，合同有效成立后，由于主客观情况发生变化，使合同履行成为不必要或者不可能。如果再让合同继续发生法律效力，不但对其中一方甚至双方不利，有时还会妨碍市场经济秩序，因此，法律允许有关当事人解除合同。

（三）公司章程修改、董事会任命，应先行获得审批

1. 蔡达标、潘宇海要求变更董事长

2011 年 3 月 17 日，按照真功夫《章程》第 4.2 条，"董事长应由甲方（蔡达标先生）任命"，以及第 4.3 条，"董事长是合营公司的法定代表人，任期三年"，蔡达标委任蔡春红为董事长。2012 年 2 月 24 日，蔡达标、蔡春红向东莞市工商局提出变更法定代表人申请，并提供相关资料。2012 年 3 月 27 日，东莞市工商局针对上述申请向蔡春红发出听证通知，决定就蔡春红上述工商登记申请举行听证会。

2012 年 3 月 28 日，以潘宇海为法定代表人的双种子向广州市天河区人民法院提起诉讼，请求确认真功夫章程部分无效。

2012 年 4 月 9 日，东莞市工商局举行听证会，并向蔡春红、潘敏峰、黄健伟、方敏发出《听证权利告知书》，告知其享有听证的权利。利害关系人潘宇海委托代理人参加听证会。2012 年 5 月 18 日，工商局以"章程效力待人民法院确认"为由，驳回了蔡春红的上述申请。

2013 年 12 月 9 日，潘宇海、方华、潘敏峰召开 2013 年度真功夫餐饮管理有限公司第二次临时董事会，对真功夫《章程》进行五处根本性修

---

① 徐明：《真功夫股权纠纷之谜关键一步掀开》，载新浪博客：http://blog.sina.com.cn/s/blog_6b55d75501016wq6.html，最后访问日期：2019 年 4 月 15 日。

改，并以"蔡达标先生不能履行董事长职务"为由将公司董事长、法定代表人变更为潘宇海。

2013 年 12 月 23 日，双种子撤诉。同日，天河区人民法院作出撤诉裁定。

2013 年 12 月 31 日，原广东省外经贸厅将真功夫董事长变更登记为潘宇海。2013 年 12 月 31 日，工商局将真功夫法定代表人变更为潘宇海。

（1）蔡达标方对东莞市工商局提起行政诉讼。

2012 年，蔡达标方面对东莞市工商局提起行政诉讼。蔡达标方面认为，对于蔡春红 2012 年 2 月 24 日向工商局申请变更工商登记的行为，在 2013 年 12 月 23 日双种子对章程确认无效之诉撤诉且法院作出准予撤诉裁定后，"章程效力待人民法院确认"的事由已不存在，工商局应当立即为蔡春红女士办理工商登记变更。工商局没有办理蔡春红法定代表人变更登记，属严重违法。

蔡达标方面认为，工商局采取双重标准。对于蔡春红的申请，举行听证会，告知利害关系人，作出驳回申请的理由是"章程效力待人民法院确认"；但是对于潘宇海的法定代表人变更登记，是相关民事诉讼进行期内举行的临时董事会，是处于"章程效力待人民法院确认"时期的非法董事会，但工商局却在没有通知利害关系人蔡达标、蔡春红的情况下，作出变更登记，属严重违法。

东莞市第一人民法院经审理认为，根据《企业法人登记管理条例》及《行政许可法》的相关规定，首先，变更登记的目的是，通过对于申请人已经变更的事实（如公司的名称或法定代表人）或者某些法律关系的记录来确认和证明某种权利义务关系的变化和存在；其次，工商变更登记的法律效果是，通过登记，申请人已经作出的登记事项得到了行政机关的承认或者是确认，获得了最完整、最终的法律效力；最后，工商变更登记的功能在于，表明法律关系和事实通过了行政机关的审核和认可，使公众有理由确信它的真实性。行政登记是对权利、事实的记载并公示，登记的前提必须是事实清楚、明确。如果登记时登记机关发现事实不清，应暂不予登记，待有权机关对争议作出确认后方予以登记。

该案中，被告通过举行听证会，查实作为真功夫股东的双种子于2012年3月向广州市天河区人民法院起诉真功夫，请求撤销《中外合资真功夫餐饮管理有限公司章程》第4.2条关于"董事长由蔡某标任命"的规定。由此可见，原告蔡春红委托何某以真功夫的名义，向被告东莞市工商局申请对公司的法定代表人、董事、董事长等事项进行变更（备案）登记的主要依据即公司的涉案章程，其效力存在争议。被告东莞市工商局根据查明的上述事实，认为涉案的章程效力待人民法院确认，驳回原告的申请并无不当。法院认定"原告的诉请依据不足"，判决驳回了原告蔡达标、蔡春红的诉讼请求。原告不服一审判决，提起上诉。

广东省东莞市中级人民法院认为，蔡达标、蔡春红主张东莞工商局程序违法的理由不成立，蔡达标、蔡春红要求撤销东莞工商局作出的《公司变更驳回通知书》，法院不予支持。二审法院终审判决：驳回上诉，维持原判。判决书还显示，真功夫外方股东今日资本提供二审陈述意见，请求二审法院驳回蔡达标、蔡春红的上诉请求，依法维持原审判决。另一股东中山联动则未提供意见。

（2）蔡达标对东莞市工商局行政不作为申请行政复议。

2012年5月，蔡达标、蔡春红第一次向东莞市工商局申请变更法定代表人，被驳回，理由是"章程效力有待人民法院确认"。从理论上说，该具体行政行为已经结束了。如果蔡达标方面想要再次申请复议，应当向东莞市工商局重新申请变更登记，然后再针对东莞市工商局的行为提起复议。

2014年1月14日，蔡达标方面再次到东莞市工商局提交变更法定代表人登记申请，接待人员以"真功夫法定代表人已于2013年12月31日变更为潘宇海"为由予以拒绝，且至今没有任何书面正式回应。2014年2月17日，蔡达标、蔡春红方面针对东莞市工商局的行政不作为，向广东省工商局提起行政复议申请。但公开资料并未显示有后续处理结果。

（3）蔡达标对原广东省外经贸厅的行政不作为申请复议。

2014年2月18日，蔡春红向原广东省外经贸厅提交《查处违法行为申请书》，请求对潘宇海、潘敏峰、方华等人未经批准擅自修改公司章程的违法行为进行查处。蔡春红认为，根据2007年11月20日合营五方签订的《合资经营合同》及《章程》，"除非各方另有书面协议，否则董事长应由甲方（蔡达标）任命"。据此，蔡达标享有真功夫公司董事长的任命、委派权，这一权利不容任何人质疑与剥夺。在提交《申请书》已两个月，原广东省外经贸厅对此没有作出任何行政处理决定，也没有作出任何回应。蔡达标、蔡春红认为其构成行政不作为，向广东省政府提起行政复议。

2014年6月26日，该案在广东省政府行政复议庭开庭审理。广东省政府作出的行政复议决定书认为，省商务厅未对申请人的《查处违法行为申请书》依法作出处理，属于未履行法定监管职责。责令省商务厅对蔡达标、蔡春红的请求依法作出处理。

真功夫表示，公司于8月下旬接到《广东省商务厅关于提供有关材料的通知》，通知称根据广东省人民政府行政复议决定书要求，要求企业就修改章程、变更董事长及法务代表人等行为作出说明，"真功夫已按照要求于9月上旬向商务厅报送了说明材料"。

广东省商务厅10月11日出具复函，对真功夫原董事长蔡达标及其妹蔡春红此前质疑真功夫法人代表身份有效性作出正式回应，对于具体涉及的争议，广东省商务厅认为"真功夫公司董事长暨法定代表人变更系东莞市工商局核准登记，且申请人已向省工商局申请了行政复议，申请人对此项变更登记如有异议，应继续向具备法定职责的工商部门申请撤销"。此外，对于公司章程等争议，应通过仲裁或诉讼解决。

2. 董事长变更登记、章程修改存在问题

（1）原章程条款合法有效。

无论是蔡达标、蔡春红对原广东省外经贸厅行政不作为提起的行政复议，还是对工商局提起的行政诉讼，其根本目的就是为了使公司的董事长兼法定代表人成为蔡春红而不是潘宇海。合营企业的董事长是至关重要的，那么，真功夫董事长究竟应当是潘宇海还是蔡春红？

根据《中外合资经营企业法》第 6 条规定，董事长和副董事长由合营各方协商确定或由董事会选举产生。中外合营者的一方担任董事长的，由他方担任副董事长。董事会根据平等互利的原则，决定合营企业的重大问题。根据《公司法》第 44 条第 3 款规定，董事会设董事长一人，可以设副董事长。董事长、副董事长的产生办法由公司章程规定。由此可见，对于中外合资经营企业，其性质上属于有限责任公司，其董事长产生办法并不是必然由董事会选举产生，而是取决于协商、协议或者章程的约定。

真功夫《章程》有如下内容：4.2……董事长应由甲方（蔡达标）任命…… 4.3 董事长是合营公司的法人代表…… 5.1（a）……总经理由甲方提名。此外，《章程》中还有关于重大事项的决定可由半数以上董事书面确认即通过的规定。

有限责任公司不同于股份有限公司之处在于，前者是具有一定人合性的资合公司，而后者属于绝对的资合公司。换言之，有限责任公司在很大程度上尊重当事人的意思自治，董事长的产生依赖于当事人之间的协商。因此，真功夫《章程》规定董事长由蔡达标一方委任，并没有违反法律的强行性规定。蔡达标因为身陷囹圄无法履行董事职责，按照章程约定，应当由其委派的人作为公司董事长，也是没有问题的。

当然，在向东莞市工商局申请变更登记时，工商局以章程条款效力尚未被法院确定为由拒绝变更登记，也是适当的。因为当时确实在进行一个关于章程条款效力的诉讼。当然，也可以理解这是一个妨碍性的诉讼，因

为在 2012 年 12 月 9 日公司选出新的法定代表人之后不久，也就是 12 月 23 日，双种子就撤诉了。2013 年 12 月 31 日，原广东省外经贸厅将真功夫董事长变更为潘宇海。2012 年 12 月 31 日，东莞市工商局将真功夫餐饮管理有限公司法定代表人由蔡达标变更为潘宇海。

（2）原广东省外经贸厅的审批与东莞市工商局的变更登记存在问题。

根据《中外合资经营企业法实施条例》（2011 年 1 月 8 日）[①]第 13 条规定："合营企业章程应当包括下列主要内容：……（五）董事会的组成、职权和议事规则，董事的任期，董事长、副董事长的职责；……（九）章程修改的程序。"

根据《中外合资经营企业法》（2001 年 3 月 15 日）[②]第 3 条规定："合营各方签订的合营协议、合同、章程，应报国家对外经济贸易主管部门（以下称审查批准机关）审查批准。审查批准机关应在三个月内决定批准或不批准。合营企业经批准后，向国家工商行政管理主管部门登记，领取营业执照，开始营业。"

《中外合资经营企业法实施条例》第 14 条规定："合营企业协议、合同和章程经审批机构批准后生效，其修改时同。"据此，合营企业章程须经合营各方签署并报审批机关审批后才能正式生效。其修改亦需经同样的审批程序，未经审批，即使合营各方签署了修改的合同或者章程，也不能产生法律效力。真功夫应当在修改章程、变更法定代表人之后，报原审批部门审批，然后才能报工商局变更登记。

蔡达标方面认为，工商局对于变更登记申请采取双重标准，且违法进行变更登记。广东省外经贸厅没有尽到审批职责，且不进行回复，因此提

---

①《中外合资经营企业法实施条例》根据 2014 年 2 月 19 日《国务院关于废止和修改部分行政法规的决定》第五次修订，第 13 条没有变动。

②《中外合资经营企业法》根据 2016 年 9 月 3 日第十二届全国人民代表大会常务委员会第二十二次会议《关于修改〈中华人民共和国外资企业法〉等四部法律的决定》第三次修正。第 3 条内容没有变化。

起行政复议。事实上，广东省外经贸厅确实应当审查公司章程，按照公司章程，以及蔡达标的委托书进行审批。工商局进行的变更登记，也是存在问题的。

（3）章程修改程序存在瑕疵。

潘宇海主持了董事会并对章程进行了修改，这一修改是否合法有效？按照《中外合资经营企业法实施条例》第33条规定："下列事项由出席董事会会议的董事一致通过方可作出决议：（一）合营企业章程的修改；（二）合营企业的中止、解散；（三）合营企业注册资本的增加、减少；（四）合营企业的合并、分立。其他事项，可以根据合营企业章程载明的议事规则作出决议。"据此，章程的修改必须取得全体董事一致同意。但是，董事会决议的作出显然未取得其他董事一致同意。因此，章程修改是存在效力瑕疵的，据此选举出新董事长也是存在瑕疵的。

《公司法》第22条规定："公司股东会或者股东大会、董事会的决议内容违反法律、行政法规的无效。股东会或者股东大会、董事会的会议召集程序、表决方式违反法律、行政法规或者公司章程，或者决议内容违反公司章程的，股东可以自决议作出之日起六十日内，请求人民法院撤销。股东依照前款规定提起诉讼的，人民法院可以应公司的请求，要求股东提供相应担保。公司根据股东会或者股东大会、董事会决议已办理变更登记的，人民法院宣告该决议无效或者撤销该决议后，公司应当向公司登记机关申请撤销变更登记。"显然，真功夫董事会的召集程序和表决方式违反法律和章程的规定。据此，蔡达标可以起诉撤销该决议。

当然，在《最高人民法院关于适用〈中华人民共和国公司法〉若干问题的规定（四）》[以下简称《公司法司法解释（四）》]颁布之后，则应当采取"决议不成立之诉"。《公司法司法解释（四）》第5条规定："股东会或者股东大会、董事会决议存在下列情形之一，当事人主张决议不成立的，人民法院应当予以支持：（一）公司未召开会议的，但依据公司法第三十七条第二款或者公司章程规定可以不召开股东会或者股东大会而直接作出决定，并由全体股东在决定文件上签名、盖章的除外；（二）会议未对决议事项进行表决的；（三）出席会议的人数或者股东所持表决权不符合公司法或者公司章程规定的；（四）会议的表决结果未达到公司法或者公司章程规定的通过比例的；（五）导致决议不成立的其他情形。"

不过这里还有一个问题，也就是蔡达标因为经济犯罪，按照公司法的规定，真功夫应当解除其职务。根据《公司法》第 146 条第（2）项规定，因贪污、贿赂、侵占财产、挪用财产或者破坏社会主义市场经济秩序，被判处刑罚，执行期满未逾五年，或者因犯罪被剥夺政治权利，执行期满未逾五年，不得担任公司的董事、监事、高级管理人员。董事、监事、高级管理人员在任职期间出现本条第一款所列情形的，公司应当解除其职务。因此，真功夫应当首先解除蔡达标的职务。在这种情况下，召集董事会会议并且作出决议，才是合法的。

（四）公司僵局的救济路径

1. 公司僵局的界定

公司僵局，是指公司因为各种因素导致经营管理陷入困境，如果持续经营将使公司资产被摊薄，最终损害股东利益的状况。公司僵局的形成原因很多，如股东持股比例均衡，在股东会决议时任何一方都无法取得支配性地位，导致公司无法作出决议；如一方拿走公司印章、合同书或更换钥匙、门禁等，导致公司无法正常经营；再如一方承诺出资，但最终由于各种因素导致出资不能。总之，由于各种因素，公司无法正常经营下去。在这种情况下，受侵害方可以采取何种救济？

2. 公司僵局的救济

根据《公司法》第 20 条第 1 款和第 2 款规定，公司股东应当遵守法律、行政法规和公司章程，依法行使股东权利，不得滥用股东权利损害公司或者其他股东的利益；不得滥用公司法人独立地位和股东有限责任损害公司债权人的利益。公司股东滥用股东权利给公司或者其他股东造成损失的，应当依法承担赔偿责任。因此，对于公司而言，可以要求实施侵害的股东进行赔偿。对此，公司可以依法向人民法院提起诉讼。对于实施侵害行为一方，由于其行为对公司和其他股东的利益构成了侵害，应当依法承担法律责任。

对于股东而言，显然可以依据公司法的规定将股份转让给其他股东或者第三人。但是，在公司僵局的情况下，这种路径在实践中是很难行得通的。那么，股东还可心采取何种措施？首先，股东可以要求公司买回自己的股份。《公司法》第74条规定："有下列情形之一的，对股东会该项决议投反对票的股东可以请求公司按照合理的价格收购其股权：（一）公司连续五年不向股东分配利润，而公司该五年连续盈利，并且符合本法规定的分配利润条件的；（二）公司合并、分立、转让主要财产的；（三）公司章程规定的营业期限届满或者章程规定的其他解散事由出现，股东会会议通过决议修改章程使公司存续的。自股东会会议决议通过之日起六十日内，股东与公司不能达成股权收购协议的，股东可以自股东会会议决议通过之日起九十日内向人民法院提起诉讼。"

据此，在股东权受侵犯时，并不能当然地要求公司买回自己的股份。这主要是在股东权利保护与公司资本充实之间进行的一种权衡。基本原则是，在特定情况下股东才可以要求公司买回股份，一般情况下股东依然要依赖于股份转让而实现退出。当然，这并不是说必须符合《公司法》所规定的几种情况才能要求回购，如果法院在审理时遇到《公司法》没有明文规定的情况，依然可以要求公司回购股东的股份。如一个公司制会计师事务所，股东会作出开除某一位股东的决定，要求股东将股份转让。在这种情况下，股东要求公司回购股份也是可以的，因为会计师事务所的特殊性质与注册会计师的特殊身份，使得其股份转让的权利实际上受到很大限制。

其次，一个比较极端的救济措施，就是股东提出解散公司的诉讼。《公司法》第182条规定："公司经营管理发生严重困难，继续存续会使股东利益受到重大损失，通过其他途径不能解决的，持有公司全部股东表决权百分之十以上的股东，可以请求人民法院解散公司。"股东起诉解散公司，是对公司的最严厉惩罚，最终将导致公司人格的消灭，因此提起解散公司的诉讼，必须符合严格的法定条件。（1）诉讼主体的资格。必须是持股10%以上的股东，这意味着这是一项少数股东权，而不是单独股东权。（2）公司陷入僵局。一是严重的经营困难，如公司严重亏损，无法清偿到期债务，存续下去只会导致债务越来越多。二是严重的管理困难，如公司经营不能正常进行或者决策无法顺利作出。（3）使股东利益受到重大损失。该制度是为了防止潜在损害变成现实，因此没有必要要求实际损害的发生。但是，究竟何为"重大"？法律未明确规定。（4）公司僵局不能通过其他途径解决。股东穷尽其他救济途径，还不足以防止损害发生的，才能提起解散公司的诉讼。其他途径有哪些？如何认定通过"其他途径"仍不能解决？法律也未作出规定。

如果法院判决解散公司，公司必然面临清算。虽然法院可以解散公司，但是不能介入公司清算，只是判令公司清算义务人（股东）在法定期限内组织清算组对公司的财产进行清算。但是，控股股东通常不会对法院的判决主动予以执行，而清算是公司法律人格消灭的必经程序，公司如果无法进行清算，则公司仍然处于存续状态，也就无法达到股东诉请解散公司的目的。按照《公司法》第183条的规定，公司逾期不能自行组织清算组的，债权人可以申请人民法院指定有关人员组成清算组进行清算。这就意味着，起诉成功的股东自己不能组织清算，还必须找到债权人，让债权人组成清算组。这可谓多此一举，耗时耗力。因此，应当考虑让提起诉讼的股东享有申请法院组织清算的权利。

（五）一定要保障股东知情权

知情权是股东的固有权利，也是股东行使其他权利的前提，但是知情权的行使却是一个复杂的问题。股东在什么情况下可以行使知情权；行使知情权的范围有多大；在知情权受到侵害时有怎样的救济途径。真功夫案中，有两起股东知情权诉讼，一是潘宇海诉真功夫；二是蔡达标诉真功夫。一般而言，要求行使知情权的股东多处于弱势一方，在要求行使知情权被公司拒绝后，往往起诉公司，以寻求自身利益保护。

1. 股东知情权的界定与内涵

股东知情权，就是股东享有了解公司业务、财务状况的权利。股东的知情权是保障股东对公司业务进行监督的必要前提和途径，也是全面保护股东权益的重要切入点。股东的知情权属于股东的程序权利，主要包括查阅权、询问权、检查人选任请求权。虽然三者的内容各异，但是均服务于股东获取信息的宗旨。

第一，查阅权。股东查阅权是股东知情权的重要组成部分。按照《公司法》的规定，股东有权查阅公司章程、股东会会议记录、董事会会议决议、监事会会议决议和财务会计报告等文件。

第二，询问权。股东行使查阅权是股东了解公司经营状况的基本途径。当股东出于正当目的行使查阅权受阻时，股东有权就相关问题对董事和高管进行询问，这就涉及股东询问权。股东询问权主要涉及以下几个方面。（1）询问公司及其关联公司的业务、财务、盈余分配、管理等情况。（2）在股东会召开时或者平时，向董事或者高管进行询问，但是，股东行使询问权应当以不影响公司的正常经营为限。（3）股东在行使询问权时，以书面形式提出询问为宜。（4）只要是股东本着善意进行询问，董事和高管均应作出适当回答。如果股东询问的内容涉及公司商业秘密，董事和高管有权拒绝回答，但是应当作出合理解释。

第三，检查人选任请求权。检查人选任请求权，是指符合法定条件的股东有正当理由认为公司在经营管理过程中存在违反法律或者公司章程的重大事实时，可以通过股东大会请求法院聘请独立于公司利益之外的第三人担任检查人，对公司业务和财产状况进行临时审查的制度。与传统的股东知情权行使途径相比，检查人制度具有一定优势：（1）可以同时满足公司多个股东的需求，充分保障了股东获取信息的效率；（2）由专业人士或机构介入，能更有效地获得公司的真实信息；（3）公司承担调查费用，从而减轻股东行使知情权的成本。但为平衡股东与公司的利益，也应对检查人制度进行必要限制，如股东必须持股达到一定比例；股东必须提出初步证据证明公司提供的重要文件存在虚假陈述等。

2. 我国《公司法》对股东知情权的规定

《公司法》第33条规定："股东有权查阅、复制公司章程、股东会会议记录、董事会会议决议、监事会会议决议和财务会计报告。股东可以要求查阅公司会计账簿。股东要求查阅公司会计账簿的，应当向公司提出书面请求，说明目的。公司有合理根据认为股东查阅会计账簿有不正当目的，可能损害公司合法利益的，可以拒绝提供查阅，并应当自股东提出书面请求之日起十五日内书面答复股东并说明理由。公司拒绝提供查阅的，股东可以请求人民法院要求公司提供查阅。"

《公司法》第97条规定："股东有权查阅公司章程、股东名册、公司债券存根、股东大会会议记录、董事会会议决议、监事会会议决议、财务会计报告，对公司的经营提出建议或者质询。"

《公司法》第150条规定："股东会或者股东大会要求董事、监事、高级管理人员列席会议的，董事、监事、高级管理人员应当列席并接受股东的质询。董事、高级管理人员应当如实向监事会或者不设监事会的有限责任公司的监事提供有关情况和资料，不得妨碍监事会或者监事行使职权。"

对比《公司法》对有限责任公司和股份有限公司股东知情权的规定，可以发现既有重合，也有不同。首先，查阅对象的对比。重合的部分包括：公司章程、股东会会议记录、董事会会议决议、监事会会议决议、财务会计报告。有限公司特有的：会计账簿；股份有限公司特有的：股东名册、公司债券存根。从查阅对象上看，《公司法》规定有限责任公司股东可以查阅公司会计账簿，但是没有规定股份有限公司股东的该项权利，这主要是考虑到股东可以凭借公司信息披露获得较多的公司财务信息。但是这只是针对上市公司而言的，对于非上市的股份有限公司而言，公司一样具有封闭性，股东一样难以获得充分信息，因此，《公司法》最好增设股份有限公司股东查阅公司会计账簿的权利。

其次，权利行使方式的对比。（1）有限责任公司的股东对于一般资料，不仅可以查阅，还可以复制。但是，对于会计账簿，股东仅可以查阅，而不能复制。如果要查阅，必须提出书面请求，说明查阅的目的。公司可以允许查阅，也可以拒绝查阅。如果公司认为查阅公司账簿，有可能泄露公司商业秘密，或者公司认为股东查阅会计账簿是另有所图，如被其他公司雇用来打探本公司信息，公司有权拒绝查阅。公司拒绝查阅的，必须在接到书面请求之日起15日内，出具书面答复并说明理由。如果股东具有不正当目的，公司可以拒绝其行使知情权。（2）股份有限公司的股东只能查阅，而不能复制。

最后，权利行使时间的比较。有限责任公司的股东仅仅在股东会期间才享有质询权；股份有限公司的股东不论是在股东大会期间还是在平时，都享有建议权和质询权。但是，《公司法》没有规定询问权的内容以及行使方式，这一点仍需要完善。

我国《公司法》没有规定检查人选任请求权，因此其并不属于一项法定权利。但是，如果公司章程或者股东大会作出相关决议，则可以转化为一项约定权利。《公司法司法解释（四）》第10条规定："人民法院审理股东请求查阅或者复制公司特定文件材料的案件，对原告诉讼请求予以支持的，应当在判决中明确查阅或者复制公司特定文件材料的时间、地点和特定文件材料的名录。股东依据人民法院生效判决查阅公司文件材料的，在该股东在场的情况下，可以由会计师、律师等依法或者依据执业行为规范负有保密义务的中介机构执业人员辅助进行。"据此，如果法院判定股东在特定时间、特定场所，查阅特定材料，股东则可以自行聘请专业人士协助检查。法院的判决类似于公司章程规定或者股东大会决议，作为股东委托检查人的依据。

当事人能否直接请求法院判令专业人士协助自己检查公司财务？不宜如此。公司法属于私法，公司是私法主体，因此，应尽量避免国家权力介入公司事务。如果法院直接指定诸如会计师事务等第三人对公司财务进行审计，显然侵犯了公司的经营自主权和商业秘密，属于公权力滥用。因此，我国法院不会支持此类股东诉讼。

本案中，真功夫《章程》第8.6条规定："……每一方还有权指定一家在中国或外国注册的审计师审计合营公司的账目，以每个财政年度一次为限。如果该等审计的结果与合营公司审计人员审计的结果有重大差异且为董事会所接收，则上述审计的费用应由合营公司承担。合营公司将允许上述审计师接触合营公司的账册、记录和管理人员，并为上述审计师提供办公场所和所有其他合理的设施，使其能够开展审计工作。"显然，不论是蔡达标方还是潘宇海方，在章程有规定或股东大会有决定的情况下，都能够聘请会计师协助自己查阅公司账簿。

3. 股东知情权的行使与救济

对于股东而言，行使知情权为其权利，但其权利的实现有赖于公司的配合；对公司而言，保障股东的知情权为其义务。但是，对股东知情权的强调不应过分，即应以不妨碍公司正常运行为限。因此，在强调一方权利的同时，不能将对方的义务无限扩大。如果股东怀有恶意，以行使知情权为手段，窃取公司商业秘密，极易对公司权益构成侵害。

（1）股东需要基于正当目的。

知情权本身既有共益权的性质也有自益权的性质。如果股东为自身利益，查阅公司财务会计账簿以确定年终分红或者股份转让价款等，则属于自益权的行使；如果股东为了解公司业务，以便在股东会上投出客观一票，则属于共益权的运用。

一般而言，基于下列情况，可以推定股东行使知情权具有正当目的：①为了解公司的财务状况、经营状况而查阅公司账簿、股东会会议记录、董事会会议决议；②为了解公司董事、监事和高管的薪酬、履行职务状况等而查阅公司账簿；③为与其他股东共商公司经营，而查阅公司章程、股东名册等，以获悉其他股东的姓名、名称和住址。

与正当目的相对的是不正当目的。《公司法司法解释（四）》第8条规定："有限责任公司有证据证明股东存在下列情形之一的，人民法院应当认定股东有公司法第三十三条第二款规定的'不正当目的'：（一）股东自营或者为他人经营与公司主营业务有实质性竞争关系业务的，但公司章程另有规定或者全体股东另有约定的除外；（二）股东为了向他人通报有关信息查阅公司会计账簿，可能损害公司合法利益的；（三）股东在向公司提出查阅请求之日前的三年内，曾通过查阅公司会计账簿，向他人通报有关信息损害公司合法利益的；（四）股东有不正当目的的其他情形。"

股东知情权的行使应当合理化，以不妨碍公司正常经营为基本前提。因此，股东行使权利的时间和地点都必须明确。股东须提前向公司提出查阅申请，以便公司有时间将要查阅的资料准备好以供股东查阅。股东对查阅的公司资料，负有保密义务，不得向他人传播。同时，股东应在公司指定的地点查阅。

（2）股东知情权诉讼的主体地位、请求权基础、责任承担。

股东知情权之诉是侵权之诉，原告应当是受到侵害的股东。司法实践中经常发生的问题是，出资不到位的股东是否享有知情权并以原告的身份起诉？事实上，即使股东出资不到位，也只是影响其与出资密切相关的股东权利的行使，如分红权、剩余财产分配请求权，而不影响与出资并不密切的其他权利的行使，如知情权。至于表决权，从目前《公司法》的规定来看并不受到影响，但是在司法实践中，表决权也有按照实缴出资比例行使的情况。

较之原告资格，股东知情权诉讼的被告主体资格则相对简单得多。从股东知情权的内容来看，知情权的义务主体无疑是公司，这一点在司法解释与司法实践中已达成共识。但是实践中，被告却不限于公司本身。在某些情况下，公司未能保证股东行使查阅权，是因为公司财务会计报告以及财务账簿等被公司控股股东等所控制，因此在特殊情况下，公司的控股股东、董事和高管也可以成为知情权诉讼的共同被告。

法院多判决被告公司承担公布财务会计报告的义务。公司拒不履行的，可以强制执行。但如果股东所要求查阅的材料已经毁损灭失，应当如何处理？对此，如果股东所要求查阅的资料已经毁损灭失，确给股东造成损失的，应当判令相关责任人员赔偿损失。

4. 真功夫案中的股东知情权诉讼

（1）潘宇海诉真功夫要求行使股东知情权。

2009 年 6 月 2 日，潘宇海向真功夫发出《审计通知书》，声明依据公司《章程》规定，其将指定会计师事务所对真功夫账目进行审计，要求提供相关材料、场所及设施。真功夫复函称，"聘请会计师事务所对公司财务状况进行审计系公司董事会之职权，首先应由董事会通过法定程序表决通过及批准"，并以目前办公场地及财务人手不足为由拒绝审计要求。7 月 23 日，潘宇海将真功夫起诉至广州市天河区人民法院，要求行使股东知情权，并请求法院查封真功夫 2007 年 7 月至 2008 年 12 月的财务报告、财务账册以及会计凭证。

天河区人民法院审理认为，潘宇海作为合营一方，有权指定一家在中国或外国注册的会计师事务所审计合营公司的账目。真功夫收到《审计通知书》后，至今拒绝审计请求，违反法律规定和章程约定；同时，潘宇海依法享有股东知情权，真功夫的做法侵害了其合法权利。2010 年 2 月 10 日，天河区人民法院作出判决，真功夫将 2007 年 7 月至 2008 年 12 月间的财务报告、财务账册、会计凭证（包括与凭证对应的合同）、银行对账单提供给潘宇海委托的会计师事务所进行账目审计，并提供不少于 10 平方米的办公场所。

真功夫不服，上诉至广州市中级人民法院。2010 年 8 月，广州中院二审判决驳回上诉，维持原判。潘宇海正是通过知情权诉讼，获悉真功夫诸多财务问题，从而在此后采取了一系列有效对策。

（2）蔡达标诉真功夫要求行使股东知情权。

蔡达标向真功夫提出请求，查阅公司相关资料，但真功夫予以拒绝，理由是股东具有不正当目的。蔡达标向天河区人民法院提起诉讼，请求行使股东知情权。

蔡达标方面提出以下诉讼请求：①真功夫安排其委托的代理人，查阅公司自 2011 年 3 月至 2013 年 7 月 18 日的全部股东会会议记录及决议、董事会会议记录及决议、监事报告、财务会计报告及审计报告；②真功夫安排其委托的代理人及其聘请的会计专业人员查阅公司自 2011 年 1 月至 2013 年 7 月 18 日的会计账簿；③提供自 2011 年 3 月至 2013 年 7 月 18 日，未经股东会、董事会审议批准而作出的可能影响股东权益的各项重大决策和行动的批准文件或决策程序信息；④提供公司内部公司治理架构变更及高管人员变更及其职能等可能影响股东权益的信息。

天河区人民法院经审理认为：股东知情权是法律赋予股东通过查阅公司的财务会计报告、会计账簿等有关公司经营、管理、决策的相关资料，实现了解公司的经营状况和监督公司高管人员活动的权利。股东知情权是股东行使其他权利的前提。蔡达标作为真功夫的股东，依法享有《公司法》第 33 条赋予的权利，即股东知情权。

天河区人民法院依照《公司法》第 33 条、《民事诉讼法》第 64 条第

1 款，《企业财务会计报告条例》第 7 条、第 28 的规定，判决：①真功夫于判决发生法律效力之日起十日内，将自 2013 年 7 月 19 日起至判决发生法律效力之日止的董事会会议决议、监事报告、财务会计报告（含合并会计报表）提供给蔡达标查阅、复制；②真功夫于判决发生法律效力之日起十日内向蔡达标提供自 2013 年 7 月 19 日起至判决发生法律效力之日止的资产负债表、损益表（含年度、季度、月）、现金流动表；③真功夫于判决发生法律效力之日起十日内，将自 2013 年 7 月 19 日起至判决发生法律效力之日止的会计账簿提供给蔡达标委托的会计专业人员查阅；④驳回蔡达标的其他诉讼请求。

真功夫不服一审判决，向广州中院提起上诉。

广州市中级人民法院二审认为，股东知情权是《公司法》赋予股东通过查阅公司的股东会会议记录、董事会会议决议、监事会决议、财务会计报告等有关公司经营、管理、决策的相关资料，实现了解公司经营状况和监督公司高管人员活动的权利。股东知情权是股东行使其他权利的前提。根据《公司法》的上述规定，蔡达标作为股东有权查阅、复制上述资料。法院同时指出，鉴于蔡达标、真功夫公司在二审中均确认上诉人仅设董事会，未设股东会。因此，蔡达标要求查阅、复制上诉人的股东会会议记录及决议不符合客观事实，不予支持。

对于蔡达标是否能够查阅审计报告，在上诉请求中，蔡达标上诉认为，真功夫有义务向蔡达标提供经审计的年度财务会计报告及对应的审计报告。蔡达标的一审诉讼请求明确包括该内容并提供了法律依据和章程依据，但一审判决不知是因疏漏还是认为不属于"法定的股东知情权范围"，未作论述也未作判决。《公司法》第 164 条规定："公司应当在每一会计年度终了时编制财务会计报告，并依法经会计师事务所审计"；《会计法》第 20 条规定："财务会计报告由会计报表、会计报表附注和财务情况说明书组成""有关法律、行政法规规定会计报表、会计报表附注和财务情况说明书须经注册会计师审计的，注册会计师及其所在的会计师事务所出具的审计报告应当随同财务会计报告一并提供"。真功夫《章程》第 8.5 条、第 8.6 条也有相应规定。因此，一审判决真功夫向蔡达标提供的合法、规范、完整的财务会计报告，必须是经过审计的，且须同时提供对应的审计报告。

对此，广州市中级人民法院认为，真功夫《章程》仅规定了董事而没有规定股东享有对董事会会议记录、审计报告的知情权，蔡达标以股东的身份提起诉讼，其要求行使的是股东知情权而非董事权利。因此，法院认为蔡达标要求行使对上述文件的知情权缺乏事实及法律依据，不予支持。因此，二审对一审判决中涉及这部分的内容作出改判。① 事实上，审计报告往往较能反映出公司财务报告中有问题的文件，但《公司法》所规定的股东知情权行使范围不包括审计报告。在某种意义上，《公司法》所规定的股东知情权的行使范围较为狭窄。

真功夫不服广州市中级人民法院民事判决，向广东省高级人民法院申请再审。广东省高级人民法院经审理认为，真功夫的再审申请理由不能成立。2015 年 4 月，广东省高级人民法院裁定驳回真功夫的再审申请。②

（六）家族企业的现世与未来

1. 家族企业去家族化

蔡达标多年来一直谋求真功夫上市。上市所要求的科学治理结构必然要求家族参与者有所放权，并要求所有与经营严格分离。但是，真功夫两大股东家族之间的内讧，给真功夫的发展带来极其负面的影响，使真功夫

---

① 广州中级人民法院：蔡达标与真功夫餐饮管理有限公司股东知情权纠纷二审民事判决书，载中国裁判文书网。

② 广东省高级人民法院：真功夫餐饮管理有限公司与蔡达标股东知情权纠纷申诉、申请民事裁定书，载中国裁判文书网。

丧失了最佳上市机会。原本预想 2010 年年底上市的真功夫，迄今依然没有上市。

一些家族企业往往难以逃脱由盛而衰的命运，在很大程度上是没有一个对企业发展的长远规划，而将太多的精力放在了管理权的争夺上。当然，也可以说对管理权的争夺也是为了理顺公司内部的管理关系，进而为公司控制人的战略管理意图的实现奠定基础。但是，在争夺公司控制权的过程中，如果没有遵循法律和市场规则，不但战略意图无法实现，就连最起码的公司经营都难以维系。

究竟是创始人继续控制公司，还是聘请职业经理人打理公司？其实问题并不难以回答，适合采取什么模式就采取什么模式。如果创始人具有较强的管理能力，作为创始人继续管理公司显然无可厚非。事实上，作为第一代创始人，往往都是具有这种能力的，但是到了第二代或者第三代，家族继承人是否能够具有创始人的眼界、能力和胆识，则可能是另一回事。究竟是谋求继续控制，事实上可能损害公司发展；还是谋求投资利益，将公司交给职业经理人打理，有可能促进公司发展？这更多的是一种更高层面的管理战略选择。事实上，如果从法律角度，不管第二代、第三代是否有能力控制公司，是为了公司发展还是为了个人利益而控制公司，只要拥有绝对持股比例，就能够委派自己或者代理人作为董事。尽管这可能不是最优选择，但是只要其不存在滥用股东权利的行为，也是法律上无可厚非的。

至于家族公司究竟是创始人控制，还是寻求职业经理人管理，更大层面上是一个应然，而这种应然更多停留在一种管理学研判中。事实上，如果第二代继承人无法有效管理公司，公司的治理绩效和经营业绩就会受到影响，可能导致公司被收购甚至破产。然而，这不过是在企业管理层面和公司治理层面对其给予负面评价，而在法律上这只是法律逻辑的正常推演。

因此，如果家族企业意图在激烈的市场竞争中屹立不倒，必须有一个长期规划，尽管这个规划并不是法律层面的规划，而是战略发展层面的规划。因为，法律只考虑是不是合法，而并不着重考虑是不是能够提高经营效率。尽管有时合法可能会提高效率，毕竟减少了制度摩擦，但是有时不合法反而有可能提高经济效率。在很多时候，遵守法律与提高效率并不是正相关的关系。

2. 家族企业应逐步走向开放

作为家族企业的控制人，究竟是选择去家族化，还是继续保持家族经营模式，这完全是自身选择。如果一味选择低效率的运营模式，这也无可厚非。因为，企业本身即为私人所有，私人在拥有绝对控股权的情况下就拥有了绝对支配权，是否转型取决于企业家的战略眼光。如果希望家族企业摆脱家族的桎梏而转型为公众公司，就必须有企业家的足够魄力去迎接挑战，甚至直面控制权旁落。当然，即使公司从封闭走向公开，即使股权被稀释，创始人在特殊的投票权安排下，在拥有足够能力的前提下，依然能够保持对企业的控制权。但是，如果在公司转向公众公司，而公司又迎来家族继承人的时候，就可能存在问题。因此，在继承人掌控公司之后，才真正面临家族企业何去何从的问题。

如果继承人拥有绝对的控股比例，那么究竟家族企业如何选择，依然取决于继承人个人。个人可以继续此类低效率的运营模式，或者选择比较有能力的经理人来管理。如果继承人只是相对控股，这里就可能面临激烈的控制权争夺。即使继承人不愿意失去对公司的控制权，也会导致其他股东推举新的董事，以及董事会选举新的董事长，公司高管也会发生变化。因此，除非是绝对控股，公司的走向以及经营才能由继承人把握；否则，相对控股，都难以形成对公司的绝对控制，在采取的经营策略不力的情况下，很有可能被竞争对手夺取控制权。对于继承人而言，必须面对这一选择：究竟是顺势而动，还是逆势而行。

真功夫的内斗折射出我国许多家族企业在成长之后共同面临的问题：

如何将现代公司治理制度有效地嵌入家族企业之中。蔡达标对真功夫的目标清晰而坚定，他要改变真功夫目前由家族力量主导的股权格局，加快"去家族化"进程，为公司上市扫清障碍。然而，蔡达标的"去家族化"无法被理解为真正意义上的"去家族化"，因为这在很大程度上是以此为名义排除异己。真正意义上的"去家族化"应当是在所有与经营分离的框架下，由职业经理人负责管理公司，以实现管理和经营的现代化。

OFO 小黄车：创始人与资本之间的关系

【引言】

资本尊重创业者的理想？

2018 年年初，OFO 创始人称，希望资本尊重创业者的理想。尽管这句话很有感染力，但这一表述在公司治理和公司法领域是不符合逻辑的。资本的理想是寻求自身对公司的投资能够实现保值增值。从公司治理角度讲，投资者的利益最大化，是公司经营管理的目标。换言之，无论是公司董事会还是管理层都应当努力为股东利益最大化从事经营管理。当创业者的理想，加之管理能力，有利于公司发展并使股东获得长期回报的，资本必然会支持创业者的理想。如马云之于阿里巴巴，马化腾之于腾讯，其创业理想并未被资本所抹杀，资本一如既往地支持其创业理想。反之，如果创业者不能尊重资本的理想，不论是在管理目的，还是管理手段上，资本显然无法尊重所谓创业者的理想。资本抽身而退、资本罢免创始人欲寻求控制、最终资本坐视不管，这都是资本投出的否决票。当资本已经对企业麻木的时候，企业的发展前景可想而知。

一、案情

（一）OFO 初创阶段

2014 年，戴威、薛鼎、张巳丁、于信等首创无桩共享单车出行模式。

2015 年 6 月，OFO 共享计划推出，在北京大学成功获得 2000 辆共享单车。

2015 年 8 月 6 日，拜克洛克（北京）科技有限公司成立。

2015 年 10 月，OFO 完成 Pre-A 轮融资，获得 900 万元投资。创业初期，公司以"OFO"共享单车为核心产品，基于移动 App 和智能硬件开发，致力于解决大学校园内出行问题，提供便捷经济、绿色低碳的校园共享单车服务。

（二）数轮融资与迅速扩张

2016 年 1 月，OFO 完成 A 轮融资。

2016 年 8 月，OFO 完成 A+ 轮融资。经过 A 轮、A+ 轮融资后，OFO 已获得超过摩拜等竞争对手数倍的融资。OFO 凭借足够大的投放量、轻便的骑行感受和较低的押金，迅速推广到全国，并占据一线城市市场。

2016 年 9 月，OFO 获得经纬中国领投、金沙江、唯猎资本跟投的数千万美元 B 轮融资。

2016 年 9 月 26 日，OFO 获得滴滴出行数千万美元的 B+ 轮融资。

2016 年 10 月 10 日，OFO 宣布完成 1.3 亿美元的 C 轮融资，其中包括滴滴出行数千万美元 C1 轮战略投资，以及美国对冲基金 Coatue、小米等领投的 C2 轮投资。

2016 年 7 月 26 日，创始人戴威在我国香港特别行政区全资设立 OFO（HK）Limited 公司，性质上属于股份有限公司。

2016 年 10 月，东峡大通（北京）管理咨询有限公司成立。作为 OFO（HK）Limited 的全资子公司，东峡大通性质上属于外商独资企业，初始注册资本 700 万元。

2017 年 4 月 27 日，滴滴将 OFO 接入滴滴出行 App，用户可以直接在滴滴上使用 OFO。同时工商信息显示，OFO 所属北京拜克洛克科技有限公司发生工商信息变更，投资人一栏增加金沙江创投、真格基金、王刚等 9 位。OFO 董事会成员包括 10 人，分别为戴威、肖敏、陈熙、薛鼎、杨品杰、朱啸虎、于信、张巳丁、朱景士和陈婧。此外，戴威也从执行董事变更为董事长。

2017 年 4 月 28 日，OFO 小黄车正式宣布签约中国内地影视男演员鹿晗，聘请其为 OFO 小黄车的骑行大使，并发布鹿晗骑 OFO 小黄车的宣传照。

2017 年 4 月 22 日，OFO 宣布获蚂蚁金服 D+ 轮战略投资，但 OFO 和蚂蚁金服都没有公布投资的具体金额。对于 OFO 而言，引入蚂蚁金服的投资，战略价值大于财务价值。

表 1　OFO 历次融资过程 [①]

时间	轮次	金额	投资方
2015 年 3 月 17 日	天使轮	金额未透露	唯猎资本
2016 年 9 月 26 日	战略投资	金额未透露	滴滴

---

① 资料来源：www.newseed.cn。

续表

时间	轮次	金额	投资方
2016 年 10 月 10 日	C 轮	1.3 亿美元	滴滴、经纬中国、金沙江创投、Coatue、小米科技、中信产业基金、元璟资本、YuriMilner
2017 年 3 月 1 日	D 轮	4.5 亿美元	滴滴、中信产业基金、经纬中国、DST、Coatue、Atomico、华夏润石（新华联集团）
2017 年 4 月 24 日	其他轮	金额未透露	蚂蚁金服
2017 年 7 月 6 日	E 轮	7 亿美元	阿里巴巴、弘毅投资、中信产业基金
2018 年 3 月 4 日	战略投资	17.7 亿元人民币	阿里巴巴
2018 年 3 月 13 日	战略投资	8.66 亿美元	阿里巴巴、蚂蚁金服、天合资本、灏峰集团、君理资本
2018 年 9 月 5 日	E+ 轮	数亿美元	阿里巴巴、蚂蚁金服

OFO 的 C 轮、D 轮、E 轮融资都有滴滴参与。滴滴承诺向 OFO 提供支持和资源，包括邀请软银进行新一轮总额超过 15 亿美元的投资。同时，滴滴获得了 OFO 董事会的一票否决权。

（三）公司治理问题、市场竞争僵局与控制权争夺

2017 年 7 月 1 日，OFO 在北京大学举行公司第一次党员大会，宣布公司党委成立。OFO 创始人兼 CEO 戴威当选公司党委书记，联合创始人杨品杰、薛鼎当选副书记。

2017 年 7 月 26 日，滴滴派出三名高管进驻 OFO，包括高级副总裁付强、市场负责人南山、财务总监 Leslie liu，三人分别担任执行总裁、市场负责人和 CFO。其中，付强直接向 CEO 戴威汇报。

在获得 E 轮 7 亿美元融资后，OFO 与摩拜的竞争陷入僵局。滴滴原本 "90 天内结束战斗" 的计划落空，并与 OFO 创始人团队在经营目标上发生分歧。同时，OFO 内部管理和运营失控问题被频繁爆出。原本有十

几亿美元投资意向的软银持观望态度，OFO 面临资金困境。

2017 年 11 月，滴滴向 OFO 派驻的执行总裁及 CFO 等高管已经被"休假"，投资方与创业者之间出现裂痕。据报道，滴滴对创始人的很多决定都表示反对，包括新业务布局及收购等。

2017 年年底，在 OFO 股东与摩拜股东的共同推动下，滴滴提出摩拜与 OFO 的合并方案。作为摩拜投资方的腾讯支持这一合并。作为 OFO 投资方的经纬、金沙江、真格等几乎同时向 OFO 施压。同时，由于摩拜的投资方腾讯也是滴滴的投资方，因此支持由滴滴主导合并后的新公司。但是，这一提案被戴威用一票否决权否决。

2017 年 12 月，因两公司合并无望，金沙江创投以 30 亿美元的估值出售 OFO 全部股权。滴滴收购了一小部分，剩余由阿里收购。

2017 年第四季度，反复传出阿里巴巴集团将对 OFO 进行投资，但迟迟没有确定的消息。据报道，在融资过程中，OFO 多位股东已经同意并在投资协议上签字，只有滴滴迟迟不肯签字。但滴滴否认"未签字"，称在此轮融资中未使用否决权。

（四）OFO 资金链紧张、法律纠纷频发

2018 年 2 月，OFO 先后两次将小黄车作为质押物，换取阿里巴巴共计 17.7 亿元人民币的融资，以解燃眉之急。

2018 年 3 月，OFO 宣布完成 E2-1 轮融资，获得阿里 8.66 亿美元。此轮融资后，阿里正式进入 OFO 董事会。融资后的 OFO 董事会共 9 席，创始团队 5 席，滴滴 2 席，蚂蚁金服 1 席，其他投资人 1 席。同月，滴滴提出由滴滴来主导 OFO，程维出任董事长，OFO 创始团队负责海外业务，但创始人拒绝了这个条件。

2018 年 4 月，摩拜宣布被美团收购，OFO 失去与摩拜合并的可能。阿里、滴滴继续争夺 OFO 的主导权。创始人不想被大公司控制，坚持独

立发展。创始人戴威隔空喊话："希望资本尊重创业者的理想。"

2018 年 5 月，据报道，戴威首度同意交出 OFO 控制权。但签字前，滴滴反悔并推翻了协议，原因是滴滴在尽职调查后，发现 OFO 的资产质量变得太差。

2018 年 6 月，OFO 开始偿还"E2-1 轮"融资中阿里提供的部分贷款——据《财新》估算，到期债务为 4.5 亿元。这意味着，OFO 已经资不抵债。

2018 年 8 月，在股东推动下，滴滴又提出了完全接管 OFO 的新方案，但很快又以该方案"未通过董事会批准"为由自我否定了。OFO 内部成立应急小组，该小组由阿里、滴滴、中信产业基金、DST 组成，主要职能是进行债务重组。不少供应商同意债转股，这是拿回资金的唯一选择。

2018 年 9 月初，上市公司上海凤凰发布公告称，公司控股子公司凤凰自行车因与东峡大通（北京）管理咨询有限公司买卖合同纠纷向法院提起诉讼，诉讼涉及金额 6815.11 万元。

2018 年 9 月，OFO 再次收到来自阿里的借款，数额接近 6 千万元。

2018 年 10 月，因运输合同纠纷，顺丰向广东省深圳市宝安区人民法院提出财产保全申请，请求冻结东峡大通在招商银行天津分行鞍山西道支行所设账户存款 1300 万元人民币。

2018 年 10 月 22 日，东峡大通更换了法定代表人，戴威不再担任法定代表人，陈正江接任法定代表人。

2018 年 12 月 4 日，法院对东峡大通作出"限制消费令"，戴威不得选择飞机、列车软卧、轮船二等以上舱位；不能在星级宾馆等场合消费，不能买房买车旅游等。

二、评析与经验法则

在共享经济的催生下，OFO、摩拜等共享单车企业应运而生，短时间内赢得了众多资本的青睐，以及社会大众的认同。即使其盈利模式尚不明确，众多资本也都极力争取向其投资的机会。一些资本甚至被拒之门外，因为不符合公司创始人团队的需求。在当前互联网、共享经济的背景下，资本追逐的肯定是热点并且能盈利的项目。在一片镁光灯下，OFO 频繁出现在各类新闻采访和发言之中，俨然时代宠儿。但时至今日，看到的只是人头攒动的等待退押金的民众，以及频繁出现在法庭被告席的身影，曾经的繁华换来如今的落寞，创始人团队有太多值得反思之处。

（一）OFO 的离岸架构

OFO 是共享单车的品牌，共享单车的运营主体则是 2015 年成立的北京洛克拜克科技有限公司，对外展开数轮融资的也是北京洛克拜克科技有限公司。从股权结构上，洛克拜克科技有限公司由于投资人的加入，股权结构相对复杂和分散。与洛克拜克科技有限公司密切相关的还有 2016 年 10 月 13 日成立的东峡大通（北京）管理咨询有限公司。东峡大通是 2016 年 7 月 26 日成立的，属于私人股份有限公司的 OFO（HK）Limited100% 控股的子公司，性质上属于外商独资企业。OFO（hk）limited 是一家由戴威 100% 持股的香港公司。OFO hk limitied 发行股本 1 港元，实缴 1 港元。除 100% 持有东峡大通的股份外，OFO hk limited 还 100% 持股上海奥佛合盛网络科技有限公司。

据天眼查系统，洛克拜克（北京）科技有限公司注册于 2015 年 8 月

6 日，股东有王刚、经纬、刘德、森源投资、戴威、于信、张巳丁、薛鼎、金沙、滴滴、金华、金沙江、唯猎投资等。对于洛克拜克这个融资主体，在数轮融资之后，戴威持股比例被不断摊薄。

东峡大通与洛克拜克从性质上看属于关联公司。东峡大通和拜克洛克，都以 OFO 品牌展开经营与运作。2017 年，风头正盛的 OFO 进行了两次以亿美元为单位的融资，东峡大通的注册资本，也从 700 万美元增至 2017 年 2 月的 8000 万美元。天眼查系统显示，2017 年 4 月，东峡大通注册资本从 8000 万美元元猛增至 3 亿美元。4 个月后，东峡大通再一次增资至 10 亿美元。天眼查系统显示，东峡大通注册资本高达 15 亿美元，其中实缴注册资本 11.19 亿美元。

（二）公司治理的目的：是否为了创业者的理想

公司究竟为谁而经营？公司治理的目的是什么？从理论上讲，公司治理的目的是实现股东利益最大化，即股东至上（shareholder primacy）。股东至上主义，或称股东至上原则，是美国企业管理以及公司法上的基本原则。与股东至上主义相对应的是利益相关者主义。尽管利益相关者主义在托德教授的倡导之下取得了相当的理论成果，但是它依然没有能够撼动股东至上主义在美国企业管理、公司法领域中的主导地位。

股东至上主义强调对股东利益的保护，但是也并不否认利益相关者的利益。股东至上主义认为，对利益相关者的保护，应当由其他法律提供，而不应当体现在公司法之中。换言之，对于雇员的利益，可以由劳工法、契约法、社会保障法等法律加以保护；对于消费者的利益，可以由食品安全法、消费者保护法、产品质量法、反垄断法等法律加以保护；对于债权人的利益，可以通过契约法、担保法等加以保护，当然，对于特殊的债权人，也可以由公司法加以保护，如揭开公司面纱、限制在公司资本不足的情况下分配股利等；对于公众的利益，可以通过环境法、侵权法等加以保护。股东导向型模式主张平等的保护股东，无论是控制股东，还是非控制股东。

1. 资本是否应尊重创业者的理想

共享单车诞生之初，的确吸引了众多投资人的眼球。但是，未能被证明的商业模式，使 OFO 不得不依赖投资人的输血；另外，尽管 OFO 拥有极高的市场占有率，但是其产品质量一般，用户体验度不理想等都导致其用户不断流失。对于 OFO 而言，失去用户与失去投资人青睐基本上是同时发生的。当失去用户的信任时，公司的信誉价值急剧降低，加之并不完美的单车资产，使 OFO 对投资人失去了吸引力。但品牌、主管机关曾经批准的市场准入配额仍然是投资人心目中的价值所在。

OFO 创始人团队对 OFO 的管理不算成功。投资人对创始人团队使用投资人资金的随意性不满，意图更换其创始人（管理人）团队。在滴滴主导的合并方案中，一个基本条件就是要求创始人出局，显然创始人拒绝这一方案。但是，如果不合并，只会导致两家企业恶性竞争，低价抢占市场，两者都亏损；如果能够合并，双方投资人都能够实现共赢。摩拜方面没有问题，但 OFO 拒绝合并。主推合并的金沙江看合并无望，将股份转让给滴滴和阿里，实现了落袋为安，并声称以后再也不投资烧钱的项目了。

OFO 仍然在原有创始人（管理人）团队下，公司的风控能力、市场拓展能力等都没有显著提高，用户不断流失、车辆不断折旧，OFO 已经是斑痕累累。在这种情况下，投资人的资产被不断摊薄，如果再不采取措施，投资人当初几亿元或者几十亿元的投资都会流失。

无论是滴滴系还是阿里系，投资 OFO 的目的都是将这个共享单车的独角兽纳入自己的出行体系，争夺出行领域的市场占有率，同时为其他业务提供支持。滴滴打算实现的是"智慧交通"愿景，有必要将 OFO 纳入滴滴体系，完成共享单车与公交、出租、专车等的无缝衔接，以完成整体出行的布局。阿里巴巴投资 OFO 是为了与腾讯在出行领域抗衡。OFO 创始人团队则希望保持独立，占有市场、甩开竞争对手，同时发展自身业务。一旦 OFO 被滴滴或者阿里掌管，就意味所有业务的执行都要以他人的战略为先。

2018 年年初，创始人戴威称，"希望资本尊重创业者的理想"。尽管这句话很有感染力，但这一表述在公司治理和公司法领域是不符合逻辑的。资本是否应当尊重创业者的理想？资本是寻求自身保值增值的，能够盈利，就是资本的理想。从公司治理角度讲，投资者，也就是股东利益最大化是公司经营管理的最终目的，换言之，无论是公司董事会还是管理层都应当努力为股东利益最大化从事经营管理活动。一般来讲，凡是有利于股东利益的，都应当得到支持与贯彻。当创业者的理想，加之管理能力，是有利于公司发展并使股东获得长期回报的，资本必然会支持创业者的理想。如阿里巴巴的马云、腾讯的马化腾，其创业理想并未被资本所抹杀，而且资本一如既往地支持其创业理想。

当然，不可否认，资本支持有利于资本保值增值的创业者的理想，似乎过于苍白，在公司控制权上，股东对公司控制权的争夺是必然会发生的。即使当前股东尊重创业者，但也并不意味其以后仍然会尊重创业者。尤其是作为股东的公司，其内部控制也会发生变化，意思也会随之发生改变。这也就是为什么阿里巴巴与雅虎的投资协议中约定，如果雅虎股东结构发生变化，阿里巴巴可以回购雅虎股份。此外，即使现有股东尊重创业者，也并不意味着股东转让股份之后新的股东依然尊重创业者，这也就是为什么阿里巴巴在发现雅虎抛售股份之后，回购雅虎股份。

为防范投资者不尊重创业者的理想，创业者会通过一系列制度约束，对自己的控制权进行确定。如阿里巴巴的合伙人制，京东的职工持股委托投票制，京东的双层股权结构。因此，当创始人的切实可行的理想能够切实服务资本增值的目的，而且有保障创始人行使控制权的制度，那么创始人的理想显然能够得到尊崇与实现。

对于 OFO 而言，创始人"让世界没有陌生角落，组建大交通出行"的理想与资本的理想并不一致，加之经营管理混乱以至于无法正当运用如此大规模投资，产品体验差而又不愿正视这一问题，公司无法盈利甚至侵蚀了资本，导致投资者利益受到损害。管理层未能正确运用投资人的投资进行效益最大化的管理与经营，资本有什么理由尊重创业者的理想？口号、宣传、标语显然具有鼓动性，但是无法以法律或者经济逻辑来证明自身的合理性。

2."股东至上"判例法上的来源：Dodge v. Ford Motor Co.

学界引用最多的股东至上的判例就是 Dodge v. Ford Motor Co. 案。道奇（Horace Dodge）是福特汽车（Ford Motor）的原始股东。后来，道奇兄弟决定不再担任福特汽车的董事，并且决定研制自己的汽车，从而与福特汽车构成了竞争。为了获得创业资本，道奇兄弟打算向福特本人出售他们所持有的福特汽车的股份，但是，福特拒绝购买道奇兄弟的股份。尽管道奇兄弟无法通过出售股份而获得资金，但是由于他们持有了福特汽车的股份，他们依然能够获得稳定的资金来源，即福特汽车公司的红利。由于道奇兄弟研制自己的汽车对福特汽车公司构成了威胁，福特汽车公司拒绝向道奇兄弟支付红利。1916 年，福特汽车公司宣布，公司的年度盈利仅仅为 6000 万美元，并宣布了不再向股东支付红利的决定。福特汽车计划将这些利润用于拓展公司的经营规模。随后，道奇兄弟对福特汽车公司提起了诉讼。1919 年，美国密歇根州最高法院作出判决，宣判道奇兄弟胜诉。判决指出："公司的建立和运行的主要目的是为股东谋取利润。"自此，"股东至上"就成为美国企业和经理人奉行的最重要的原则。但是，当"股东至上"原则发展到了当代，它已经脱离了"少数股东压迫"，而成为判断股东与利益相关者之间何者利益为先的一条重要原则。

3. 利益冲突下实现股东利益至上的路径：董事、高管的信义义务

公司法上的许多制度，都是被设计用来保护股东利益，如股东可以通过选举董事、批准重大交易、代表公司提起派生诉讼等来行使对公司的控制权。尽管这些制度设计很好地体现了股东至上，但是，只有在涉及信义义务的时候，股东至上才得到了最直接的体现。

董事的信义义务主要涉及董事在处理"水平利益冲突"时，需要明确自身行为的受益人。乔治华盛顿大学法学院的劳伦斯·米切尔教授（Lawrence Mitchell）将公司内部的利益冲突分为两类，一是"垂直利益冲突"（vertical conflict），二是"水平利益冲突"（horizontal conflict）。所谓"垂直利益冲突"，是指董事、经理人与公司之间的冲突。这种冲突是通过严格约束董事、经理人的行为加以解决，而不需要考察行为的受益人是谁。所谓"水平利益冲突"，是指不同的股东集团之间的冲突或者股东集团与非股东集团之间的冲突。只有在涉及"水平利益冲突"的时候，公司法才要求董事明确自己行为的受益人。这时，股东至上通常发挥这一功能，即董事应当将普通股东作为自己行为的受益人。

简言之，只有在涉及"水平利益冲突"的场合，董事才需要考虑股东至上原则，而在涉及"垂直利益冲突"的场合，董事仅仅需要禁止自利行为。董事在处理"水平利益冲突"的时候，究竟是通过何种途径来实现"股东至上"？具体而言，董事是通过履行"注意义务"，即董事"依照董事合理相信是为了公司最佳利益的方式"，来实现"股东至上"。"公司最佳利益"一般被认为是"股东的最佳长期利益"。因此，可以说，注意义务的最终组成元素就是"股东至上原则"。如果董事偏好于非股东利益而背离了这一要求，从技术上讲，董事就违反了自身的注意义务。

董事对股东所负的信义义务，最初是由法院通过普通法加以发展的。只是到了近几十年间，这些义务才被规定到公司制定法之中。但是，公司制定法对于股东至上原则的叙述并没有显著补充普通法对于该原则的阐

述。事实上，公司制定法的两次发展，都大大地改变了有关股东至上的立场。第一次发展是在 Smith v. Van Gorkom 一案之后发生的。特拉华州高等法院作出著名裁决，即董事在决定出售公司的时候，应当对违反注意义务的行为承担责任。针对这一裁决，许多州都通过了制定法，授权公司在章程当中规定减少或者消除董事违反注意义务的责任的条款。[①] 现在，许多公众公司的章程都包括此类条款。董事所面临的被起诉未能追求公司最佳利益的威胁，似乎被极大减少了。

第二次发展是对非股东利益相关者制定法的采纳。20 世纪 70 年代和 80 年代晚期，许多公司都修改了公司章程，允许经理人在公司面临收购的情况下，享有更大的自由裁量权去考虑非股东利益相关者的利益。1983 年，宾夕法尼亚州采纳了第一部非股东利益相关者的制定法，允许经理人"在考虑公司最佳利益的时候，考虑任何行动对雇员、供货商、公司消费者、公司办公室或者其他设施所在社区，以及其他相关因素的影响"。现在，尽管非股东利益相关者的制定法已经被一半以上的州所采纳，但是，评论家对于利益相关者的制定法所作出的回应是非常复杂的，既有人赞同，也有人反对。从 20 世纪 80 年代开始，又出现了许多"利益相关者"理论，并且得到了迅速发展。但是，利益相关者理论的发展经历了一个波动的过程：从漠视到热烈，再到淡化。相应地，股东至上，也经历了"重视—淡化—再重视"的过程。但从总体而言，股东至上一直在美国企业管理以及公司法学界占据主导地位。

因此，在创始人（管理者）与投资人之间的关系上，管理者显然应当努力实现投资人利益的最大化。当然，在特定场合也需要考虑公司整体利益、职工利益或者其他相关主体的利益。但无论如何，管理者尊重投资人是公司治理的主导理念。

---

① 特拉华州是第一个采纳此类制定法的州。参见 Roberta Romano, Corporate Governance in the Aftermath of the Insurance Crisis, 39 EMORY L.J. 1155（1990）.

（三）创始人对公司的控制：董事会中的一票否决权

1. 董事会中的一票否决权

一票否决权（veto right），是指投资人为保护自己的利益，要求在公司章程中作出特别约定，即使投资人不参与企业日常经营，但是在公司重大事项上在董事会中享有一票否决权。因此，风险投资机构也被称为"Say No"先生。由于不同投资人的要求不同，不同企业的情况不同，因此对重大事项的约定也不同。但是一般而言，对重大事项的约定都包括：聘任高管和员工激励计划、对外投资和担保、重大资产购置、增资扩股、股权转让限制、董事席位变化等。如果章程中没有一票否决权条款，许多投资人都不敢投资。

如果公司增长很快，估值很高，每一轮领投的投资人都有可能获得一个一票否决权，但投资人不会滥用这种否决权。事实上，滴滴在早期几轮融资时，领投方也都享有一票否决权，但没有人动用这项特权。在滴滴与快的合并时，所有投资人的一票否决权都被拿掉，变成投资人多数共享一票否决权。

实践中，一家公司会经过数轮融资，最好采取投资人共享一个一票否决权的模式。这种权力配置相对来讲风险较小，因为在投资人之间会形成制约，滥用的情况极其少见。最好不要采取每一轮投资的投资人都享有单独的一票否决权的模式，这样拥有一票否决权的投资人太多，很容易导致权力滥用，影响公司决策效率。

此外，创业者也可以在协议或者章程中约定自己的一票否决权。但是，为制约创始人，章程应当规定，当创业者有违法或不当行为时，应取消其否决权。

2.OFO 董事会一票否决权的运用

OFO 从初创时的青涩到融资之后的膨胀再到如今的落寞，经历了互联网企业从"故事"到"事故"的超速转变。其现状可以说是多种原因造成的，产品质量一般、服务不到位、用户体验差、治理混乱。公司是经营者负责管理的，对于作为理性经济人的经营者，必须运用制度进行有效约束。但是在 OFO 中，很难发现对作为管理团队的约束制度，而更触目惊心的是创始人所享有的在董事会当中的一票否决权。换言之，制度约束不足的同时，创始人权力过大。

OFO 品牌的载体洛克拜克有限公司采取的是董事会层面的控制。但是其控制并不是采取对董事会通过重大事项的决议采取特殊多数表决方式，而是采取从反面对董事会重大决策事项的一票否决权来实现。质言之，创始人通过一票否决权的控制是绝对的、全面的和终极的。

按照投资协议的约定，OFO 每轮融资的领投方的投资比例超过单轮融资额度的 1/2，就享有一票否决权。金沙江创投、滴滴、经纬都属于这种情况。在 2017 年 12 月，金沙江创投以 30 亿美元的估值出售 OFO 全部股权，滴滴作为原有股东，享有优先购买权，最终滴滴没有不买，也没有多买，只买走一小部分。因为滴滴买走一小部分后，阿里从金沙江创投买走的剩余比例不足以大到享有一票否决权。[①] 据报道，OFO 董事会中，OFO 创始人团队有五个席位，但戴威行使全部投票权，此外滴滴两席，阿里一席，经纬一席。戴威，以及滴滴和经纬所委派的董事都享有"一票否决权"。这种做法有两方面的含义：一是创始人团队的其他人将作为董事的投票权委托给戴威行使；二是戴威、滴滴、经纬，都享有一票否

---

① 金沙江创投退出后，A 轮投资方没有一家在该轮投资比例超过 1/2，如果想行使一票否决权，需要多个投资人达成一致行动人关系，投资比例总和超过 1/2。从这个意义上讲，受让金沙江所持股份的阿里如果与其他股东能够达成一致行动人协议，就能够行使否决权。A 轮其他投资人也是如此。

决权。

按照我国《公司法》的规定，（股份有限公司）董事可以将自己的投票权书面委托给其他董事代为行使。《公司法》规定了两个基本条件，第一是书面委托，第二是委托其他董事。尽管《公司法》并未明确规定有限责任公司董事享有委托抢票权，但基于民法上委托及公司法类推适用，有限责任公司董事也应享有此类权利。因此，OFO 创始人团队成员作为董事可以书面委托戴威代为行使表决权。此外，除投票权委托外，戴威还享有关键事项的一票否决权。

在 OFO 的融资历程中，几乎每一轮融资的领投方都持有一票否决权，触发一票否决权的条款，主要针对融资、增发股票、合并、合格上市等，具体看投资人各自签署的法律文件。董事会决议的表决方法，采取一人一票、人数多数决的形式。如果一家公司的董事会中，数位董事都享有一票否决权，这家公司很容易引发矛盾，因为每位董事都有自己的利益诉求，而一票否决权根本不可能让公司顺利经营。

OFO 董事的一票否决权第一次被使用，是在 2017 年年底共享单车的两个领跑者摩拜与 OFO 谈判合并中。谈判由腾讯、滴滴和金沙江创投主导，合并最终的方案是，程维任董事长，戴威与王晓峰为 CO-CEO。方案的核心症结在于，戴威要放弃手中的一票否决权。据悉，李斌、胡玮炜和王晓峰在摩拜共同拥有一个一票否决权，合并后失效。为让两个 CO-CEO 平等，股东们也希望戴威放弃特权，并允诺 6 个月后，戴威是唯一 CEO，这点双方投资人也都同意。但是，戴威不接受，一票否决权被投出，合并谈判失败。合并失败后的几次潜在融资，也都不同程度卡在一票否决权上。

持有一票否决权的投资人，也行使过相应权利。2017 年底，软银曾联合滴滴、阿里计划投资十几亿美元。三方聘请外部审计进入公司，要求公开供应链方面的数据，没有得到团队的配合。据传，滴滴曾利用一票否决权，导致软银注资失败。但实际上，一票否决权只在上述合并事件上被使用过。其他事情只是股东表明态度，股东不同意就无法推进，根本就没有到董事会投票层面。

（四）一个合理的创业者维护自己控制权的途径

从一个合理的创始人角度出发，必然会采取措施维持自己对公司的控制权。OFO创始人在董事会中所享有的一票否决权正是这一初衷的体现。如果投资人面临首先来自创始人的一票否决权，必然会采取措施维护自己的投资权益，主张享有一票否决权也就是情理之中的。在OFO这里，每轮融资中的投资金额超过该轮融资一半的投资人也要求享有这种一票否决权。如果包括创始人、众多投资人在内的主体都享有这种相对极端的控制权，很容易使公司陷入因个别投资人的利益无法得到满足而频繁投出否决票的情况。

因此，对于创始人而言，首先需要注意的就是在投资不断进入的情况下，维持自己对公司的控制，但是为不过分触动投资人的利益，创始人最好不要采取这种极端的一票否决权模式，否则很容易引起投资人同等要求获得一票否决权。对于一个合理的创始人而言，最好从正面对自己控制权的行使进行章程或者协议约定。一般而言，这种协议控制，可以是股东会层面、董事会层面，还可以是经营管理层面。

1. 股东会层面的控制

引入新投资人，导致创始人股权被稀释是一个经常发生的情况。创始人应当谨慎释放股权比例，适度把握引入投资的节奏。资本对公司扩张的作用不言而喻，但融资市场瞬息万变，投资人投资目的也并不是确定不变，创始人需要进行仔细权衡和规划，什么阶段需要多少融资，使公司既能够获得稳定现金流，也能够维持自身对公司的控制。公司初创时期，其市场估值较低，融资少而成本高。随着公司不断发展，公司估值越来越高，融资多而成本低，且对创始人股权的稀释效应呈递减趋势。如果创始人资金不足，实在无法通过认股或购股而保持对公司的控制，那么，创始人可以采取投票权与股权相分离的方式，以获得股东会层面的控制。

在我国，对于有限责任公司而言，股东之间可以对投票权进行章程安排。换言之，股权与投票权并非一一对应。《公司法》第42条规定，股东会会议由股东按照出资比例行使表决权；但是，公司章程另有规定的除外。第43条规定，股东会的议事方式和表决程序，除本法有规定的外，由公司章程规定。股东会会议作出修改公司章程、增加或者减少注册资本的决议，以及公司合并、分立、解散或者变更公司形式的决议，必须经代表三分之二以上表决权的股东通过。简言之，对于普通决议事项，可以由股东自行约定议事方式和表决程序。

对于股份有限公司而言，其严格的资合属性，使得股东大会层面的投票权与股权严格对应，奉行严格的一股一票。《公司法》第103条规定，股东出席股东大会会议，所持每一股份有一表决权。但是，公司持有的本公司股份没有表决权。股东大会作出决议，必须经出席会议的股东所持表决权过半数通过。但是，股东大会作出修改公司章程、增加或者减少注册资本的决议，以及公司合并、分立、解散或者变更公司形式的决议，必须经出席会议的股东所持表决权的三分之二以上通过。不过，在这种情况下，仍可以采取以下投票权与股权相分离的方法，如委托投票、一致行动人协议。无论是哪种类型的投票权让渡，都是基于让渡投票权的股东对创始人的信任。在美国或者欧洲大陆法系国家，股份公司一股一票也不是必然被遵循的，如美国的双层股权结构、欧洲大陆国家的黄金股份[①] 等。

---

① 在欧洲大陆国家，一些曾经的国有公司在私有化之后，可以发行"黄金股"，如英国和西班牙。在国有企业私有化过程中，英国和西班牙为了保护国家股利益和公共利益，发行了由国家专门享有的黄金股份，即国家只保留一股，但对重要事件享有一票否决权。

2. 董事会层面的控制

（1）股东（大）会与董事会的关系。

在英美法系国家，董事（会）与股东（会）是相对独立的，公司股东（会）往往无权直接干预董事（会）依据法律和公司章程行使日常经营决策的权力，股东会甚至可以授权董事会行使本属于股东会的权力。因此，股东大会层面的控股权与公司董事会层面的控制权并没有必然联系。尤其对于股权相对分散的公司而言，公司的实际控制权往往属于董事会。

就我国公司而言，股东（大）会与董事会之间的权利划分是很明确的。《公司法》对股东（大）会的职权与董事会的职权都进行了列举式规定，而且属于股东大会的职权无论如何都不能授权给董事会行使。如果是《公司法》没有列举的权利，换言之，剩余权利，从理论上应当属于股东所组成的股东大会，但是股东大会无法及时召开，因此最好理解为未规定的权力归董事会享有。简言之，实行股东大会"权力保留主义"，即《公司法》规定的股东大会的权力，当然属于股东大会，未规定的则归属于董事会。就股东大会与董事会决议事项而言，除极其重大的事项由股东大会决议外，大多数公司事项都是由董事会决议，此外，即使是股东大会决议事项，也是董事会提出提案，然后才有股东大会决议。因此，掌握董事会的控制权就能够在一定程度上掌握整个公司的控制权。

在公司初创阶段，创始股东当然能够控制董事会，但是随着公司不断融资，投资人往往会要求向公司委派董事，董事会结构就会发生变化，公司控制权就有可能发生变化。因此，创始人必须注重对董事会的控制，以掌握公司实际控制权。对于董事会的控制，可以是从董事选任、董事会席位、董事投票权等方面进行控制。

（2）董事选任层面的控制。

控制董事会最重要的法律方法就是控制董事的提名和罢免。如果创始人之外的股东不享有提名或罢免董事的权力，这些股东则很难介入公司事务。但现实中，公司投资人不可能只是承担出资的义务而不享有委派董事的权力，因为是否委派董事以及委派几名董事，涉及其在公司的话语权，以及其投资能否得到恰当运用。质言之，投资人无论如何也不愿意把自己的投资拿给与自己完全不相关的人来用。当然，有的时候，对一些机构投资人而言，他们对公司的具体事务也并不是那么关注，其做好财务投资人就可以了，但是这并不意味着他们就放弃董事任命或者罢免的权力，权力是一定要享有的，但是究竟是不是委派，委派几名董事，委派的是执行董事还是非执行董事，那就是另一回事了。对于创始人而言，为了吸引投资，他也不得不接受投资人的委派董事的要求，尽管是非执行董事。既然肯定有新投资人委派的董事进入董事会，创始人就一定要做好以下几个方面的控制：董事会的人数，以及创始人能够任命的董事人数。

如京东创始人对董事会的控制。京东在引入腾讯前，刘强东同样控制着董事会的多数席位。根据股东之间的协议，公司最多设 9 名董事，其中 A、B、C 轮及上市前的领投人，即今日资本、雄牛资本、高瓴资本和老虎基金，在持股数不低于各自相应约定的持股下限情况下，分别有权任命一名董事。换言之，投资人共有权委派 4 名董事，剩余 5 名董事由刘强东控制。京东上市后，根据京东的招股书（2014 年 4 月 14 日版），根据公司上市前获得腾讯战略投资后签署的股东协议，公司（上市前）最多设 11 名董事，其中 A、B、C 轮及上市前的领投人，即今日资本、雄牛资本、高瓴资本和老虎基金，在持股数不低于各自相应约定的持股下限的情况下，分别有权任命一名董事，腾讯有权委派一名董事。换言之，投资人共有权委派 5 名董事，剩余 6 名董事都由刘强东控制。①

再如阿里巴巴"合伙人"制。马云团队组成了"阿里巴巴合伙人"（湖畔合伙人）。阿里巴巴招股说明书显示，阿里巴巴合伙人在集团上市后

---

① 《以京东、腾讯、阿里为例，深度分析创业者要如何避免痛失公司控制权》，载 https://www.tmtpost.com/2410958.html，最后访问日期：2019 年 3 月 15 日。

将拥有独家提名多数董事会成员的权利，但董事提名候选人，必须在股东大会上获得大部分投票的支持，才能够成为董事。根据马云、蔡崇信、软银和雅虎达成的一致行动协议，在未来的股东会上，软银和雅虎要支持阿里巴巴合伙人提名的董事候选人以及软银委派的一名董事。阿里巴巴上市后，签署投票权委托协议的这三方持股接近60%，保证了合伙人对董事会的控制。此外，合伙人对董事会的控制还会永久存续，即使公司发生了控制权的变更，如被恶意收购，除非持股95%以上的股东在股东大会上投票支持修改公司章程。这意味着，合伙人只要总计持有不低于5%的股权，就能够投出否决票，轻松地阻止他人对公司的恶意收购和控制。[①]

对于初创企业而言，最好仿照京东案例中创始人对董事会的控制，而不是阿里巴巴的合伙人制，因为后者更多的是由于管理层持股比例太低而采取的大尺度补救。一般情况下，创始团队在公司初期最好能控制2/3的董事席位，而在后期最好能控制1/2以上的董事席位。创始人无论如何都要占据执行董事席位，而尽量将外部董事席位留给对公司发展具有战略意义的投资人。随着外部董事的增加，董事会的总人数也会不断增加，创始人要尽可能维持对董事人数的上述控制比例。

需要指出，无论是京东还是阿里巴巴，都属于离岸公司，因此可以对董事提名、董事会构成等进行约定。但是，这一做法对于我国的股份有限公司而言会存在障碍，创始人只能通过股东会层面的投票权委托、一致行动人协议等进行终极层面的控制。不过，创业企业最开始一般采取的都是有限责任公司的形式。对于我国的有限责任公司而言，可以通过协议对创始人提名董事的人数以及董事会人数等进行约定。不过，这并不等于剥夺其他主体的提名权，因为按照我国《公司法》的规定，董事的提名权，既可以是董事会的权利，也可以是监事会的权利，还可以是持股10%的股

---

①《以京东、腾讯、阿里为例，深度分析创业者要如何避免痛失公司控制权》，载https://www.tmtpost.com/2410958.html，最后访问日期：2019年3月15日。

东的权利，任何一方的提名权都不可以被剥夺。

（3）董事投票权层面的约定。

董事会决议与股东会决议不同，股东会决议强调一股一票、资本多数决，董事会决议则采取人数多数决。对有限责任公司而言，根据《公司法》第48条规定，董事会的议事方式和表决程序，除本法有规定的外，由公司章程规定。董事会决议的表决，实行一人一票。对于董事投票权而言，除法律规定的一人一票外，可以采取其他约定的方式，如本案中的董事一票否决权。

但是，董事一票否决权的行使必须注意边界，即应当在《公司法》所规定的董事会职权范围之内。《公司法》第46条规定："董事会对股东会负责，行使下列职权：（一）召集股东会会议，并向股东会报告工作；（二）执行股东会的决议；（三）决定公司的经营计划和投资方案；（四）制订公司的年度财务预算方案、决算方案；（五）制订公司的利润分配方案和弥补亏损方案；（六）制订公司增加或者减少注册资本以及发行公司债券的方案；（七）制订公司合并、分立、解散或者变更公司形式的方案；（八）决定公司内部管理机构的设置；（九）决定聘任或者解聘公司经理及其报酬事项，并根据经理的提名决定聘任或者解聘公司副经理、财务负责人及其报酬事项；（十）制定公司的基本管理制度；（十一）公司章程规定的其他职权。"

所以，如果董事会的一票否决权涉及上述事项，从本质上理解，只是对董事会向股东大会提出提案的一种否定，也就是说，这种提案并没有在董事会层面形成共识，因此无法提交到股东大会讨论。按照我国《公司法》，即使董事会不提出提案，但是监事会或者持股10%的股东都有权提议，因此董事会一票否决权并不必然导致这种提案无法提交到股东会。但是，如果运用一票否决权的创始人或者投资人在股东大会中持有多数股份，那么，董事会层面的否决基本就可以理解为股东会层面的否决了。

对于股份有限公司而言，《公司法》第111条规定，董事会会议应有过半数的董事出席方可举行。董事会作出决议，必须经全体董事的过半数通过。董事会决议的表决，实行一人一票。据此，我国股份有限公司的董事会实行严格的一人一票，而且没有章程例外的规定。

3. 经营管理层面的控制

（1）法定代表人层面的实际控制。

在中国的法律框架下，法定代表人通常由公司董事长、执行董事或者总经理担任。法定代表人在法律规定的职权范围内，对外直接代表公司，法定代表人的职务行为构成公司的行为，相应法律后果由公司承担。对于创始人而言，应当兼任法定代表人，从而取得对外代表公司的普遍权力。

此外，还有一个颇具中国特色的制度，即公章制度。公章从本质上讲是对公司意思的外在证明。如果公司对外签订一系列合同，无论是有代表人或者代理人的签名，还是有公司公章，都可以证明是公司意思，合同都被认为是成立的。因此，实践中，正常保管和适用公司公章对于掌握公司控制权也具有相当作用。在真功夫案中，对公章的争夺也是控制权争夺的一部分。

（2）对核心资产与人员的控制。

除对公章和营业执照等证照或印鉴的控制外，创始人还需要对公司核心资产和人员进行控制，"泡面吧"的惨痛经历最能说明这一点。据报道，这家高达亿元的创业公司在即将签署 A 轮投资意向文件前夕，创始人之间因为没有厘清股权分配方案，最终导致相识数年的创始人反目。一位创始人把项目、代码等删除，封锁全体员工的邮件，一个非常有前途的项目迅速瓦解了。[1]

创业的最初时期往往是创始人与投资人之间的关系融洽期。投资人基

---

[1]《以京东、腾讯、阿里为例，深度分析创业者要如何避免痛失公司控制权》，载 https://www.tmtpost.com/2410958.html，最后访问日期：2019 年 3 月 15 日。

于对创始人的信任，默许公司控制和决策由创始人主导。但是随着公司的不断发展，盘子做得越来越大，很容易发生利益冲突或者观念不一致的情形。如果创业者在引入投资之时就充分考虑了公司控制权的配置，事先合理设计股权结构、投票权机制与董事会控制机制，才有可能维持控制权。

（五）外部市场对公司治理的约束

公司外部市场作为一种看不见的手，发挥了润物无声的约束作用。其中，除公司控制权市场发挥着重要作用外，债权人接管的威胁、产品市场的竞争、经理人才市场的约束都发挥着对经理人的约束作用。同时，这种看不见的手的约束作用是否能够有效发挥，还取决于公司治理的基础环境：法律体系的完善、政府管制的有效性、中介机构的成熟度，以及舆论监督的力量。

1. 产品市场的竞争

产品市场的竞争很早就被经济学家视为改善公司治理的重要机制。产品市场竞争主要通过两种机制来实现对公司经理层的监控。一是避免信息不对称，使股东能够及时、有效把握公司经理层的管理动态和管理业绩。二是通过破产对经理人构成威胁，使经理人改善公司治理。

经济学理论认为，股东对经理层的监控力度不足，在很大程度上是由于股东与经理层之间出现了信息不对称。经济学家进而推导出，产品市场竞争的重要作用是降低信息不对称，增强股东了解公司信息的能力，进而有效制约经理层。亚当·斯密最早提出信息假设说。他认为，由于竞争的过程和结果能够以最经济的方式揭示信息，因而竞争是一种自然的和有用的激励机制。霍姆斯特姆（Holmstrom，1982）[1]、内勒巴夫和斯蒂格利茨

---

[1] B. Holmstrom, *Moral hazard in teams*, Bell Journal of Economics, 1982, 13：324-340.

（Nalebuff and Stiglitz，1983）[①] 通过研究发现，参与市场竞争的企业越多，信息不对称的影响就越少，基于相对业绩的经理报酬与其个人努力之间的关系就越密切，就越能充分调动经理的积极性。

一些经济学家提出，产品市场引发的公司清算威胁，能够有效制约经理人。竞争充分的产品市场，较之于竞争不充分的市场，更能导致经营不善的公司的破产和清算。在竞争充分的产品市场中，经理人的消极懈怠或者渎职，更容易导致经理人未来的效用受损。格罗斯曼（Grossman）和哈特（Hart）发现，产品市场竞争的任何变化既会影响对经理人的激励，也会涉及公司破产风险。如果存在破产风险，经理人就有着更强动机去努力减少或避免这一风险。[②]

经济学界的大量研究都支持产品市场竞争有助于改善公司治理，有助于监督经理层，有助于提高股东收益的结论。但是，这在很大程度上停留在一种理论抽象的层面。如果一个公司的内部是大股东控制，经理层也由大股东任命，经理层在大股东的控制之下，侵害小股东利益、散布虚假信息、骗取中小投资者的投资，在这种情况下，尽管存在激烈的产品市场竞争，也不必然导致经理层被替换，也并不必然导致公司治理效率的提高。因为，大股东所谋取利益的途径已经不再是依靠产品销售的收益，而是诈取中小投资者的收益。因此，产品市场竞争有助于提高经营绩效的理论，在很大程度上存在于一个成熟的市场经济模式中，存在于股东、经理均作为理性经济人的常规运作之中。换言之，在一个非市场化或者非充分市场化的场合，通过产品市场竞争来替换经理层，改善公司治理，提高公司经营绩效的效用，似乎是有限的。因此，在强调构建竞争性的产品市场，以

---

① Nalebuff, Barry J, and Joseph E Stiglitz, *Information, competition and markets*, American Economic Review, 1983, 73: 278-283.

② Grossman, S J, and O D. Hart, Corporate financial structure and Managerial incentives. in McCall. J J（Ed.）. The economics of information and uncertainty. Chicago, IL: University of Chicago press, 1982.

改善公司治理之前，必须首先构建一个有效的、公正的市场机制，一个有效的、客观的信誉机制，一个有效、有力的监督机制。

从另一个角度讲，公司经营效益较好，并不意味着产品市场竞争激烈。因为就产品而言，包括充分竞争的产品，这些产品的替代产品非常多，此外还有非充分竞争的产品，这种产品具有稀缺性，市场供给贫乏。如果是第一种类型的产品，市场上的激烈竞争，导致消费者购买产品质量较好的公司的产品，导致某一公司的胜出，以及其他公司的败北。消费者在这里拥有了充分的选择权，这是一个买方市场。但是，对于非充分竞争的产品而言，这种产品的供给方是一个或者几个大型公司，换言之，这些大型公司垄断了此类产品的供给。即使这些大型公司的公司治理绩效较差、内部人控制严重，但是它们生产出来的产品不必担心没有销路，甚至供不应求，这是一个卖方市场。在这种情况下，公司业绩依然很好，虽然治理绩效较差。因此，产品市场有助于提高公司治理，提高公司业绩的假设，在很大程度上适用于产品存在竞争性、高度可替代性的场合；在产品不存在替代性或者较少存在替代性的场合，产品市场竞争的约束力显然不足。这从另一个层面考察出，公司外部市场对公司治理的改善而言，多体现为一种软约束。

共享单车，是一种可替代性非常强的服务，加之市场上存在很多单车企业，市场竞争非常激烈。因此，产品或者服务市场的竞争，足以对OFO 管理层进行有效制约。社会公众不断减少对 OFO 小黄车产品的选择，显然是市场对其产品作出了负面评价。客户的流失，导致营业收入的减少，公司收入的减少，导致社会公众及投资人对公司管理者的负面评价。经理人要么改进公司治理和产品，要么产品被市场淘汰，总之管理者必须作出迅速而准确的反应。

2. 融资市场的控制

融资包括内源性融资和外源性融资。内源性融资是企业通过内部积累的方式实现的资产增加。这种融资的好处是成本最低、风险最小。但是它的缺点也很明显，依靠企业自身积累将企业做大需要非常长的时间。因此，更多企业家将目光转向外源性融资。外源性融资是企业通过一定途径或借助某种金融工具获得他人的资金，主要包括债权融资和股权融资。债权融资的典型形式是银行贷款，股权融资就是公司吸引新投资人以获得企业发展资金。

如果公司采取内部融资的方式，治理绩效一般不会直接影响公司经理层的去留。但如果公司绩效差，产品滞销，也会影响公司自有资金的积累，但是这种影响极为间接。

如果采取股权融资的模式，因为牵涉公司与投资人之间的关系，公司绩效直接影响投资人的投资决策。因此，股权融资对于制约经理层而言更加有效。如果公司的经营绩效差，投资人将会拒绝投资、拒绝进一步投资，这将直接导致公司资金匮乏。在公司发展形势不利的情况下，股东就会更换经营不力的经理层。本案例中，OFO 经营绩效差，直接导致潜在投资人阿里未采取股权投资的方式，而是采取借贷的方式。曾经有投资意图的软银，也在 OFO 资产状况持续变差的情况下，放弃了投资。

间接融资对于改善公司治理而言，也发挥了一定作用。银行与其他出借人在向公司提供贷款时会仔细审查公司的治理状况、公司业绩，以确保发放的贷款能够按期收回本金和利息。但是，银行与其他出借人发放贷款在多数情况下是一种担保贷款，公司必须提供相应的物的担保或者人的保证。因此，银行与其他出借人一方面要考察公司的治理状况，另一方面更要考察公司提供的担保或者保证的力度。因此，间接融资对于改善公司治理而言，显然不如直接融资的效果更为明显。如 OFO 所获得的阿里出借的款项，是以共享单车本身作为质押担保的，因此阿里本身对于 OFO 治理并不过分关注。

3. 经理人市场的制约

信誉机制是行为人出于维持长期合作关系的考虑而放弃眼前利益的一种行为激励机制。在一个竞争的市场中，信誉是决定个人价值的重要因素，是市场对有关个人行为和能力等方面信息的综合反映。一个完善的市场法律机制首先要建立一个完善的市场信用法律机制。在市场经济中，信用是一种资格、一种财产、一种权力，也是一种信息。

赫姆斯特姆（Holmstrom）指出，当股东可以获得有关经理人业绩更充分的信息时，经理人就必须更加努力的工作，才能树立良好的声誉。[①]卡萨德苏斯－马萨内尔和史普博（Casadesua-Masanell and Spulber，2002）指出，声誉可以节约大量交易成本。如果交易对方拥有良好的声誉，就可以避免较高的信誉调查成本、合同磋商成本、合同履行监督成本等。因为信誉良好所节约下来的成本价值，可以在股东与经理层之间进行适当分配。因此，良好的信誉不仅仅节约了成本，更创造了价值。

经理市场的竞争机制实质上是经理人的竞争选聘机制。经理人的报酬是经理市场的价格信号，经理人的声誉是经理人的质量信号。经理市场的竞争选聘机制的功能在于，克服由于信息不对称产生的逆向选择问题，为公司所有者提供一个广泛筛选、鉴别经理人能力和品质的制度。同时，经理市场的竞争压力还有助于降低企业家的道德风险。

总之，对于经理人而言，其后续发展取决于市场对其前期或者当前行为的评价。

4. 控制权市场的制约

资本市场的有效性为投资者提供了纠正管理不善公司的可能性。公司由于经理人的低效而导致业绩不佳时，股东就会对经理人不满，试图更换

[①] B. Holmstrom, *Moral hazard in teams*, Bell Journal of Economics, 1982, 13: 324–340.

他们。按照公司治理逻辑，这些股东应该在股东大会上"用手投票"，要求更换管理层。但是，对于持股分散且持股数量较少的股东而言，用手投票很难达到更换管理层的目的，因为"声音"较小，话语权就不大。当股东对公司管理层失去信心时，就会出售股票，即"用脚投票"。在 OFO 案例中，金沙江创投在关键时间点将股份转让出去，显然就是对公司前景持不乐观预期。其他投资人也受到影响，对公司进行再度审视。

当"用脚投票"的股东不断增多后，必然引起公司股价下跌，这就会给潜在的敌意收购者非常好的并购机会。当收购者获得上市公司控制权后，就会按照自己的意愿重组董事会并更换管理层。这对原有的控制性股东、董事会成员和管理层都是一种直接的威慑。但是，如果公司治理不佳、财务状况不断恶化，即使股价再低，也无法引起投资人的兴趣。如果无法从投资人那里获得股权融资，将不得不寻求债权融资，如果债权融资也无法实现，公司必然陷入流动性危机，这很有可能引发破产。

OFO 作为一家有限责任公司，管理层并未带领公司走向盈利，甚至亏损严重，债务累累。在债务规模还不是非常严重的情况下，滴滴作为大股东对公司控制权有争夺的意愿。但是当公司债务持续累积，财务状况不断恶化的情况下，即使是有获取控制权意图的滴滴也不愿再继续收购其股份，甚至放弃了对控制权的争夺。那么，对于公司而言，如果不能清偿到期债务，且资不抵债，破产危机很有可能发生。

5. 破产和债权人接管的威胁

在公司陷入流动性危机，且资不抵债的情况下，法院会应债权人的请求，对公司破产案件进行受理。破产案件审理中，可能会出现以下结果：破产、重整以及和解。破产是最极端的宣判，如果公司破产，清算会导致债权人遭受损失。不过，对于债权人来说，还有其他选择——重整、和解。

重整，是指当企业不能清偿到期债务时，不立即进行破产清算，而是在法院的主持下，由债务人与债权人达成协议，制订债务人重整计划，债务人继续经营，并在一定期限内全部或部分清偿债务的制度，如债权人向公司指派管理层，更换现有管理层。

2003 年，时任中航油（新加坡）总裁的陈久霖擅自扩大业务范围，进行石油期货交易。由于中航油风险管控不到位，导致对陈久霖的行为未能进行有效监控。2004 年 12 月 1 日中航油（新加坡）亏损 5.5 亿美元，之后集团向法院申请破产保护令，同时启动重整计划。中航油（新加坡）的债权人声称，如果母公司制定的重组计划不令人满意，将考虑向新加坡高等法院提出申请，要求将公司交由"法院指定的经理人管理"。这意味着，债权人将指派新的管理团队负责重组事宜。尽管中航油事件最后并没有发展到这一步，但正是在债权人接管的威胁下，中航油集团和中航油（新加坡）才在后续的重组计划中与债权人进行了多次协商。

和解，是指具备破产原因的债务人，为避免破产清算，而与债权人会议达成债务解决协议的制度，如债权人有权选择债权转股权，以直接获得公司控制权。

当然，如果重整或者和解都无法达成，公司将不得不破产。破产是对公司的死刑判决，也是对公司管理层的严厉惩戒。经理人不但会丧失信誉，而且从公司法角度来讲，担任破产企业的主要管理人员且对公司破产负有主要责任的，在公司破产之后一定期间之内不得担任公司董事和高管。

武汉国资与浙江银泰对鄂武商的控制权之争

【引言】

国有股全流通下的上市公司收购

　　国有上市公司股权分置改革创造了全流通，从而为国有股通过证券二级市场减持提供了前提。对于一些非关键行业的国有上市公司而言，国有股可以通过减持退出。在证券市场低迷时期，业绩良好、股价被低估的国有上市公司很容易成为被收购的目标。在民营企业逐利性所导致的并购需求不断扩张的趋势下，国有股东应当迅速转变观念，时刻保持对市场的敏感性，积极改善公司治理和经营，并通过预防性措施和积极的反收购措施合理地维护控制权。否则，就会如武汉国资公司一样，在面对银泰系的攻势时措手不及，令鄂武商董事会和管理层进退维谷。但是，尽管国有股东控制下的国有上市公司可能存在诸多问题，但是在对国有上市公司控制权的争夺中，民营资本很难与国有股东处于同一起跑线。因为，在关联人、一致行动人、投票权委托机制下，国有股东能够轻而易举地获得股东大会多数投票权。不可否认，国有股东通过上述机制寻求对国有上市公司的控制并不存在任何法律上的问题，但是归根结底的问题是如何切实改善国有上市公司的公司治理、提高公司业绩，避免在以后的市场竞争中公司再次成为敌意收购目标，这也是对国有资产保值、增值的国有资产管理目标的践行。

一、案情[①]

（一）银泰系投资鄂武商

武汉武商集团股份有限公司（以下简称鄂武商）的前身是 1959 年的中苏友好商场。1986 年鄂武商在全国同行业企业中率先进行股份制改造。1992 年在深圳上市，成为我国最早上市的商业公司。

2004 年，武汉市政府欲整合市内三大商业类上市公司——鄂武商、中商和中百。商业新秀银泰百货的快速发展，引起了武汉市政府的注意。为推动武汉商业资产整合、转变企业管理方式，武汉市国资委决定将浙江银泰百货（以下简称浙江银泰）作为战略投资者引入鄂武商。

2005 年 4 月 12 日，银泰系发起设立武汉银泰商业发展有限公司（以下简称武汉银泰）。

2005 年 4 月 29 日，武汉银泰成立，注册资本 1.5 亿元。其中，武汉国有资产经营公司（以下简称武汉国资公司）旗下的全资子公司华汉投资管理有限公司（以下简称华汉投资），以其拥有的鄂武商的股份 12 321 995 股（占鄂武商总股本的 2.43%）出资，持有武汉银泰 14.13%

---

① 案情参考：《鄂武商控股权之争》，载 http://finance.sina.com.cn/stock/t/20061101/17003040819.shtml，最后访问日期：2019 年 3 月 10 日；李坤：《武商联火线结盟险保鄂武商 A 控股权》，载《证券时报》2011 年 3 月 30 日；王荣：《银泰百货 CEO：股权争夺不为鄂武商控制权》，载《中国证券报》2011 年 7 月 6 日；陈玉罡、莫夏君：《后股权分置时期公司控制权及其私有收益之争——基于鄂武商的案例研究》，载《审计与经济研究》2013 年第 4 期；《鄂武商控股权争夺战熄火争购方暂别一致行动人》，载《新闻晨报》；鄂武商 A 相关公告。

的股份。但是，华汉投资的股权并未办理过户。通过武汉银泰，银泰系先后借给武汉国资公司 3500 万元。起初，武汉国资公司与银泰系之间的合作比较愉快，但是双方的友好期很快就结束了。自 2005 年 10 月，银泰系通过二级市场收购以及购买一般法人股的方式，迅速增持鄂武商股份。

2005 年 12 月底，银泰系连续 4 天以平均每股 3.47 元，合共 2296.28 万元的资金，购入鄂武商 748.36 万股，相当于 1.475% 的股份。加上之前所持有的股份，银泰系已持有鄂武商总股本的 4.997%。

2006 年 1 月 11 日，银泰系举牌鄂武商，持股比例达 9.44%，成为鄂武商的第二大股东。

2006 年 1 月 13 日，武汉银泰与泉州新鸿基投资顾问有限公司、厦门阜成贸易发展有限公司、福建省晋江市池店塘膺鞋帽服装厂、福建省晋江市安海镇电器五金厂、福建省晋江青阳高霞建筑材料经营部、厦门市智林广告传播有限公司、福建省海峡建设发展有限公司、武汉泰合房地产开发有限公司、武汉华信房地产开发有限公司等九名非流通股股东签署《股权转让协议》，收购上述股东持有的鄂武商一般法人股共计 18 607 041 股，占全部股份的 3.67%，转让总价款为 36 177 533.57 元。上述股份过户完成后，武汉银泰和浙江银泰共计持有鄂武商 66 480 031 股，占公司总股本的 13.11%，稳居第二大股东位置。[①] 其中，流通股 23 347 046 股，占股份的 4.60%，法人股 43 132 985 股，占股份的 8.51%。

2006 年 2 月 9 日，鄂武商通过 10 股送 3.5 股的股改方案。方案实施后，第一大股东武汉国资公司的持股比例由 29.75% 下降至 17.23%，第二大股东浙江银泰的持股比例上升至 14.72%。鄂武商董事长王冬生表示，根据银泰与国资部门的书面约定，银泰系将不再增持鄂武商股票。武汉银泰董事长周明海也表示，将不谋求成为鄂武商第一大股东。

---

① 郑阁林：《进退之间：全流通下国有控股上市公司的新挑战——鄂武商股权之争的启示》，载《公司法律评论》，上海人民出版社 2008 年版。

2006 年 4 月 3 日，在鄂武商股权分置改革之时，浙江银泰展开对鄂武商控制权的争夺。鄂武商股改复牌当天，银泰系再度举牌，通过二级市场购入 800 万股流通股，占鄂武商总股本的 1.58%，银泰系持股比例上升至 16.30%。至此，银泰系的持股比例只比武汉国资公司的 17.23% 低 0.93 个百分点。

2006 年 4 月 12 日，银泰发布公告称，截至 2006 年 4 月 11 日，武汉银泰与浙江银泰累计持有鄂武商 7955.36 万股，占总股本的 15.68%。其中，无限售条件的流通股 4872.46 万股；有限售条件的流通股 3081.1 万股。如办理完华汉投资的股权过户手续，武汉银泰与浙江银泰累计持有鄂武商 9187.56 万股，占总股本的 18.11%，成为第一大股东。武汉银泰董事长周明海认为，鄂武商股改完成后，为避免第三方借助二级市场控制鄂武商，银泰与武汉国资合计持股应该达到 35% 以上才安全。

2006 年 4 月 13 日，针对银泰的公告，武汉国资公司称，截至 2006 年 4 月 13 日，华汉投资所持有的鄂武商股份仍在其名下，属于华汉投资所有。武汉国资持有鄂武商股份 19.66%，仍为第一大股东。武汉国资公司与银泰系争夺控制权的对立状态显现出来。

2006 年 4 月 14 日，武汉银泰、浙江银泰向证监会提交《武汉武商集团股份有限公司收购报告书》等申请材料，并在材料中声称根据当时与武汉政府的协商结果，法人股股东武汉华汉投资持有的鄂武商 2.43% 的股权作为出资将过户给银泰，虽然这部分股份还未过户，武汉银泰及浙江银泰合计持有的鄂武商的股份应当包括华汉投资部分，总计 18.11%，略高于武汉国资公司 17.23% 的持股比例。银泰系宣布成为鄂武商的第一大股东。

双方轮番宣布自己为鄂武商第一大股东。分歧的核心是，武汉华汉所持有的鄂武商的股份到底归属谁。如果将这部分股权过户给银泰系，银泰系将成为第一大股东，但这是武汉国资公司无法接受的。

（二）控制权争夺的第一阶段

作为阻击银泰系争夺鄂武商控股权的重要措施之一，武汉国资公司于 2006 年 4 月 18 日对华汉投资提起诉讼，并以资产保全为由，申请将华汉投资所持有的 2.43% 的鄂武商股份进行司法冻结。此后，双方一直处于僵持状态，直到 9 月初双方签署一份《合作谅解备忘录》。双方就华汉投资所持有的 2.43% 股权达成协议：银泰方面承诺放弃对这部分股权的主张，并同意武汉国资公司以现金出资 2119.38 万元作为替代。以此为条件，武汉国资也同意银泰提出的进入鄂武商董事会，共同推进公司管理与发展的要求。[①]

2006 年 8 月 9 日，合计持有鄂武商 15.86% 股份的武汉银泰、浙江银泰，就有关任免董事的议案向鄂武商董事会提出召开临时股东大会的请求。至 8 月 18 日，董事会未在规定时间内给予明确回复。8 月 19 日，武汉银泰、浙江银泰向监事会提出召开临时股东大会的请求。8 月 23 日，监事会给予"近期不宜召开临时股东大会"的回复。

2006 年 9 月 1 日，合计持有鄂武商 15.86% 股份的武汉银泰和浙江银泰发出通知，拟于 9 月 21 日自行召集临时股东大会，并提议在临时股东大会审议《关于免去胡波先生董事职务的提案》和《关于增选周明海先生为董事的提案》的两项议案。

9 月 11 日，合计持有鄂武商 5.47% 股份的深圳市银信宝投资发展有限公司、鼎能置业开发有限公司、杭州卓和贸易有限公司向"银泰系"书面提交一项"临时提案"，要求鄂武商提高下属武汉广场的租金，即"提租议案"。这一"提租议案"将鄂武商的控制权之争提升到白热化状态。

---

① 郑阁林：《进退之间：全流通下国有控股上市公司的新挑战——鄂武商股权之争的启示》，载《公司法律评论》，上海人民出版社 2008 年版。

银泰系周明海表示，从 6 月开始，银泰就提议召开临时股东大会，要求增派董事，希望获得的董事名额也从 3 个降为 1 个，但却屡遭拒绝，鄂武商董事会和监事会的不配合，直接引发其他股东行使临时提案权。

9 月 16 日，银泰系再次发布公告，称银泰系的一致行动人，即中信信托投资有限责任公司和杭州卓和贸易有限公司，各自增持鄂武商股份，银泰系合计持有鄂武商股份达到 20.24%。银泰系再次超过武汉国资公司，成为鄂武商名义上的第一大股东。

9 月 18 日，鄂武商董事长王冬生突然辞职，并约见各大媒体，称三家小股东向临时股东大会提交的提租议案"不可理解和难以接受"。

9 月 19 日，武汉国资公司与天泽控股有限公司签署《战略合作协议》。武汉国资公司、华汉投资、天泽控股成为一致行动人。

9 月 20 日，鄂武商发布公告，披露两条重要信息。一是董事长王冬生出于对公司稳定发展的担忧，拟通过个人辞职引起广大投资者对 3 名股东提出的关于重新议定武汉广场租赁合同的议案予以高度关注。二是 9 月 18 日下午，王冬生递交了辞呈，有关部门予以拒绝，并通过做工作，王冬生收回辞呈。

9 月 21 日，银泰方面召集并主持鄂武商 2006 年第二次临时股东大会。经过两个多小时的对决，投票结果显示，三项议案中仅有深圳银信宝等三个股东共同提交的提租议案以微弱优势通过。银泰方面提出的"罢免天泽董事""选举周明海进入董事会"的两个议案均被否决。在"增选周明海为董事"的议案上，银泰方面投了弃权票。周明海表示，之所以投弃权票，是希望能够与国资方面真诚合作，为鄂武商的下一步发展共同努力。银泰希望通过与武汉国资公司进行充分沟通与交流，之后再进入董事会。

鄂武商控制权争夺的第一阶段，武汉国资公司胜出，股权之争暂时告一段落。

（三）控制权争夺的第二阶段

2007 年 5 月，武汉商联（集团）股份有限公司（以下简称武商联）挂牌成立。武汉国资公司持股 69.98%，武汉经济发展投资（集团）有限公司持股 30.02%（武汉市国资委 100% 持股）。其后，武商联成为鄂武商、武汉中百、武汉中商三家上市公司的第一大股东。

2011 年 3 月 26 日，鄂武商公布 2010 年年报显示，第一大股东武商联持股 18.42%；武商联的控股股东武汉国资公司持股 2.43%；武商联的全资子公司武汉汉通投资有限公司持股 1.84%。三者为一致行动人，合计持有鄂武商 22.69% 的股份。浙江银泰及其一致行动人合计持股 22.62%。两方的持股比例仅相差 0.07%。作为大股东，银泰系向鄂武商派出两名高管、两位董事及一位监事。

2011 年 3 月 28 日，浙江银泰投资有限公司通知鄂武商，称其在二级市场增持鄂武商 477 187 股。加上之前浙江银泰投资有限公司与浙江银泰合资百货有限公司、湖北银泰投资管理有限公司两家关联方持有的鄂武商股份，三家合计持有 22.71%，比鄂武商的实际控制人武商联集团及其关联方拥有的 22.69% 高出 0.2%，成为第一大股东。浙江银泰再次发起控制权之争。

2011 年 3 月 29 日，鄂武商公布数据核查结果显示，经 2011 年 3 月 29 日武商联与武汉经济发展投资（集团）有限公司（以下简称经发投）紧急签署战略合作协议，武商联最终保住第一大股东的地位。武商联持有鄂武商 9344.67 万股股份，其控股股东武汉国资公司持有 1232.67 万股，武商联全资子公司武汉汉通投资有限公司（以下简称汉通投资）持有 931.02 万股，加上经发投持有的 60 万股，武商联及其关联方武汉国资公司、汉通投资、一致行动人经发投合计持有 22.81% 的股份，为公司第一大股东。不过，持股比例仅比银泰系高出 0.1%。

2011 年 3 月 30 日，大股东武商联表示："为保持对鄂武商的控制权，在确保第一大股东地位不被动摇的前提下，公司未来将适时增持鄂武商股份。"浙江银泰也发布公告："将视鄂武商的股东结构，决定是否获得对公司的控制权。"

2011 年 4 月 6 日，鄂武商公告称，浙江银泰投资有限公司（以下简称浙银投）在二级市场增持公司股份，浙银投与关联方共持有鄂武商 23.83% 的股份。公司股票自 4 月 7 日起停牌，核实是否会引起第一大股东的变更。

2011 年 4 月 8 日，武商联与武汉开发投资有限公司（武开投持有公司 6 005 234 股股份，占总股本的 1.18%）签署《战略合作协议》，成为一致行动人。武商联及其关联方武汉国资公司、汉通投资、一致行动人经发投、武开投合计持股 23.99%，仍为公司第一大股东。

2011 年 4 月 11 日，证监会发审委正式审核通过鄂武商的配股申请。鄂武商将以总股本 50 725 万股为基数，按照每 10 股配 3 股的比例，向全体股东配售，拟融资 10.65 亿元，用于建设摩尔城。

2011 年 4 月 13 日，鄂武商收到浙银投的通知，称其在二级市场增持公司 3 312 085 股，加上浙银投及其关联方浙江银泰、湖北银泰投资管理有限公司已持有的股份，三家合计持有的股权占公司总股本的 24.48%。

2011 年 4 月 13 日，武商联与武汉钢铁（集团）公司实业公司（以下简称武钢实业，持有公司 1 243 350 股，占公司总股本的 0.25%）、武汉市总工会（以下简称市总工会，持有公司 620 000 股，占公司总股本 0.12%）、武汉阿华美制衣有限公司（以下简称阿华美制衣，持有公司 436 263 股，占公司总股本 0.09%）、武汉市住宅统建办公室（以下简称市统建办，持有公司 387 925 股，占公司总股本 0.08%）签署《战略合作协议》。武商联与武钢实业、市总工会、阿华美制衣、市统建办成为一致行动人。武商联及其关联方国资公司、汉通投资、一致行动人经发投、开发投、武钢实业、市总工会、阿华美制衣、市统建办合计持有的股权占公司总股本的 24.52%，仍为公司第一大股东。

（四）控制权争夺的第三阶段

2011 年 4 月 14 日，大股东武商联拟策划公司重大事项，经申请，股票于 2011 年 4 月 14 日开市起停牌。鄂武商的停盘，在很大程度上是为了抵制银泰系在二级市场进一步增持。

2011 年 4 月 14 日，大股东为弥补先前部分一致行动人股权瑕疵，即统建办已于 2009 年 9 月 18 日注销，其股权为武汉地产继受获得，但未办理过户手续；"阿华美制衣"已被吊销营业执照，采取以下措施：（1）与统建办的股权继承者武汉地产签署《补充协议》；（2）说明阿华美制衣被吊销营业执照而未进入正式清算程序、未办理注销登记的情况下，阿华美制衣仍具有民事主体资格。律师出具意见，认可上述两事项有效。

2011 年 5 月 27 日，鄂武商发布公告，其股东武开投已于 5 月 18 日向武汉市江汉区人民法院对浙银投提起侵权诉讼，理由是浙银投涉嫌违反我国外资收购上市公司的法律法规、在二级市场违规增持公司股份。对于原告的诉讼请求，被告从是否侵权、侵权结果、因果关系、是否违规违法四个方面予以了反驳。2011 年 7 月 12 日，武开投诉浙银投在江汉区法院第二法庭开庭。

2011 年 6 月 1 日，武商联与中国电力工程顾问集团中南电力设计院（中南电力设计院持有 760 406 股，占公司总股本的 0.15%）签署《战略合作协议》，武商联与中南电力设计院同意在鄂武商董事会安排和股东大会表决等方面保持一致，因而武商联与中南电力设计院成为一致行动人关系。武商联及其关联方武汉国资公司、汉通投资、一致行动人经发投、武开投、武钢实业、市总工会、阿华美制衣、市统建办、中南电力设计院合计持有的股权占公司总股本的 24.67%，继续巩固第一大股东地位。

2011 年 6 月 8 日，大股东武商联宣布中止策划本次重大资产重组。

原因在于本公司重组方案中涉及的相关利益复杂，尽管本公司及武商联在公司股票停牌期间与相关方面进行了积极沟通，但仍无法达成共识，因此无法完成重组预案所需的必备要件。经论证，目前武商联对本公司实施重大无先例资产重组事项相关条件尚不成熟，中止策划本次重大资产重组。公司股票将于 2011 年 6 月 9 日复牌。

（五）控制权争夺的第四阶段

2011 年 6 月 9 日，公司复牌后，第一大股东武商联及其控股股东武汉国资公司、一致行动人武汉经济发展投资（集团）有限公司于 2011 年 6 月 9 日通过证券交易所的集中交易增持 14 144 077 股，通过大宗交易方式增持 11 218 429 股，共计增持本公司股份 25 362 506 股，占公司总股本的 5%。至此，武商联集团及其关联方、一致行动人累计持有公司 150 499 260 股，占公司总股本的 29.67%。

6 月 17 日，浙江银泰在杭州市下城区人民法院起诉武商联、武汉阿华美制衣、鄂武商董事长刘江超等，指控上述被告涉嫌在一致行动人协议中制作虚假文件、严重违反上市公司信息披露准则、违规增持股票等。6 月 23 日，法院受理案件。

6 月 28 日，鄂武商召开股东大会，第二大股东银泰系在股东大会现场被剥夺发言权，矛盾升级。

2011 年 7 月 1 日，银泰系发布致鄂武商全体股东的公开信《请大家共同关注，制止改革开放及民主法制的倒退》，对鄂武商大股东至少提出了七项指责。

2011 年 7 月 5 日，银泰商业集团 CEO、鄂武商董事陈晓东表示，虽然已发公开信，且起诉武商联及多位一致行动人，但是武商联至今仍未与银泰百货进行沟通。他表示，银泰方面近来增持股份，是为促使武商联就"解决同业竞争、促进未来发展等事项"与全体股东进行沟通，而不是为了获取控制权。

2011 年 7 月 8 日，银泰百货发债 10 亿元筹资。7 月 19 日，银泰百货成功筹资。

（六）武商联最终取得控制权

2011 年 8 月 2 日，鄂武商发布公告称，武汉国资委旗下的武商联、武汉国资公司及武汉经发投一起，向全体股东发出收购 5% 股权的部分要约，使武汉国资方面控股鄂武商的比例提高到 34.99%。同时表示，未来 12 个月可能视情况继续增持。此次要约收购需要经中国证监会的审核才能生效。

9 月 13 日，武商联收到《中国证监会行政许可项目审查一次反馈意见通知书》，证监会对要约收购申报材料进行了反馈，并要求于 30 个工作日内对反馈意见提交书面回复材料。

10 月 27 日，由于对关于反馈意见中的部分具体事项还需要进一步落实，武商联集团无法按反馈意见要求如期上报反馈回复材料，因此向中国证监会申请延期上报反馈回复材料。

2012 年 4 月 13 日，鄂武商公告，鉴于武钢实业、市总工会、阿华美制衣、武汉地产与大股东武商联签署的《战略合作协议》有效期至 2012 年 4 月 12 日，中南电力设计院与武商联签署的《战略合作协议》有效期于 2012 年 5 月 31 日到期，各方确认该等《战略合作协议》不顺延有效期，武钢实业、市总工会、阿华美制衣、武汉地产、中南电力设计院将于该等《战略合作协议》有效期届满后自动终止与武商联的一致行动关系。虽然上述企业不再是一致行动人，但武商联控股股东武汉国资公司、其全资子公司汉通投资、一致行动人经发投、武开投与武商联继续保持一致行动，这些公司合计持有鄂武商 29.32% 的股权，仍为公司第一大股东。此外，前述公司虽然目前不再是一致行动人，但只要其持有的股权不减持，仍能在需要时迅速结为一致行动人，对于银泰系仍具有威胁。

2012 年 6 月 20 日，武商联发出正式要约收购。公告称，武商联已于近日获得中国证监会对《要约收购报告书》的批复，公司大股东武商联集团及其关联方武汉国资公司、武汉经发投拟以约 5.38 亿元，以每股 21.21 元的价格收购 2536.24 万股鄂武商股份，占总股本的 5%。收购期限为 6 月 21 日至 7 月 20 日。此次收购完成后，武商联集团将合计持有鄂武商 34.32% 的股份，大幅度领先于银泰系的 24.48%，保住第一大股东的地位。但是，也有投资者质疑，在这场股权之争中，武汉国资委先后两次在高位增持，未必达到国有资产保值增值的目的。

2012 年 6 月 25 日，鄂武商发布大股东武商联要约收购结果，大股东武商联以 21.21 元高价，要约收购了 2536.24 万股公司股份，稳住了控股权。由于此次要约收购价格高于市场价，且鄂武商股价又下跌，本次收购武商联出资 5 亿余元，但账面浮亏近 2 亿元。而银泰系则"逢高减持"，赚了约 1.35 亿元，将出售获得的款项用于降低集团债务水平，并为日后业务发展提供额外营运资金。

2012 年 7 月 25 日，鄂武商发布要约收购结果，武商联集团和一致行动人成功收购 2536.24 万股（占总股份的 5%），稳获公司控制权。

2013 年 4 月 20 日，鄂武商公告，公司收到武商联的函告，武商联与经发投、武开投分别于 2011 年 3 月 29 日、2011 年 4 月 7 日签署《战略合作协议》，形成一致行动关系，近期武商联分别与两公司签署《确认函》，同意继续按照《关于〈战略合作协议〉的补充协议》的约定将《战略合作协议》的有效期顺延 12 个月。

2013 年 4 月 22 日，银泰商业集团 CEO 陈晓东辞去鄂武商第六届董事会董事职务，辞职后不再担任该公司的任何职务。

2013 年 4 月 24 日，鄂武商发布 2013 年一季报，前十大股东中银泰系与武商联持股比例未发生太大变化，武商联和银泰系双方"按兵不动"。

2013 年 5 月 16 日，鄂武商股东大会召开，会议共有 7 项议案，其中两项议案备受关注：（1）根据"武商集团2012年度利润分配预案"，企业正处于新的五年发展规划的关键时期，需要大量的资金支持，经董事会研究，今年不派发现金红利，不送红股，未分配利润转到明年再来分配；（2）来自银泰系的分红议案则提议，每10股派份现金人民币1元。针对这两项议案，股东不能同时投赞成票。会议共有26名股东出席，总共持有3.14亿股，占全部股份的61.82%。银泰百货提出的分红议案，赞成票占40.69%，反对票为57.93%；而武商集团2012年度利润分配预案则获得59.31%的赞成票，持股36.56%的股东表示反对。银泰系失利。

2013年10月15日，鄂武商发布公告称，第一大股东武商联增持4 022 847股，占公司总股本的0.793%。公告还表示，武商联将在未来12个月内，计划增持股份比例不超过鄂武商总股本的2%。武商联及其关联方和一致行动人共持有鄂武商35.11%的股份，控股地位进一步凸显。

2013年11月1日，鄂武商再发布公告称，武汉商联10月15日至11月1日，累计通过深交所增持公司股份507.25万股，占公司总股本的1%。武商联合计持有公司1.1679亿股，占公司总股本的23.025%，武商联、关联方及一致行动人累计增持公司股份1.79亿股，占公司总股本的35.32%。

虽然银泰系不一定放弃对鄂武商控制权的争夺，但是较之于武商联及其关联人、一致行动人所持股份比例，相去甚远。至此，持续7年的控制权之争告一段落。

二、评析与经验法则

（一）鄂武商控制权争夺的背景：国有企业改革

鄂武商作为一家国有上市公司，长期处于股权分置状态。股权分置带来的股东权利不平等、大股东侵害小股东、流通盘子小导致操纵市场等问题，引发了后续的股权分置改革。股权分置改革是我国国有企业产权改革大背景下的一个环节，为国有股的全流通创造了制度前提。

国有股全流通伴随着国有股减持，使国有上市公司股权日益分散，持股主体多元化。这种分散持股与多元化持股为改善我国上市公司治理提供了非常好的条件，但同时也削弱了国有股东对公司的控制力，为上市公司控制权之争埋下了伏笔。简言之，股权分置改革在一定程度上解决了"一股独大"问题，但也将"控制权旁落"的威胁摆在了国有股东面前。

1. 国有企业改革的历程

中华人民共和国成立后，国家采取社会主义公有制，国民经济运行采取计划模式，这对于我国经济快速起步和发展起到了积极作用，但同时暴露出一些弊端。一旦国有经济进入竞争性行业，在利润的驱动下政府会将更多精力投入盈利性行业而不是恰当地提供公共产品。此外，国有经济进入竞争性领域还会导致政企不分。政府是国有企业的出资人，为保证国有资产保值增值，其在制定政策时容易倾向于保护国有经济。又如，行政机关或其授权的组织为限制市场竞争可能还会滥用行政权力设置市场进入障碍。鉴于此，我国逐步推进国有企业改革，改革主要分为两个阶段：第一个阶段是 1978~1992 年，主要内容是放权让利，探索两权分离；第二个阶段是 1993 年至今，以建立现代企业制度为方向，不断深化改革。

1978 年，党的十一届三中全会确立了以扩大企业自主权为主要形式，调整国家与企业之间利益关系的国有企业改革方针，在企业内部建立各种形式的经济责任制，在企业领导体制上实行厂长（经理）负责制。1985 年左右，开始实施以承包经营责任制为主要形式的国有企业改革。在这一阶段，改革只是在既有产权框架下所进行的经营权调整。

1993 年至今，则是以产权改革为核心的国有企业改革。产权是一个经济学上的概念，并不是严格意义上的法学术语。制度主义经济学强调，必须要首先明确产权，才能使交易效率最大化，实现帕累托最优。关于科斯定理，比较普遍的描绘是：只要财产权是明确的，并且交易成本为零或者很小，无论在开始时将财产权赋予谁，市场均衡的最终结果都是有效率的，实现资源配置的帕雷托最优。[1] 与产权改革密切相关的一个词语"国有企业股份制改造"。国有企业股份制改造是建立在产权理论的基础之上的，一方面强调产权明晰，另一方面强调产权分散化。

2. 产权改革的回顾[2]

（1）国有企业私有化引发产权论战（1992~1994 年）。

1992~1994 年，山东县级市诸城的地方官将大面积亏损的市属国企进行私有化，引发学界对国企产权改革的大讨论。北京大学中国经济研究中心的两位创始人林毅夫与张维迎展开论战。张维迎认为，国企的体制残缺是不可救药的，国企改革的唯一出路是改变其产权或所有制基础，让国企

---

[1] 在制度主义经济学看来，必须要首先明确产权，然后才能进行有效管理。科斯定理（Coase theorem）是由罗纳德·科斯（Ronald Coase）提出的一种观点，认为在某些条件下，经济的外部性或曰非效率可以通过当事人的谈判而得到纠正，从而达到社会效益最大化。科斯并未将定理写成文字，其他人如果试图将科斯定理写成文字，则无法避免表达偏差。

[2] 参考冯禹丁等：《国企产权改革争议 20 年》，载《南方周末》2014 年 4 月 10 日。

变为非国有企业。林毅夫则认为，国企的问题并非在于产权不明晰，而是因为国企政策性负担太重，改革的当务之急是为国企减负，创造公平竞争的条件与环境，并以此硬化其预算约束。两种观点都有一定道理，如果产权不明或者所有者缺位，对于公司经营者的有效监督将流于形式。如果产权不明，还会引发共有地悲剧。因此，产权明晰是构建现代企业制度的基本切入点。从决策者的角度出发，两种观点是兼收并蓄的，同时进行了适度调整。如在产权改革上，只是在竞争性领域实现国有资本的退出和民间资本的进入；在减轻企业社会负担的问题上，林毅夫所主张的"创造公平竞争的条件与环境"也得到了一定程度的体现。

1993 年，党的十四届三中全会提出，建立"社会主义市场经济体制"。自此，围绕国有企业产权改革，国有经济进行战略性调整，抓大放小，国企数量从 1998 年的 23 万多家减少到 2002 年的 15 万多家。为配合国有企业现代化改造，1993 年 12 月 29 日全国人大常委会通过了《公司法》并于 1994 年实施。

（2）国有经济布局的战略性调整（1997 年）。

1997 年，中共十五大决定，对国有经济布局进行战略性调整，实现国有经济"有进有退"。"国有经济需要控制的行业和领域主要包括：涉及国家安全的行业，自然垄断的行业，提供重要公共产品和服务的行业，以及支柱产业和高新技术产业中的重要骨干企业。"此后，国有企业从竞争性行业退出。随着国有企业改革逐步深入，国有资产流失越发严重。2003 年 4 月 6 日，国资委成立。国资委对国有企业采取"管人、管事、管钱"的"三管"模式。

（3）国企民营化放缓脚步（2004 年）。

在 2003~2004 年的一系列国有资产流失案例中，国资委加强了对国有经济的战略管理。国务院发布了诸如《国务院关于推进资本市场改革开放和稳定发展的若干意见》（2004 年 1 月 31 日）、《国务院国资委关于国有控股上市公司股权分置改革的指导意见》（2005 年 6 月 17 日）、《关于推进国有资本调整和国有企业重组的指导意见》（2006 年 12 月 5 日）、《关于上市公司股权分置改革中国有股股权管理有关问题的通知》（2005 年 9 月 8 日）等文件，明确了国有控股上市公司控股权的进与退。

国务院《关于推进资本市场改革开放和稳定发展的若干意见》指出，应"积极稳妥解决股权分置问题"，提出"在解决这一问题时要尊重市场规律，有利于市场的稳定和发展，切实保护投资者特别是公众投资者合法权益"的总体要求。2005 年 4 月 29 日，经国务院批准，证监会发布《关于上市公司股权分置改革试点有关问题的通知》，启动股权分置改革试点。经过两批试点，在取得了一定经验后，具备了转入积极稳妥推进的基础和条件。经国务院批准，2005 年 8 月 23 日，证监会、国资委、财政部、中国人民银行、商务部联合发布《关于上市公司股权分置改革的指导意见》。2005 年 9 月 4 日，中国证监会发布《上市公司股权分置改革管理办法》，股权分置改革全面展开。

（4）国务院扩大国有经济对于"重要行业和关键领域"的控制范围（2006 年）。

2006 年 12 月 18 日，国务院办公厅转发国资委《关于推进国有资本调整和国有企业重组的指导意见》，首次明确国有经济要对关系国家安全和国民经济命脉的重要行业和关键领域保持绝对控制力。明确国有经济对电网电力、石油石化等七大"关系国家安全和国民经济命脉"的行业保持较强的控制力。[①] 随后，我国对国有企业深化产权改革持保留态度，如2006 年美国凯雷集团收购徐工机械 85% 的股权被叫停。

就本案中的鄂武商而言，其主营范围是商业零售兼批发、房地产、物业管理、餐饮娱乐、电子产业及进出口贸易等。这些领域不属于国有经济必须保持控制力的关系国家安全、国民经济命脉的重要行业和关键领域，

[①] 包括在军工、电网电力、石油石化、电信、煤炭、民航、航运等七大行业保持绝对控制力；在装备制造、汽车、电子信息、建筑、钢铁、有色金属、化工、勘察设计、科技等九大行业保持较强控制力。

国家并不必然要保持控制权。但是，如果国有股东不愿意放弃控制权，从法律和企业管理层面显然是可以。但是，为什么国资委拒绝从那些不必再保持国有经济控制力的行业中退出？排除国资委的国有背景，其本身也具有股东角色，也具有追求利益最大化的动机，而不管这种利益最大化是谋求上市公司利益最大化还是作为大股东的利益最大化。因此，控制权所产生的利益是国资委不愿退出控制权竞争的重要因素。

"国有资本有进有退"，并不意味着国有资本的必然退出。事实上，国有股东应当通过提高市场竞争能力维护国有经济的控制权和影响力。国有股东参与竞争并非意味着一定"退"，而是通过竞争实现"有进有退"。换言之"有进有退"是竞争环境下的最终结果，而不是一个预先假设的前提。对于上市公司的国有股权来说，退出只是一种手段而不是目的。通过缩小国有经济覆盖面，可以将有限的国有资本有重点投入需要由国有经济发挥作用的和关系国民经济命脉的关键性领域。

（5）混合所有制（2013 年）。

"混合所有制"并不是一种新提法，早在 1997 年党的十五大就已提出过。十八届三中全会的新表述是："国有资本、集体资本、非公有资本等交叉持股、相互融合的混合所有制经济，是基本经济制度的重要实现形式。"混合所有制，从根本上来讲，依然是产权改革的深化。混合所有制要把国有独资、国有股独大、国有控股的产权结构进行深层次改革。其目的，一方面是打破产权垄断，实现民间资本的进入和退出，进而打破国有企业的市场垄断；另一方面则是加强企业内部监督和制约机制，通过产权多元化完善国有企业的治理结构。

2014 年，央企和地方国资随之行动。中石化启动销售业务重组，引入社会和民营资本；中石油拟搭建六个合作平台引入民资，推进混合所有制；国家电网确定直流特高压等三个领域，推行混合所有制改革；上海绿地借壳上市、中信集团于 H 股整体上市；河北省国资委要求其监管企业每年吸纳社会资本不少于上年净资产规模的 3%~5%。混合所有制改革逐步走向深入。①

（二）股权分置改革后，鄂武商面临的控制权之争

1. 股权分置改革的历程

长期以来，我国国有上市公司的典型股权特征是股权分置。所谓股权分置，是指 A 股市场上的上市公司的股份分为流通股与非流通股。股东所持向社会公开发行的股份，且能在证券交易所上市交易，称为流通股；而公开发行前股份暂不上市交易，称为非流通股。流通股的主要成分为社会公众股；非流通股则大多为国有股和法人股。这种同一上市公司股份分为流通股和非流通股的股权分置状况，为中国内地证券市场所独有。

股权分置的第一大弊端是国有股的一股独大。国家股东牢牢控制上市公司，对小股东利益保护不足。第二大弊端是，70% 的非流通股，30% 的流通股流通在外，可能会发生操纵股市的行为。第三大弊端是，上市公司或大股东不关心股价的走势，不利于维护中小投资者的利益，越来越影响上市公司通过收购实现资源最优配置的目的，妨碍经济改革的深化。第四大弊端是股东权利不平等。非流通股股东最初获得上市公司股份的时候，是依据每股净资产的价格获得的，获取成本比较低；而社会公众股股份则是在证券二级市场上通过竞价获得的，获取成本较高。但是两种类型的股份，在表决权、分红权上却是一样的。对此，必须通过股权分置改革，消除非流通股与流通股之间的制度差异。股权分置改革是为解决 A 股市场相关股东之间的利益平衡问题而采取的举措。对此，我国进行了国有上市公司股权分置改革，具体分为二个阶段。

第一阶段是通过国有股变现解决国企改革和发展资金需求，此时，即

---

① 薛莉：《莫让"混合所有制"变为"混乱所有制"》，载《群众》2014 年第 5 期。

开始触动股权分置问题。1998 年下半年到 1999 年上半年，为解决推进国有企业改革发展的资金需求和完善社会保障机制，开始进行国有股减持的探索性尝试。但由于实施方案与市场预期存在差距，试点很快被停止。2001 年 6 月 12 日，国务院颁布《减持国有股筹集社会保障资金管理暂行办法》也是该思路的延续。该办法规定，国有股可以直接通过二级市场转让。典型问题就是，股份大量流入证券市场，导致股价大幅下跌，社会公众股股东的股票价值被大大摊薄；而国有股由于当初取得成本就很低，所以尽管证券二级市场价格下跌，国有股股东也是能够获益的。这时候国家就面临与民争利的指责。《减持国有股筹集社会保障资金管理暂行办法》于同年 10 月 22 日暂停。

第二阶段以 2004 年 1 月 31 日国务院以国发〔2004〕3 号印发《关于推进资本市场改革开放和稳定发展的若干意见》为开端，强调应"积极稳妥解决股权分置问题"，提出"在解决这一问题时要尊重市场规律，有利于市场的稳定和发展，切实保护投资者特别是公众投资者合法权益"的总体要求。2005 年 4 月 29 日，经国务院批准，中国证监会发布《关于上市公司股权分置改革试点有关问题的通知》，启动股权分置改革试点。经过两批试点，取得了一定经验，具备了转入积极稳妥推进的基础和条件。经国务院批准，2005 年 8 月 23 日，中国证监会、国资委、财政部、中国人民银行、商务部联合发布《关于上市公司股权分置改革的指导意见》；2005 年 9 月 4 日，中国证监会发布《上市公司股权分置改革管理办法》，我国的股权分置改革进入全面铺开阶段。上市公司股权分置改革是通过非流通股股东和流通股股东之间的利益平衡协商机制，消除 A 股市场股份转让制度性差异的过程，为非流通股上市交易作出的预先制度安排。

具体而言，非流通股与流通股股东之间进行市场化协商，由国有股股东补偿流通股股东，然后国有股股东获得股份的流通权，也就是可以通过二级市场减持。具体需要补偿多少，取决于大股东与流通股小股东之间的讨价还价的结果。中国证监会在 2005 年的股权分置改革方案中很明确地将讨价还价的细节交给了每一个上市公司自己去处理，但同时规定，股改方案必须经过三分之二流通股股东同意及三分之二全体股东同意。上市公司在股改方案被股东大会通过之后，复牌时，股票简称前面加上 G。

股权分置改革是我国证券市场制度建设中的一个重要举措，具有重大意义。首先，有效促进上市公司治理制度与证券市场制度的完善，有助于证券市场的长期、健康发展；其次，股权分置改革后，市场供求关系更加真实，市场定价更加合理，有利于改善投资环境，促进证券市场的持续发展；最后，有利于保护投资者，特别是公众投资者的合法权益，从而提高投资者信心，使我国证券市场充满活力。

2. 股权分置改革、全流通与国有股减持

股权分置改革消除了流通股与非流通股之间的差异，非流通股股东获得流通权后，证券市场当然地成为股份减持的重要场所。证监会 2005 年 4 月 29 日《关于上市公司股权分置改革试点有关问题的通知》规定：非流通股自获得上市流通权之日起，至少在 12 个月内不上市交易或者转让。在上述期限届满后，持股 5% 以上的非流通股股东在 12 个月内出售数量占公司股份总数的比例不超过 5%，在 24 个月内不超过 10%。在前两批试点中，多数公司照此规定作出承诺。2007 年以来，大量上市公司的限售股股东解禁。

股权分置改革的本质是要把不可流通的股份变为可流通的股份，真正实现同股同权。股权分置改革后，国有股、国有法人股取得了流通权，从而为国有股通过证券二级市场减持创造了条件，但这并不必然意味着国有股必然减持。此外，国有股减持也可以通过协议减持，而不必然通过证券二级市场。因此，股权分置改革可以等同于全流通，但并不等同于国有股减持。

3. 全流通下，鄂武商面临的控制权之争

股权分置改革给股份权流通创造了条件，也为公司控股权的争夺提供了前提。一个新问题是，国有上市公司中的国有股是否应当退出？这涉及两个问题，一是国有经济成分需要在哪些领域退出？二是属于上述领域的上市公司，国有股权是否必然要转让？第一个问题主要涉及我国国有资产管理体制，而第二个问题在很大程度上属于国资委以及企业自身的决定。简言之，国有资产管理体制改革属于战略层面的问题，而国有股是否必然退出则在很大程度上是企业经营层面的问题。即使属于国有资产战略退出的领域，也并不必然意味着上市公司国有股必然转让。宏观层面的战略与微观层面的经营不能混为一谈。

作为国有上市公司的鄂武商，在股改之后六年内发生了两次激烈的控制权争夺。以银泰系为代表的民营股东和以武商联为代表的国有股东之间的竞逐，反映了全球通背景下国有股减持带来的国有股东控制权的削弱，以及民营资本对控制权争夺的意愿。在竞争格局下，要确保国有股东的控制力和影响力必须首先确保国有股东有足够的市场竞争能力，而这恰恰是长期拥有绝对控制权的国有股东所欠缺的，亦不可能在短期内实现。鄂武商控制权之争，反映了国有股东控制权旁落的风险以及对控制权的夺取，但从更深层次来讲则反映了国有股东市场竞争力不足。

控制权的市场竞争体现了市场竞争机制在公司控制权配置中的基础作用，是一种有效的外部治理机制。然而，我国资本市场上的控制权竞争与控制权市场理论所讨论的对象相比，又具有自身特色。在我国，国有股东是掌握上市公司控制权的特殊主体，其所具有的双重身份蕴含着双重价值取向。作为"国有"投资者，反映了国有资产保值增值以及国有经济战略布局的宏观要求。作为"投资者"，国有股东也承担着谋求投资利益最大化的职责。对国有股东的控制权市场竞争不能简单运用市场优胜劣汰的竞争法则，有时还应从宏观视角进行解读。

（三）控制权争夺中的反收购措施

1. 预防性与主动性反收购措施

在股权分置改革之前，由于控股股东持股比例很高，且大部分属于不能流通的国有股或法人股，收购方很难通过市场化的收购措施夺取上市公司的控制权，因此大多数上市公司没有采取预防性反收购措施。股权分置改革完成后，国有股东取得流通权，一些国有股东选择减持。减持的结果是，一方面导致国有股东持股比例降低，另一方面为收购方收购股份创造了便利。在国有上市公司股价被低估，但经营基本面良好的情况下，对股权分散的国有上市公司的收购成为常态。对于国有上市公司而言，如果公司章程中没有充分的反收购条款，上市公司董事在面临收购的时候只能临时采取反收购措施，显然太过被动，效果也非常一般。在股权分置改革所导致的全流通环境下，国有上市公司的现有控制股东或者董事，为保持对公司的控制权，最好在公司章程中对反收购措施进行事先约定。

2. 预防性反收购措施

鄂武商之所以多次被银泰系争夺控制权，一是因为其本身的业绩优秀，二是因为在公司内部并无预防性的反收购措施。后股权分置时代，中国的收购制度环境发生了重要变革，对绩优股的控制权争夺将逐渐增加。上市公司应当在章程中设置反收购措施以降低控制权争夺带来的风险。[1] 其本质是：增加收购者的收购成本，从而对敌意收购进行有效的防御和阻止。

---

[1] 陈玉罡、莫夏君：《后股权分置时期公司控制权及其私有收益之争——基于鄂武商的案例研究》，载《审计与经济研究》2013 年第 4 期。

在国外并购市场中，比较常见的预防性反收购措施主要有毒丸计划、章程防御条款和降落伞计划。其中一些预防性反收购措施是我国公司在现行法律框架下可以采取的，一些还不可以采取。

（1）股份的毒丸计划。

毒丸计划（poison pill），也叫作"股权摊薄"，是一种采用增加现有股东投票的方式来限制收购方的表决权，以维持原有控制权结构的反收购措施。1982年，美国著名的反并购律师马丁·利普顿（Martin Lipton）发明了这种反收购措施，并被命名为"股权摊薄反收购措施"。1985年，特拉华州法院判决其合法。目前，公司所可以采取的毒丸计划已经从最传统的发行"可转换优先股"，发展为更多其他类型。其中，比较常见的有传统毒丸计划、掷出毒丸计划、掷入毒丸计划和投票计划。

传统的毒丸计划，是指目标公司向普通股股东发放可转换优先股。一旦公司被收购，股东所持有的优先股就可以转换为普通股，获得股东大会上的投票权。这种反收购措施的优势在于可以增加收购方的收购成本，但是缺点是会增加目标公司的长期负债。

掷出毒丸计划，是指目标公司向原股东提供股票期权计划，允许原股东在公司被收购的时候，以一个比较低的价格来购买公司股票。这种期权计划实际上是作为红利支付给股东的，但是这种毒丸计划的触发条件比较苛刻，需要收购方收购目标公司的股份达到100%的时候才会生效。如果收购方只是为了取得对目标公司的绝对控股或者相对控股权，而不是为了收购全部股份，这种计划就无法发挥作用。

掷入毒丸计划，其基本含义与掷出毒丸计划一样，都是赋予原股东以股票期权。但是两者的区别在于掷入毒丸计划的触发条件比较低。只要收购方取得了相对控股权，毒丸计划就会被触发。该计划被触发后，股票期权的持有人就可以以很大折扣购买目标公司股份。较之于掷出毒丸计划，掷入毒丸计划的防御效果显然更强。实践中，这两种毒丸计划一般配合使用，大约一半的掷出毒丸计划都包含掷入毒丸计划。

投票计划，是指赋予公司优先股股东投票权的反收购措施。当收购方收购目标公司股份超过一定比例时，优先股股东就被赋予了投票权。即使收购方收购了较多股份，也无法在股东大会上与原有股东抗衡。

就我国而言，有限责任公司股东可以对投票权进行章程等协议安排，类似"毒丸计划"的措施可以采取。对我国股份有限公司以及上市公司而言，优先股是可以发行的，因此传统毒丸计划和投票计划也能够被采取。此外，"掷出毒丸计划"与"掷入毒丸计划"也可以采取。上市公司可以在章程中对上述类型的防御措施作出约定。

（2）章程的防御性条款。

为防止控制权旁落，目标公司预先在公司章程中作出相应安排，使潜在收购方即使收购很多股份，也难以取得目标公司的控制权。这种章程反收购条款的制定成本很低，但是反收购效果强大，往往能够起到事半功倍的效果。一般而言，章程反收购条款包括轮换董事会条款、超级多数条款、公平价格条款、股东持股时间条款、董事资格限制条款、股东提名董事人数的限制条款，以及累积投票制。

轮换董事会，也叫作交错董事会、董事会分组。具体操作时，当董事会由9人或9人以上组成时，为保持公司经营的稳定性，公司章程规定董事分为两个组或三个组，每组人数尽可能相等。第一组董事的任期一年；第二组董事任期二年；第三组董事任期三年，以此类推。这意味着，即使收购者拥有目标公司绝对多数的股权，也难以获得目标公司董事会的控制权。如果目标公司章程中有此类条款，就延长了潜在收购方获得大多数董事会席位的时间。在这段时间中，目标公司董事就可以采取积极的反收购措施。如果潜在收购方是理性的，就不会在无法及时取得目标公控制权的情况下就投入大量资金进行收购。

超级多数决条款，也称绝大多数条款。目标公司章程规定，对于公司合并、重大资产出售或者经营权转让，必须取得出席股东大会的股东所持表决权的绝对多数通过才能够通过。有时候，公司章程会规定，必须经过全体股东所持表决权的 2/3 或者 3/4 以上同意。极端情况下，公司章程甚至要求代表 95% 以上表决权的股东同意才能够批准一项并购计划。在这种章程条款下，收购方为取得目标公司的控制权而付出的成本将是高昂的。但是，这种超级多数条款也存在例外，换言之，如果目标公司董事会支持并购，则可以取消这一超级多数条款的适用。

公平价格条款，是指目标公司章程要求收购者在购买少数股东的股票时，要以一个公平的价格购买。所谓公平价格，可以是一个给定的合理价格，也可以约定为公司每股收益的几倍。当收购方提出收购报价的时候，这种公平价格条款就被激活。

股东持股时间条款，是指目标公司章程规定收购方只能在获得股权一定时间之后才能行使提名董事的权利。这无疑延缓了收购方对目标公司控制权的取得，在一定程度上抑制了收购方的收购积极性。

董事资格限制条款，是指目标公司章程规定了董事的任职资格和条件，通过对董事资格和条件的特殊要求，限制收购方进入董事会，以阻碍收购方取得对董事会的控制权。

股东提名董事人数的限制条款，是指目标公司章程条款对股东所提名董事的人数进行限制。在此类章程条款的限制下，即使收购方购买了公司较大比例的股份，但由于章程对股东提名董事人数设有限制，收购方也难以取得对董事会的控制权。

累积投票制，是章程规定的股东大会选举董事和监事的一种特殊的表决权行使方式。具体而言，股东的表决权票数按照股东所持有的股票数与应当选董事或者监事人数的乘积计算。这一制度的目的是使小股东的表决权在翻倍的前提下集中行使，以选出自己的代表进入公司董事会或者监事会。在某种意义上，累积投票制是保护小股东权利的制度设计。但事实上，累积投票制也只有在大股东和小股东持股相差不大的情况下才具有有效性，否则即使小股东表决权翻倍并集中行使，其表决权也不可能对抗大股东，也就无法选举自己的代表进入公司董事会或者监事会。在累积投票制下，收购方即使收购了目标公司较大比例的股份，也难以在董事会或监事会中拥有多数席位。

就我国而言，轮换董事会条款、公平价格条款、董事资格限制条款、累积投票制都可以在公司章程中加以规定。但是，股东大会作出决议的超级多数条款是存在问题的。因为我国《公司法》规定普通事项按照 1/2 以上资本多数通过，特别决议按照 2/3 以上资本多数通过，这一比例的设计体现了对大股东或者多数资本持有者意思的尊重，但是如果将通过普通事项与特别事项的比例提高，就会产生小股东支配大股东的结果。具体而言，如果章程对普通事项规定需要 2/3 以上资本多数通过，那么原本按照《公司法》的规定需要高达 1/2 以上资本反对，才无法作出决议；但是按照章程则只需要 1/3 以上资本反对就可以阻碍决议作出。显然，小股东的意思支配了大股东的意思，不符合公司的本质与公司法的精神。

股东持股时间条款以及股东提名董事人数限制条款，对股东权利构成一定限制，其在我国的合法性存在疑问。依据股权的性质，股权可以划分为固有权与非固有权。固有权，是指股东不得自由处分、公司也不得主张股东已经同意而在章程或者股东大会决议中进行限制的股东权利。非固有权，是指股东可以自由处分、公司可以主张股东已经同意而在章程或者股东大会决议中作出限制的股东权利。这种分类具有极强的实践价值，因为实践中，公司往往会在章程或者股东大会决议中限制股东权利的行使。尽管这种限制可能是为了公司利益，但也有可能是控股股东剥夺其他股东的手段。因此，实践中，公司与股东往往对这种限制性条款产生很大争议。

一般认为，共益权属于固有权 [①]，自益权一般是非固有权。据此，股

---

① 固有权是实现股东利益保护的重要途径，如知情权、召集和主持股东大会的权利、提案权、表决权等，能够保证股东有效的对抗管理层的机会主义行为；股东股份回购请求权、公司决议无效和可撤销的诉讼权、代为诉讼权、解散公司的请求权等，能够强化公司的中小股东对抗控股股东的压迫和掠夺。如果没有上述权利，公司管理层和控股股东将会肆无忌惮地侵害公司和中小股东利益。

东持股时间除非是公司法所规定的 90 日的限制，章程不得对持股时间进行限制。但是如果允许收购方非常迅速地享有召集临时股东会与提案权，那么对目标公司也略显不公平。因此，在保障作为收购方的股东权利与公司现有股东、公司管理者与公司本身经营稳定性的博弈考量中，公司现有股东及其他利益相关者的利益也应当得到一定程度的尊重。因此，持股时间条款应当得到一定程度的认可。此外，股东提名人数的限制是不可以的，股东享有提案权，包括提名董事候选人及相应人数。

（3）离职时的"降落伞"计划。

在离职时的"降落伞"计划中，根据补偿对象和补偿力度的不同，有"金色降落伞""银色降落伞"和"锡色降落伞"。"金色降落伞"是针对目标公司的董事、高管所设定的离职补偿协议。金色降落伞（golden parachute）协议会约定，如果公司控制权发生转移导致公司董事、高管自愿或者非自愿离职，公司必须发给董事、高管高昂的离职补偿费。支付方式可以是现金，也可以是股票，还可以是"现金+股票"组合。如果公司被收购，这笔数额惊人的离职补偿费就要由收购方支付。因此，在收购方面对高额的离职补偿费时，就会望而却步。"金色降落伞"除了具有对那些打算在并购完成后对目标公司进行人员重组的敌意收购方具有遏制作用外，合理的"金色降落伞"计划还会使高管在面临收购时有足够动机为股东追求更高溢价，而不是为了保住自己的位置而对敌意收购设置不当障碍。但是不可否认，"金色降落伞"也有一定的负面作用。如果"金色降落伞"计划设计不合理，就有可能为那些经营管理不善、股价持续下跌的公司的经理人提供保护，此外，还有可能激发董事、高管积极出售公司而使自己获得高额离职补偿金的动机。

除"金色降落伞"外，还有"银色降落伞"（Pension Parachute）和"锡色降落伞"。后两者主要是为级别稍低的管理人员提供的稍为逊色的离职补偿。"银色降落伞"针对的是中层管理人员或核心技术人员，补偿力度较"金色降落伞"弱。"锡色降落伞"则惠及目标公司的全体员工，补偿力度较"银色降落伞"弱。离职补偿金额一般根据管理人员的工作年限和每月工资来确定。

本质上讲，降落伞计划就是对董事、高管的离职补偿条款。在股东大会批准的情况下，显然不构成对股东权利的侵害。因此在我国，降落伞计划是可以被采取的。

3. 主动性反收购措施

当预防性反收购措施不能阻止潜在收购者的收购时，目标公司就会针对敌意收购实施主动的反收购措施。此类主动反收购措施包括：股份回购、白衣骑士、帕克曼式防御、焦土战术、资本结构变化、寻求股东的支持和诉讼等。

（1）股份回购（Share Repurchase）。

当目标公司面临收购方的攻击时，目标公司可以采取高价回购本公司股票的方式，以减少在外流通的股份数，使敌意收购方无法收购到足以控股公司的股份，或者由于公司大量收购本公司股份导致股价上升，从而增加了收购方的收购成本。但是，目标公司如何筹集如此之多的资金？一个途径是大量举债，另一个是出售公司资产以换取资金。

在目标公司的股份回购中，有一种特殊类型被称为"绿色邮件"，是指目标公司从敌意收购方手中买回本公司股份。实际上，有的时候敌意收购方并不一定是为了取得目标公司的控制权而收购股份，也有可能是为了迫使管理层花费更高代价买回自己所购入的股份。因此，这种方式又被称为"绿票勒索"。为防止收购方的"敲诈"，目标公司章程一般规定"反绿票勒索条款"（anti-greenmail agreements），即当目标公司回购股份时，不回购这种"勒索者"手中的股票，或者较之于其他股东，收购价更低。

我国 2018 年修订《公司法》第 142 条规定："公司不得收购本公司股份。但是，有下列情形之一的除外：……（六）上市公司为维护公司价值及股东权益所必需。"该条款为上市公司股份回购提供了法律依据。但

《公司法》同时要求，公司合计持有的本公司股份数不得超过本公司已发行股份总额的百分之十，并应当在三年内转让或者注销。显然，法律所允许的股份回购的比例不是很高，那么，股份回购还能否起到有效的阻碍作用？这在很大程度上取决于本公司的股权结构。此外，"上市公司收购本公司股份的，应当依照《证券法》的规定履行信息披露义务。上市公司因本条第一款第（三）项、第（五）项、第（六）项规定的情形收购本公司股份的，应当通过公开的集中交易方式进行"。

（2）白衣骑士（white knight）。

白衣骑士，从本质上讲就是竞争性要约。当目标公司面临敌意收购时，董事、高管为维持现有职位，会寻找对自己友好的其他公司，劝他们收购股份甚至买下公司，同时动员目标公司股东把股份转让给这家公司或者向这家公司发行新股。尽管这家公司取得了目标公司控制权，也不会解雇董事、高管。因此，在董事和高管的眼中，这家公司无疑是一位可爱的白衣骑士。在我国收购与反收购市场上，最常见的反收购措施就是寻找白衣骑士。

（3）焦土战术。

目标公司的董事为避免本公司被收购，把公司资产划分为若干部分，用出卖资产得来的资金偿还债务或者给股东派发红利、股息。这种方法相当于把原来的公司夷为平地，所以被称为焦土战术。即使公司还有大量现金，但是收购方不会用现金去购买另一家主要资产是现金的公司。焦土战术一般包括"皇冠上的宝石"和"虚胖战术"。

皇冠上的宝石（crown jewel）。一家目标公司总有自己的特殊价值，如商标、专利或者其他财产等。举例而言，如果迪斯尼公司成为被收购对象，收购方主要看上的是迪斯公司的米老鼠、唐老鸭等动画形象的版权。如果迪斯尼公司把这些动物形象的版权出售了，相当于迪斯尼公司失去了皇冠上的宝石，潜在买主也就对迪斯尼公司失去了兴趣。

"虚胖战术"（Puffiness tactics）。一个基本面很好、财务状况良好、资产质量高、潜在盈利能力强的上市公司很容易在资本市场上引起敌意收购方的注意。这类公司在面临敌意收购时就可以采取虚胖战术，使公司财务状况恶化、资产质量下降、潜在盈利能力降低，以消除敌意收购的诱因。具体做法通常包括：大量举债，使公司财务状况恶化、经营风险增加；购置大量无利可图的资产，降低资产质量；进行低效益的长期投资，使目标公司短期内资本收益率大幅减少；将公司债务安排在收购后立即到期，增加恶意收购成本等。

这种反收购措施本质上是一种自我损害，使目标公司丧失对收购方的吸引力。如果董事采取这样的措施，很容易陷入违反董事信义义务的指控。即使目标公司成功抵御了收购，但也导致公司和股东利益受到严重损害，因此这一防御收购措施的适用性并不强。

（4）帕克曼式防御。

帕克曼式防御（pac-man defense），又被称为反噬防御，是目标公司在被收购的过程中，主动收购收购方的反收购措施。这是一种"以攻代守"的反收购措施，其"以其人之道，还治其人之身"的做法，使彼此陷入持久且成本高昂的收购与反收购中。这种极端的反收购措施一般发生在目标公司与收购方彼此实力相差不大的场合。一般而言，能够在帕克曼式防御中幸存下来的公司，其现金流或者融资能力都是非常强大的。

帕克曼式防御本质上是一种目标公司收购收购方的行为，我国公司在股东大会的批准下也可以采取这种反收购措施。但是，这种反收购措施也面临"杀敌一千，自损八百"的风险，因为目标公司可能需要向收购方支付过高的股票溢价，从而使本公司价值遭受重大损失。因此，这种方法适用性也不是很强。

（5）寻求股东支持。

寻求股东支持，是指寻求那些坚持价值投资而非投机的机构投资者与社会公众投资者的支持。如果目标公司的管理层获得了这些股东的支持，在公司面临收购的时候就不用担心这些股东出售股份，而且还可以公开征集这些股东的投票权以对抗敌意收购方。为获得股东的支持，管理层必须努力提高公司业绩，提升公司市值，让坚持价值投资的股东信任现有管理层。本案中，鄂武商大股东和管理层寻求其他法人股东的支持，包括关联人、一致行动人，共同抵抗银泰系对公司控制权的争夺。

（6）防御诉讼。

防御诉讼，是指目标公司在面临敌意收购时，对敌意收购方提起诉讼，诉讼理由一般是其行为涉嫌垄断、信息披露不充分，或者在收购过程中存在欺诈等。在20世纪70年代的美国，防御诉讼曾经是一种非常有效的反收购措施，但是现在很少有公司能够依靠诉讼来获得反并购的胜利。因为在现在的并购市场上，收购方会严格从形式上符合法律要求，因此很难发现其行为的违法性。目前，防御诉讼更多被目标公司作为反收购系列措施中的一种。最常见的做法是，诉讼与白衣骑士相配合，通过诉讼来延迟收购，为引入白衣骑士赢得时间。防御诉讼在我国实践中很常见，如本案中鄂武商大股东对银泰系有关"股权未过户、冻结该部分股份"的诉讼。

4. 鄂武商国有股东、董事会的主动反收购措施

股权分置改革降低了控股股东的持股比例，这使觊觎控制权的其他股东或外部收购方有了夺取控制权的机会。对浙江银泰系争夺控制权的行动，事先没有预防性措施的鄂武商只能被迫采用主动性的反收购措施。为防止银泰通过增资方式获取控股权，武商联分别采取三种方法对银泰系进行反击并成功保住了自己控股股东的地位。

（1）与关联方、友好公司签署一致行动协议。

武商联的做法其实早有榜样。早在津劝业（600821）上演股权争夺大战时，作为控股股东的"天津劝业华联集团有限公司"就曾与"天津市国有资产经营有限责任公司"签署《一致行动人协议》，导致"天津市中商联控股有限公司"的增持计划失败。

①什么是关联方？

我国对关联方和关联交易的规定散见在不同规范性文件中。1997 年 1 月 1 日发布的《企业会计准则——关联方关系及其交易的披露》①对关联方的规定被视为一般性规定。其他法规，如中国证券监督管理委员会、国务院国有资产监督管理委员会《关于规范上市公司与关联方资金往来及上市公司对外担保若干问题的通知》对关联方的定义均采用其定义。

根据 2006 年 2 月 15 日财政部发布的《企业会计准则第 36 号——关联方披露》第 3 条规定，一方控制、共同控制另一方或对另一方施加重大影响，以及两方或两方以上同受一方控制、共同控制或重大影响的，构成关联方。控制，是指有权决定一个企业的财务和经营政策，并能据以从该企业的经营活动中获取利益。共同控制，是指按照合同约定对某项经济活动所共有的控制，仅在与该项经济活动相关的重要财务和经营决策需要分享控制权的投资方一致同意时存在。重大影响，是指对一个企业的财务和经营政策有参与决策的权力，但并不能够控制或者与其他方一起共同控制这些政策的制定。

《企业会计准则第 36 号——关联方披露》第 4 条规定："下列各方构成企业的关联方：（一）该企业的母公司。（二）该企业的子公司。（三）与该企业受同一母公司控制的其他企业。（四）对该企业实施共同控制的投资方。（五）对该企业施加重大影响的投资方。（六）该企业的合营企业。（七）该企业的联营企业。（八）该企业的主要投资者个人及与其关系密切的家庭成员。主要投资者个人，是指能够控制、共同控制一个企业或者对一个企业施加重大影响的个人投资者。（九）该企业或其母公司的关键管理人员及与其关系密切的家庭成员。关键管理人员，是指有权力并负责计划、指挥和控制企业活动的人员。与主要投资者个人或关键管理人员

---

① 此通知已于 2008 年 1 月 31 日被《财政部关于公布废止和失效的财政规章和规范性文件目录（第十批）的决定》废止。

关系密切的家庭成员，是指在处理与企业的交易时可能影响该个人或受该个人影响的家庭成员。（十）该企业主要投资者个人、关键管理人员或与其关系密切的家庭成员控制、共同控制或施加重大影响的其他企业。"

②什么是一致行动人？

根据证监会《上市公司收购管理办法》（2014年修订）第83条规定，一致行动人是指通过协议、合作、关联方关系等合法途径扩大其对一个上市公司股份的控制比例，或者巩固其对上市公司的控制地位，在行使上市公司表决权时采取相同意思表示的两个以上的自然人、法人或者其他组织。我国对"一致行动人"的界定包括四个基本点：第一，采取"一致行动"的法律依据是协议、合作、关联方关系等合法方式；第二，采取"一致行动"的手段是行使目标公司的表决权；第三，采取"一致行动"的方式是采取相同意思表示；第四，采取"一致行动"的目的是为了扩大其对目标公司持股比例，或者巩固其对目标公司的控制地位。

第83条还规定，在上市公司的收购及相关股份权益变动活动中有一致行动情形的投资者，互为一致行动人。如无相反证据，投资者有下列情形之一的，为一致行动人：A. 投资者之间有股权控制关系。B. 投资者受同一主体控制。C. 投资者的董事、监事或者高级管理人员中的主要成员，同时在另一个投资者担任董事、监事或者高级管理人员。D. 投资者参股另一投资者，可以对参股公司的重大决策产生影响。E. 银行以外的其他法人、其他组织和自然人为投资者取得相关股份提供融资安排。F. 投资者之间存在合伙、合作、联营等其他经济利益关系。G. 持有投资者30%以上股份的自然人，与投资者持有同一上市公司股份。H. 在投资者任职的董事、监事及高级管理人员，与投资者持有同一上市公司股份。I. 持有投资者30%以上股份的自然人和在投资者任职的董事、监事及高级管理人员，其父母、配偶、子女及其配偶、配偶的父母、兄弟姐妹及其配偶、配偶的兄弟姐妹及其配偶等亲属，与投资者持有同一上市公司股份。J. 在上市公司任职的董事、监事、高级管理人员及其前项所述亲属同时持有本公司股份的，或者与自己或者前项所述亲属直接或者间接控制的企业同时持有本公司股份。K. 上市公司董事、监事、高级管理人员和员工与其所控制或者委托的法人或者其他组织持有本公司股份。L. 投资者之间具有其他关联关系。

关联方不一定都成为一致行动人，但是成为一致行动人的可能性是非常大的。一致行动人签订一致行动人协议，对各方承诺事项进行记载。"一致行动人"的形成，相当于在公司股东会之外建立了一个有法律保障的"小股东会"。在股东会表决前，各方可以在"小股东会"讨论出相关结果作为各方对外的唯一结果，然后在股东会表决。如果股东没有按照协议的约定采取一致行动，其必须承担违反协议的法律责任。

（2）发布重大重组计划以停牌争取时间。

上市公司股票由于某种消息或进行某种活动引起股价的连续上涨或下跌，由证券交易所暂停其在股票市场上进行交易。待情况澄清或企业恢复正常后，再复牌。对上市公司股票进行停牌，是证券交易所为维护广大投资者的利益和市场信息披露公平、公正，以及对上市公司行为进行监管约束而采取的必要措施。

我国《证券法》规定，因突发性事件而影响证券交易的正常进行时，证券交易所可以采取技术性停牌；因不可抗力的突发性事件或者为维护证券交易的正常秩序，证券交易所可以决定临时停市。一般来说，股票停牌有以下原因：①上市公司有重要信息公布时，如公布年报、中期业绩报告、召开股东会、增资扩股、公布分配方案、重大收购兼并、投资，以及股权变动等；②证券监管机关认为上市公司须就有关对公司有重大影响的问题进行澄清和公告时；③上市公司涉嫌违规需要进行调查时。至于停牌时间长短，则要视情况而定。

2018 年 11 月 6 日，证监会发布《关于完善上市公司股票停复牌制度的指导意见》对上市公司股票停复牌制度作出了进一步完善。①确立上市公司股票停复牌的基本原则，最大限度保障交易机会。明确以不停牌为原则、停牌为例外，短期停牌为原则、长期停牌为例外，间断性停牌为原则、连续性停牌为例外。上市公司发生重大事项，应当按照及时披露的原则，分阶段披露有关事项的具体情况，不得以相关事项不确定为由随意申请股票停牌，不得以申请股票停牌代替相关各方的保密义务。②压缩股票停牌期限，增强市场流动性。进一步缩短重大资产重组最长停牌期限；明确上市公司破产重整期间其股票原则不停牌；并购重组委审核期间，上市公司股票在并购重组委工作会议召开当天应当停牌。上市公司股票超过规定期限仍不复牌的，证券交易所应当强制复牌。③强化股票停复牌信息披露要求，明确市场预期。④加强制度建设，明确相应配套工作安排。据此，在证券市场上以停牌为手段进行反收购似乎更加困难了。

（3）以收购方违法为由提起诉讼。

本案中有两个重要诉讼。一是武汉国资公司于 2006 年 4 月 18 日对华汉投资提起的诉讼；二是鄂武商股东武开投起诉浙江银泰投资有限公司（浙银投）涉嫌违反我国外资收购上市公司的法律法规、在二级市场违规增持公司股份。

武汉国资公司于 2006 年 4 月 18 日对华汉投资提起的诉讼。武汉国资公司以资产保全为由，申请将华汉投资所持有的 2.43% 的鄂武商股份进行司法冻结。此后，双方一直处于僵持状态。直到 9 月初，双方才签署一份《合作谅解备忘录》。双方就华汉投资所持有的 2.43% 股权达成协议：银泰方面承诺放弃对这部分股权的主张，并同意武汉国资公司用现金方式出资 2119.38 万元予以替换。以此为条件，武汉国资公司也同意银泰提出的进入鄂武商董事会，共同推进公司管理与发展的要求。

2011 年 5 月 27 日，鄂武商股东武开投于 5 月 18 日向武汉市江汉区人民法院对浙江银泰投资有限公司（浙银投）提起诉讼，理由是浙银投涉嫌违反我国外资收购上市公司的法律法规、在二级市场违规增持公司股份。2011 年 7 月 12 日，武开投诉浙银投在江汉区法院第二法庭开庭。

武开投认为，2010 年 5 月 18 日，杭州市对外贸易经济合作局出具了

《准予设立外资企业浙江银泰投资有限责任公司行政许可决定书》，随后，浙银投于2010年6月7日经杭州市工商行政管理局核准注册成立，企业类型为有限责任公司，其股东为银泰百货有限公司。2011年3月28日、4月6日以及4月13日，浙银投连续在二级市场增持鄂武商股份。截至5月18日，浙银投通过二级市场共持有鄂武商945.2万股股份。浙银投是外商独资的投资性公司，在未经批准的情况下，直接通过二级市场持有鄂武商股票的行为，违反了国家的相关规定。武汉市江汉区人民法院受理此案后，武开投以证据保全为由冻结了浙银投证券账户中部分鄂武商股票。浙银投对此案的管辖权提出异议。

武开投认为，根据浙银投的企业类型、经营范围以及相关法律法规的规定，浙银投在性质上应属外商独资的投资性公司。根据2006年1月5日颁布的《外国投资者对上市公司战略投资管理办法》，外国投资者可以按照相关规定对国内上市公司进行战略投资，但必须局限于协议转让、定向增发或国家法律规定的其他方式取得A股上市公司股份的情况。显然，浙银投在二级市场增持不符合这一规定。根据我国法律，外国投资者不得在二级市场自由买卖上市公司A股股份，因此浙银投3月以来买卖鄂武商A的行为，明显违法，侵害了武开投作为鄂武商股东的合法权益。

武开投提出了五项诉讼请求：①判令被告浙银泰持有鄂武商股份属于侵权行为，日后不得增持；②判令浙银泰出售所持有的鄂武商股份，收益所得归鄂武商所有；③判令浙银泰违法持有的股票不享有表决权等股东权益；④判令浙银泰向原告武开投赔偿损失200万元；⑤判令被告败诉，诉讼费用由被告方承担。

事实上，原告武开投的理由并不成立。首先，浙江银泰虽然是外商投资，但是其本身却是在中国境内注册成立的中国公司；其次，在近期的一组收购行为之前，浙江银泰已经作为鄂武商的第二大股东而存在，具备上市公司股东这一"适格主体"身份。至于在二级市场上涉嫌违规增持股份的诉讼请求，浙江银泰每一次增持都未超过5%的收购比例，且已经履行信息披露义务；同时，每一次增持后均未掌握对鄂武商的控股权，因此无须出具相关的核查意见。综上，浙银投违规增持的说法恐难成立。至于武开投选择在此时将浙江银投诉至法院，很可能上是武汉国资的一种反收购行为。

（四）银泰系提议召开、召集与主持临时股东大会的合法性分析

银泰系作为持股超过 20% 的大股东，一方面迟迟进入不了董事会，另一方面又因鄂武商近几年效益较差，无法获得分红。无论是从战略投还是财务投资角度而言，都没有实现最初投资的目的。银泰系派代表进入鄂武商董事会、参与鄂武商公司治理的意愿日益显现。特别是在鄂武商业绩一直低位徘徊、股价难以提高的情况下尤为强烈。在与大股东协商未果的情况下，银泰系不得已与一致行动人提议召开临时股东大会。

1. 临时股东大会的提议召开权人

股东投票权是股东的固有权利，但是如果无法顺利召集股东大会，股东也就失去了行使投票权的平台。赋予股东临时股东大会的提议召开权以及自行召集权是非常必要的。各国公司法一般规定，股东大会由董事会召集。但有时董事会只是大股东的"影子"，在大股东侵害公司利益时，董事会很有可能不召集"应当召集"的股东大会。针对这种情况，各国公司法还赋予股东"临时股东大会的提议召开权"，但同时也对其行使作出一些限制。

根据我国《公司法》第 100 条规定，有下列情形之一的，应当在 2 个月内召开临时股东大会：……（3）单独或者合计持有公司百分之十以上股份的股东请求时。据此，必须是单独或者和其他股东合计持股达到 10% 以上的股东才有权提议召开。因此，提议召开临时股东大会的股东权，属于少数股东权。单独股东权，是指凡是持有一股的股东就可以享有的权

利，如决策权、知情权等。但是，对于一些重要权利，如提议召开临时股东大会的权利，必须是持股达到一定比例的股东才享有。

2006年8月9日，合计持有鄂武商15.86%股份的股东武汉银泰、浙江银泰，就有关任免董事的议案向鄂武商董事会提出召开临时股东大会的请求。一般而言，应当由董事会履行具体召集的义务。但是至8月18日，鄂武商董事会未在规定时间内给予明确回复。按照《公司法》的规定，如果董事会不召集，则应当由监事会召集。因此，8月19日，武汉银泰、浙江银泰又向鄂武商监事会提出召开临时股东大会的请求。8月23日，监事会给予"近期不宜召开临时股东大会"的回复。显然，监事会也拒绝召集。因此，银泰决定自行召集。

2. 股东大会的提案权人

（1）主提案权人。

公司法一般授权董事会安排并决定股东大会的议程和决议事项，从而为控股股东控制股东大会提供了机会。对于少数股东而言，他们不仅希望参与股东大会，更希望就关系公司发展以及自身利益的问题提出自己的议题。但是鉴于公司的资合性，依照持股比例决定股东对公司经营决策的影响程度。相应地，中小股东很难决定股东大会的议程和议题。对于股东大会的事项，大多数时候只有选择是否同意议题的权利，而不享有选择议题的权利。针对这一弊端，公司法又规定了补充提案权人，一般来讲这种权利被赋予少数股东。

（2）补充提案权人。

为保护中小股东的利益，保证其意思能够在股东大会上进行讨论、决议，各国和地区普遍赋予少数股东以提案权，如英、德、日、美、韩等国。我国台湾地区"公司法"也增列一定持股比例以上股东提案权相关规定。其预期效益在于落实民主精神，强化公司管控机制；加强公司法制之

"国际化"。①

我国《公司法》没有明确规定股东作为补充提案权人，但是《公司法》有关股东有权提议召开临时股东大会的规定，可以视为股东作为补充提案权人的依据。据此，持股 10% 以上的股东和监事会应当享有提案权。对于股东而言，这也是一种少数股东权。股东主要提出董事不愿意提出的提案，如罢免不称职董事，以公司名义追究损害公司利益的董事、经理的法律责任；提名由股东代表出任监事候选人及独立监事候选人；提出解聘或不再续聘会计师事务所、独立董事等。

持股 10% 以上的股东应以书面形式向公司董事会提出会议议题和内容完整的提案。对于书面提案，董事会要进行审查。审查合格，作出同意召开股东大会决定的，应当发出召开股东大会的通知，通知如果对原提案作出了变更，应当征得提议股东的同意。如果董事会认为提议股东的提案违反法律、法规或者《公司章程》，审查不合格，应当作出不同意召开股东大会的决定，并将反馈意见通知提议股东。提议股东可在收到通知之日起 15 日内决定放弃召开临时股东大会，或者决定请求监事会来召集，如果监事会不召集，股东可以自行召集。

（3）临时提案权人。

我国《公司法》第 102 条第 2 款规定："单独或者合计持有公司百分之三以上股份的股东，可以在股东大会召开十日前提出临时提案并书面提交董事会；董事会应当在收到提案后二日内通知其他股东，并将该临时提案提交股东大会审议。临时提案的内容应当属于股东大会职权范围，并有明确议题和具体决议事项。"这一规定无疑为确保股东尤其是中小股东的权益提供了法律支持。持股 3% 的股东是指单独或者合计持有 3%，这是一项少数股东权。

---

① 刘绍梁：《台湾地区公司法制的迷思与挑战：以"公司法"与"金融法规"修正为中心》，载《商事法论集》（第 7 卷），法律出版社 2002 年版。

股东的临时提案必须注意时间的限制。董事会要召集股东大会的会议，要提前通知。①如果召开定期会议，必须在会议召开前 20 日通知。②如果召开临时会议，必须在会议召开前 15 日通知各位股东。③如果对无记名股东，只能公告送达，必须在会议召开前 30 日通知。在董事会发放的会议通知中应当列出各项提案，但是股东如果提出临时提案无法列入董事会的会议通知中，这就需要董事会再发一次有关议题的通知，所以需要提出临时提案的股东遵循法定时间要求。按照《公司法》的规定，股东必须提前 10 日向董事会提出临时提案，董事会在接到提案之后 2 日内必须把提案通知其他股东，并将该临时提案提交股东大会审议。

鄂武商案中，银泰方面表示，从 6 月开始，银泰就提议召开临时股东大会，要求增派董事，希望进入董事会的名额也从 3 个降为 1 个，但却屡遭拒绝，鄂武商董事会和监事会的不配合，直接导致股东行使"临时提案权"。9 月 11 日，合计持有公司 5.47% 股份的深圳市银信宝投资发展有限公司、鼎能置业开发有限公司、杭州卓和贸易有限公司向"银泰系"书面提交临时提案，要求鄂武商提高下属武汉广场的租金，即"提租议案"。9 月 21 日，银泰方面召集并主持的鄂武商 2006 年第二次临时股东大会如期举行。经过两个多小时的对决，投票结果显示，三项提案中只有"提租议案"以微弱优势通过。银泰提出的罢免天泽董事、选举周明海进入董事会的两个议案均被否决。

3. 股东大会的召集权人和主持权人

（1）主召集权人和主持权人。

《公司法》第 101 条规定："股东大会会议由董事会召集，董事长主持；董事长不能履行职务或者不履行职务的，由副董事长主持；副董事长不能履行职务或者不履行职务的，由半数以上董事共同推举一名董事主持。董事会不能履行或者不履行召集股东大会会议职责的，监事会应当及时召集和主持；监事会不召集和主持的，连续九十日以上单独或者合计持有公司百分之十以上股份的股东可以自行召集和主持。"据此，公司股东大会的主要召集权人是董事会，主持权人是董事长。如果董事会不召集，董事长不主持，则由监事会召集，监事会主席主持。

（2）补充召集和主持权人。

如果董事会或监事会拒绝召集，董事长或监事会主席拒绝主持，对于股东的召集临时股东大会的权利，《公司法》规定，必须是连续 90 日单独或者合计持有股份公司 10% 以上股份的股东召集并主持。

《公司法》对股份有限公司股东的召集权和主持权，不仅有持股数量的要求，更有持股时间的要求。这在一定程度上是出于对公司经营稳定性的考虑。股份有限公司股东转让股份非常自由，尤其是上市公司，因此收购方能够比较容易地收购到 10% 的股份。如果赋予其立即召集临时股东大会的权利来更换董事、监事，就会导致目标公司控制权的更迭过于频繁，不利于公司经营稳定。因此，《公司法》规定，必须连续 90 日持有公司 10% 股份的股东才有权召集和主持股东大会。

本案中，在鄂武商董事会与监事会都不理睬的情况下，2006 年 9 月 1 日，合计持有鄂武商 15.86% 股份的武汉银泰和银泰百货发出通知，拟于 9 月 21 日自行召集临时股东大会。提出三个议案：①罢免一名董事以腾出名额；②银泰系拟向鄂武商委派一名董事；③提高武汉广场租金。银泰认为，胡波是鄂武商原股东武汉证券有限公司委派到鄂武商的董事，2005 年 5 月 10 日武汉证券持有鄂武商的股份已经依法被裁定给天泽控股有限公司，胡波已无法行使股东权利并履行股东义务，不再适合担任鄂武商董事。银泰还表示，武汉银泰、浙江银泰已成为鄂武商的重要股东，有必要委派董事行使股东权利并履行股东义务。

在临时股东大会召开前，武汉国资公司以《异议函》的形式，直指提租议案在提案时效、提案人身份及提案内容三个方面存在争议。武汉国资公司认为，股东不应越俎代庖、代替经营层和董事会提出具体方案。武汉国资不仅反对银泰系进入董事会，还反对武汉广场提租。银泰系在委派代表进入董事会议案上主动弃权，但在提租议案上寸步不让。显然，作为大股东的武汉国资公司的理由无法得到《公司法》的支持。股东享有提议召开临时股东会、提出议案，以及召集和主持股东大会的权利，是我国《公司法》所规定的股东的法定权利。

4. 股东的表决权

对于我国股份有限公司而言，股东表决权与其持股比例密切相关，换言之，实行严格的"一股一票"原则。《公司法》第 103 条规定："股东出席股东大会会议，所持每一股份有一表决权。但是，公司持有的本公司股份没有表决权。股东大会作出决议，必须经出席会议的股东所持表决权过半数通过。但是，股东大会作出修改公司章程、增加或者减少注册资本的决议，以及公司合并、分立、解散或者变更公司形式的决议，必须经出席会议的股东所持表决权的三分之二以上通过。"因此，股份有限公司的股东大会决议，绝对是大股东支配小股东。

银泰系的提案都属于普通事项，只需要经过出席股东大会的股东所持表决权的过半数通过即可。2006 年 9 月 21 日下午，鄂武商临时股东大会召开。从现场的投票情况来看，除武汉国资公司及一致行动人外，武汉本地的鄂武商法人股东全都与武汉国资公司保持一致，所有参会的武汉本地公司均对议案投了反对票。参会的中小流通股股东表决情况不一，但大多数对议案投了赞成票。从网上的投票情况来看，参加网上投票的股东共计669 人，代表股份总数 1.3 亿股，对银泰系派代表进入董事会议案，赞成票为 2847.34 万股，占网上投票总数的 21.88%；对提租议案，赞成票达到 1.22 亿股，占网上投票总数的 93.94%。显然，中小股东对议案，特别是提租议案的投票结果有相当重要的影响。[1] 最终表决结果是，罢免天泽董事选举银泰系代表进入董事会的议案未获通过，而提租议案则以刚过半

---

① 樊炳清：《鄂武商控股权之争的股东行为分析》，载《理论月刊》2007 年第 1 期。

数通过。武汉国资公司尽管阻挡了银泰系进入董事会，但银泰系的提租议案得以通过。

（五）结论与反思：正视民营资本的诉求

本案中，鄂武商成为国有股东武汉国资公司与民营企业股东银泰系控制权争夺的对象。在这种争夺中，从技术层面来看，无非就是鄂武商在股份分置改革后，没有充分预料到本身被收购的可能性，因此未采取预防性的反收购措施，当面临来自银泰系的收购时，反应不够及时，防御措施也不多样。但是，国有股东因其特殊的国有背景，使其在极短时间内就与其他股东结成一致行动人，从而保持了控股地位，对董事会的控制也固若金汤。

1. 不同视角、不同立场下的不同结论

从道义层面来看，显然武汉国资最初引入银泰系的时候与银泰系达成了共识，即银泰系并不谋求成为控股股东，也不会觊觎鄂武商的控制权。但是后来，银泰系一改当初承诺，不断从证券二级市场收购股份，并且通过协议受让的方式收购股份，其成为大股东的意图昭然若揭。显然，银泰系似乎违反了当初投资鄂武商的承诺，似乎应当受到道义上的谴责。

从国有资产保值增值的立场来看，武汉国资公司联合关联人、一致行动人共同实现对鄂武商的控制，鄂武商国有企业的背景以及国有股东控制的情况不会发生任何变化。在与咄咄逼人的民营企业银泰系的竞争中，国有股东显然是胜出了。

显然，从不同角度，站在不同立场，会思考不同的问题。在国有企业改革的特定时代背景下，在国有股东与民营企业股东对公司控制权的争夺下，在现代收购与反收购市场的不断成熟中，我们应该有些什么思考？

从技术和法律层面考虑，在股权分置改革的大背景下，公司控制人

必须未雨绸缪，在公司章程中采取预防性的反收购措施的约定。否则，就会如同武汉国资公司，在面对银泰系的凶猛攻势的时候措手不及、慌不择路，令鄂武商董事会和经营层进退维谷。

从道义层面考虑，当初武汉国资公司肩负政府企业重组的使命，为鄂武商引进了战略投资者银泰系，本以为有了对方不当第一大股东的承诺，国有股东就会一直牢牢把握公司控制权。但殊不知，资本逐利性在民营企业身上表现得比国有企业要强烈得多。民营资本投资公司，绝不是助人为乐，而是为了获得最大利益。当他们将大笔资金投入其认为有盈利前景的上市公司后，由于管理层原因而迟迟不能给他们实实在在的投资回报，他们的耐心是有限度的。要么小赚一笔之后用脚投票逃离公司，要么放弃承诺，增持股份，以获得大股东地位取得对公司的控制权，从而获得更稳定的投资收益。银泰系在迟迟无法获得投资收益的情况下，选择采取增持以获得控制权的方式。

2. 将控制权之争作为一种正当的市场行为

事实上，控制权之争本来就是上市公司最具魅力的市场行为，只要严格按照法律法规运作，都是被允许的。收购是一种商业行为，是以经济利益为最高目标，对此，不能以传统道德观念和标准进行评判。对于国有股东而言，在民营企业逐利需求所导致的并购频发的情况下，国有股东如果不能迅速转变观念，时刻保持对市场的敏感性，不断改善公司治理并且提高公司经营业绩，就有可能在收购中丧失对公司的控制权。因此，是否会发生控制权争夺以及争夺结果如何，在很大程度上取决于公司治理是否足够健全、业绩是否足够优秀。在投资人对于公司治理与业绩都非常认同的情况下，公司被收购的情况是非常少见的。

从国有股东与民营股东之间的角逐来看，即使国有股东存在问题，但民营资本依然很难在与国有股东的竞争中胜出。太多例子证明，民营资本想要从各级国资委手中获得上市公司控制权，几乎是一项不可完成的任务。国有股东得天独厚的优势，使其即使在面临来自民营企业的收购时，依然能够在短时间、轻易地建立联盟，共同对抗来自民营企业的收购。因为在很多时候，尽管持股主体形式上是多元化的，但是其最终的实际控制人依然是国资。尽管在平时作为不同的投资主体而出现，但是一旦在面临收购的节点，这些主体能够非常容易地联合在一起，共同对抗外来收购。作为无法获得控制权的一种回应，在鄂武商国有股东后续发出的部分收购中，银泰系逢高减持，变现部分股份，显然也是为了使自己的股东权获得"收益性"回报。从国有股东角度而言，有的时候其在不断增持的时候，不一定完全考虑的是成本与收益，而更多地是为了保持对公司的控制权，不计成本的收购股份以获得控制权就是必然的了。然而，这并不符合国有资产保值增值的基本要求。

公司控制权市场上的收购与反收购是一种极其重要的促进公司治理得以完善的外部治理手段。在消除不必要的收购壁垒后，高效的并购市场能够真实地反映公司治理状况，并激发目标公司股东和董事会切实反思公司治理与经营业绩。这种外在的软约束，作用尽管不是直接的，但影响却是深远的。

"站在门口的野蛮人"：
宝能与万科之争

【引言】

股权分散下的上市公司收购与反收购

早在 1994 年，万科就曾经被君安证券争夺过控制权，即所谓"君万之争"。虽然这次控制权争夺以管理层的胜利而告终，但是也在一定程度上暴露了万科公司治理的一些弊端。此后，万科作为我国房地产行业的龙头企业，发展态势一路向好，但是其治理结构的不足却依然是一个可能随时爆发的隐患。在某种意义上，近期的"宝万之争"不仅是收购方与管理层的博弈，更是万科治理问题的集中爆发。

2015 年年初，宝能系出于自身利益开始在证券二级市场公开收购万科股份，但万科前期较为轻敌，一是万科体量巨大，要耗费很多资金；二是认为大股东华润对万科有信心，会增持。因此，万科管理层没有及时采取有效的反收购措施。但是，万科忽视了宝能系巨大的现金流能力，导致华润集团丧失了最大股东的地位。此后，万科开始采取反收购 A 方案，引入白衣骑士深圳地铁，但其未经董事会决议便与深圳地铁达成换股协议，引发大股东华润的不满。华润与宝能尽管各自利益不同，但是对于万科引入深圳地铁都表示了反对。尽管两大股东反对，2016 年 6 月 17 日，万科董事会仍然通过深圳地铁重组预案。

2016 年 6 月 26 日，宝能旗下两家公司——钜盛华和前海人寿，联合向万科董事会提出召开临时股东大会，提出包括罢免王石、郁亮等十位董事，及两位监事在内的十二项议案。2016 年 7 月 1 日，万科董事会召开会议，全票通过"关于不同意深圳市钜盛华股份有限公司及前海人寿保险股份有限公司提请召开 2016 年第二次临时股东大会的议案"。

万科启动反收购 B 方案，黑石与恒大介入，但都未能获得第一大股东地位，更不要说控股了。2016 年 12 月 18 日，万科宣布，因部分主要股东对重组方案无法达成一致，决定终止与深圳地铁集团的重组。至此，万科欲请深铁作为"白衣骑士"的计划失败。但最终大股东作出谅解，华润和恒大将股份转让给深圳地铁，深圳地铁成为万科第一大股东。但此时的深圳地铁已经不再是当初的白衣骑士了。王石退位，郁亮成为新一任董事。

一、案情①

（一）宝能系突袭收购万科股份

万科股份有限公司（以下简称万科）成立于1984年，主要经营范围是房地产开发和物业服务，是国内领先的房地产公司。作为创始人和董事长的王石，在1994年的万科股改中，带头放弃了40%的股权，成为一名职业经理人。在万科中，整个管理层的持股加起来只有约1%。在股权极为分散、大股东华润又很少插手公司事务的情况下，以王石为核心的万科管理层成为万科的实际控制者。

2014年5月28日，深圳盈安财务顾问企业（以下简称盈安合伙）首次购入万科A，当时股价约为每股8.45元。随后，在6月、8月和9月，盈安合伙又密集增持。2015年1月，在万科控制权之争爆发前，盈安合伙最后一次增持万科，共使用约4.52亿元资金，购入4.94亿股，持股比例增至4.48%，平均购入价格为每股13.26元。

自2015年1月始，宝能系通过旗下钜盛华、前海人寿等一致行动人，在二级市场连续增持万科股份。

2015年7月至8月，宝能系三次举牌万科，最终持股达到15.04%。此时，宝能系已经超过华润14.89%的持股比例，成为万科第一大股东。

2015年8月31日和9月1日，华润两度增持万科，增持完成后，华

① 参见张华、胡海川、卢颖：《公司治理模式重构与控制权争夺——基于万科"控制权之争"的案例研究》，载《管理评论》2018年第8期。

润共计持有万科约 15.29% 的股份，重回万科第一大股东的位置。

2015 年 12 月 4 日，钜盛华通过资产管理计划再次买入万科 549 091 001 股，占公司总股本的 4.969%。至此，钜盛华及其一致行动人前海人寿合计持有万科 A 股股票 2 211 038 918 股，占公司总股本的 20.008%。宝能系正式成为万科第一大股东。

（二）万科管理层欲引入安邦、深铁，大股东华润持异议

2015 年 12 月 7 日，安邦举牌万科，持股达 5%。

2015 年 12 月 17 日，万科董事长王石公开宣称不欢迎宝能系成为第一大股东。在此期间，深交所向钜盛华发出关注函。钜盛华回复称，资金来源合法，信息披露合规。

2015 年 12 月 18 日 13 时起，万科开始停牌。

2015 年 12 月 23 日，安邦增持万科，持股比例增至 6.18%，成为第三大股东。

2015 年 12 月 23 日，万科发布《关于欢迎安邦保险集团成为万科重要股东的声明》，称已与安邦进行沟通，欢迎其成为万科重要股东，并希望与安邦展开后续合作。安邦则回应称支持万科管理层。

2015 年 12 月 24 日，宝能系动用资金超过 400 亿元，占万科总股本的 24.25%，稳据第一大股东的位置。

2015 年 3 月 12 日，万科与深圳地铁集团签署战略合作备忘录。备忘录记载了拟议交易的初步意向，除费用、保密、终止、法律适用与争议解决等一般性条款外，其他条款均不对深圳地铁集团及万科公司产生法律约束力。备忘录并未约定重组中对应的股权比例和股份价格。如果未来交易仍需进行，还需要经过公司董事会和股东大会的审议。

2016 年 3 月 17 日，万科申请继续停牌。

2016 年 3 月 18 日，万科股东大会结束后，华润表示，"万科与深圳

地铁签订合作备忘录，没有经过董事会讨论通过，存在程序问题"，并称"华润派驻万科的董事已经向有关监管部门反映了相关意见，要求万科经营依法合规"。但实际上，根据《公司法》及《章程》，签署无法律约束力的备忘录，并不必须经过董事会的决议。

2016 年 6 月 17 日，万科发布股份购买资产预案，拟向深圳地铁有限公司发行 28.72 亿股，每股 15.88 元，以 456.13 亿元收购深铁持有的前海国际 100% 股权。同日，万科召开董事会审议发行股份购买深圳地铁预案。万科董事会共有十一名董事（见表 2），其中一名独立董事认为自己有潜在关联与利益冲突，申请不对相关议案进行表决，最后由十名董事进行表决。表决的最终结果：三位董事反对，七位董事赞成，一位董事回避表决，董事会以超过 2/3 的票数通过此次预案。其中，华润派驻万科的三位董事集体投反对票（见表 3）。最终，万科与深圳地铁签署《发行股份购买资产协议》。

表 2　万科第十七届董事会结构

姓名	职务	代表利益方	姓名	职务	代表利益方
王石	董事会主席	A	陈鹰	非执行董事	B
郁亮	总裁	A	张利平	独立董事	C
王文金	执行副主裁	A	华生	独立董事	C
孙建一	外部董事	A	罗君美	独立董事	C
魏斌	非执行董事	B	海闻	独立董事	C
乔世波	非执行董事	B			

表 3　万科董事会关于发行股份购买资产暨关联交易方案的议案决议公告 [①]

议项	决议内容	同意	反对	反对方反对原因
1	标的资产和交易双方	10	0	
2	标的资产的预估值、定价原则及支付方式	7	3	B. 风险大；项目盈利能力压力；部门鉴定影响项目开发进度；短期内难实现收入
3	发行股份的种类和面值	7	3	B. 不赞成以发行股份方式支付对价
4	发行对象	7	3	B. 无必要发行新股，如需要发行应避免大幅度摊薄现有股东权益
5	定价基准日、定价方式和发行价格	7	3	B. 建议用现金支付交易对价，或在项目层面与地铁集团成立合资企业
6	发行数量	7	3	B. 增发 A 股后，需额外增发 0.85 亿股 H 股
7	发行方式	7	3	B. 应该用债权融资或在项目层面成立合资企业的方式与地铁集团合作
8	对价股份的锁定期	7	3	B. 反对以发行股份方式支付对价
9	对价股价拟上市地点	7	3	B. 反对以发行股份方式支付对价
10	标的资产期间损益归属	10	0	
11	标的公司滚存未分配利润安排	10	0	
12	本次发行前公司滚存未分配利润的安排	10	0	
13	本次发行股份购买资产相关决议有效期	7	3	B. 不赞成公司发行股份购买深圳地铁资产

注：B 表示华润。

根据《章程》，并购案应经董事会 2/3 以上董事表决同意。万科认为，回避票不应计入计算基础，7/10 超过 2/3，决议生效。华润则认为，回避票应纳入计算基础，7/11 小于 2/3，决议不生效。

2016 年 6 月 18 日，华润发出五点声明，解释为何对重组议案投反对票，并对万科已发布公告的法律效力提出质疑。与此同时，深交所向万科

---

① 资料来源：万科第十七届董事会第十一次会议决议公告。

就关联董事的独立性、独立董事回避表决的合规性等方面进行问询。几天后，万科出具《回复函》，称根据《公司法》和万科《章程》，董事会上的决议有效，张利平也符合独立董事的任职资格。这一说法得到深交所的默认。

（三）宝能欲改组董事会未果，万科反击

2016年6月26日，宝能系钜盛华和前海人寿，联合向万科董事会提出召开临时股东大会，提出包括罢免王石、乔世波、郁亮等七名董事，三位独立董事，以及两位监事在内的十二项议案。

2016年6月27日，万科召开2015年度股东大会，宝能系否决万科2015年度董事会、监事会报告。

2016年6月27日，深交所发函，指出华润与宝能系存在诸多接触，双方同时宣布联手否决引入深圳地铁的预案，华润与宝能系需要说明彼此是否互为一致行动人。

2016年6月29日，华润发出公告，否认一致行动人关系；2016年6月30日，宝能给深交所回函，申明双方非一致行动人关系。

2016年6月30日，华润声明，不同意宝能系提出的罢免案万科王石、郁亮等董事的提案，表示华润会从万科长远发展的角度考虑万科董事会、监事会的改组。

2016年7月1日，万科董事会召开会议，全票通过"关于不同意深圳市钜盛华股份有限公司及前海人寿保险股份有限公司提请召开2016年第二次临时股东大会的议案"。

2016年7月7日，宝能系持股比例达25.4%，第五次举牌。

2016年7月，万科工会向深圳市罗湖区人民法院起诉万科主要股东——钜盛华、前海人寿，以及其背后的南方资本、泰信基金与西部利得等资管计划，理由是被告涉及未履行向证监会的书面报告义务、未严格按

照《证券法》《上市公司收购管理办法》的要求履行信息披露义务、增持属于无效民事行为。罗湖法院受理了该案。宝能系对罗湖法院是否有管辖权提出异议，罗湖法院随后出具民事裁定书，裁定罗湖法院有管辖权。宝能系不服，上诉至深圳市中级人民法院。中级人民法院驳回，维持原裁定。

2016 年 7 月 19 日，万科向监管部门提交《关于提请查处钜盛华及其控制的相关资管计划违法违规行为的报告》。证监会以"三个不顾"回应：置资本市场稳定于不顾，置公司可持续发展于不顾，置公司广大中小股东利益于不顾。深圳证监局要求双方谈话，同时要求万科与各方股东积极磋商，妥善解决争议。

（四）恒大加入，成为万科第三大股东

2016 年 8 月 4 日，恒大购入约 5.17 亿股万科 A 股，持股比例 4.68%。恒大表示，购买万科是因其为中国最大房地产开发商之一，且财务表现强劲。

2016 年 11 月 17 日，恒大增持至 9.452%。11 月 23 日，恒大二次举牌，持有万科总股份的 10%。11 月 29 日，增持至 14.07%。根据万科的股本结构，大股东宝能系持股 25.40%，华润持股 15.31%。此次，恒大持股增至 14.07%，成为万科第三大股东，且与第二大股东持股比例非常接近。

2016 年 12 月 17 日，恒大对增持万科一事表态，称无意做万科控股股东。

2016 年 12 月 18 日，万科宣布，因部分主要股东对重组方案无法达成一致，决定终止与深圳地铁集团的重组事项。至此，万科欲请深铁作为白衣骑士的计划失败。

（五）华润转让、恒大抽身，深铁最终控股

2017 年 1 月 12 日，华润及其全资子公司——中润国内贸易有限公司与深圳地铁集团签署《关于万科企业股份有限公司之股份转让协议》，拟以协议转让的方式，将其合计持有的公司 1 689 599 817 股 A 股股份，全部转让给深圳地铁集团。

2017 年 2 月 25 日，保监会先后发布对前海人寿和恒大人寿的处理意见，分别给予两家公司相应的行政处罚。恒大人寿公司被限制股票投资 1 年，两名高管分别被禁入保险业 5 年和 3 年。此外，还有一份监管函，主要内容包括：下调权益类资产投资比例上限至 20%，责令撤换另外两名相关责任人，责令就有关问题进行整改等三项监管措施。

2017 年 3 月 16 日，恒大让渡所持万科股份的表决权。恒大集团与深圳地铁集团签署战略合作框架协议，将持有的万科股份（约占万科总股本 14.07%）的表决权不可撤销地委托给深圳地铁行使，期限一年。同时，恒大表示不再增持万科股票，并将万科的权益在财报中入账为"可供出售金融资产"。至此，深铁集团拥有万科合计 29.38%（15.31%+14.07%）的表决权，超过宝能系，最终获得万科的控制权。深铁集团还表示，不排除未来一年内继续增持万科股份。3 月底，万科被划归深圳市属国资房地产企业。

2017 年 6 月 9 日，恒大将所持有的约 15.5 亿股万科 A 股份（约占公司总股本的 14.07%）以协议转让的方式全部转让给深圳地铁集团。至此，深圳地铁集团持有约 32.4 亿股股份，占公司总股本的 29.38%，超过宝能所持有的 25.4% 的股份，成为万科第一大股东。至此，宝万之争尘埃落定。

2017 年 6 月 21 日，万科公告新一届董事会候选名单，王石宣布将接力棒交给郁亮。

二、评析与经验法则

（一）万科控制权争夺的直接动因

1. 分散的股权结构

万科是 A 股市场上为数不多的股权分散、无实际控制股东的上市公司。宝万之争爆发前，万科前十大流通股股东的持股比例共占总股本的37.23%，最大股东华润仅持股 15.23%。较之于我国民营上市公司第一大股东持股比例平均值 32.61% 而言，股权的集中程度很低。[①]

在前十位股东中，除华润和自然人王石外，其他股东几乎都是各类投资基金，管理层实际持股比例不到 1%（见下图）。即使考虑到万科的事业合伙人制——万科盈安合伙持有 4.14% 的股份，管理层加上盈安合伙也只是联合持有约 5% 的股份，也难以抵御宝能系不计成本的大规模进攻。万科分散的股权结构为收购者以较低成本完成收购提供了便利，也为自身带来了被收购的隐患。

---

① 阴晓江：《我国上市公司股权分散问题研究》，载《财会学习》2017 年第 7 期。

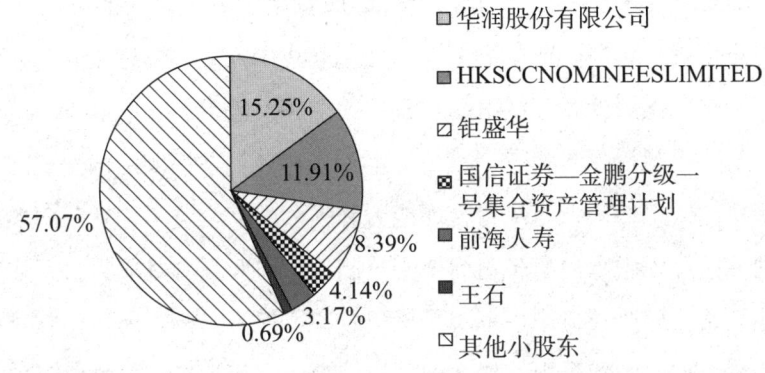

2015 年万科各股东持股比例

2. 被低估的股价

万科经营状况良好，盈利能力比大部分同行业企业要好且每年稳步上升，财务表现强劲。2011 年至 2015 年的每股收益分别为 0.88 元、1.14元、1.37 元、1.43 元和 1.64 元。但是，与其他房地产企业相比，万科股票的表现却乏善可陈。以 2007 年 10 月的收盘价为 100%，到 2015 年 6 月末，万科 A、金地集团、保利地产复权价分别相当于基准日的 67%、93%和 110%。

万科股价并没有切实反映万科的经营情况，2014 年万科股价大部分时间都在 10 元以下运行，2015 年 6 到 11 月股价在每股 13 元 ~16 元波动，直到 2015 年 12 月才逐渐超过每股 20 元。股价被低估，对公司的稳健经营和长远发展不利，但万科的管理层对此一直没有高度重视。

3. 管理层而非大股东对公司实际控制

以王石为代表的管理层重视引入各种资源和资金，欢迎实力雄厚且值得信赖的大股东为公司发展提供支持。自 1991 年万科在深圳交易所挂牌上市后，经过多次增发、配股，万科的股权渐渐分散。2000 年，万科又成功引进国资委直属企业华润集团。在华润集团入股后的近十六年中，更像是一个财务投资者，甘做不介入管理的第一大股东。

从公司控制权配置状态来看，资本在万科并不掌握实际话语权，管理层凭借卓越的房地产行业经营管理能力和强大的社会资本，在公司股权的集中到分散过程中掌握了公司的核心控制权，而股东则甘愿将公司实际控制权让渡给管理层，自己坐享丰厚投资收益。但是，一旦公司面临被收购的威胁，管理层固然会担心失去控制权，采取一系列反收购措施，但是在章程没有特别规定的情况下，所能够采取的反收购措施极为有限。对于大股东华润而言，即使面临失去第一大股东位置的威胁，但是并不面临失去控制权，因为其本身就不曾享有控制权，其所担心的只是宝能成功获得万科控制权后，会不会利用大股东地位对小股东构成侵害，因此华润即使考虑抵制收购，但是实施力度显然不够。本案中，华润只是在宝能增持后，适度增持了一定比例的股份，但是显然这一比例太小了，对宝能构不成任何威胁。

（二）万科的"事业合伙人制"与"盈安合伙"

1. 万科事业合伙人制 [①]

为激励职业经理人，万科曾于 2006 年推出过限制性股票激励计划，但 2007 年和 2008 年的相关计划因未达到业绩考核指标夭折。2010 年，万科推出股票期权激励计划。总体来讲，2006 年到 2008 年的三个独立年度的限制性股票激励计划，正好遭遇股票市场 2007 年 10 月发生的重大转折。而 2010 年后，万科股价基本处于窄幅震荡的下降趋势。可以说，这

---

① 参见吴爱桩：《"万科合伙人"盈安资金源头》，载《理财周报》2014 年 6 月 9 日。

两次激励计划生不逢时，并没有起到应有的激励作用。

万科很快就明确了更直接、更清晰的方式。万科总裁郁亮认为："过去万科是职业经理人制度，职业经理人和股东是打工关系，依靠职业精神对股东负责。但从小米等一些企业的经验来看，合伙人制度可能是一种更好的利益共享机制，对股东负责就是对自己负责。"此后，万科专门成立工作小组来运行"事业合伙人制"。2014 年 3 月中旬，郁亮正式阐释了事业合伙人制。具体做法是：首先在集团层面建立一个合伙人持股计划，即股票机制，两百多人的 EP（经济利润）奖金获得者将成为万科集团的合伙人，共同持有万科的股票（未来的 EP 奖金也将转化为股票）。此外，万科在项目层面实施了另一个捆绑员工的模式——"项目跟投制"，即除旧改及部分特殊项目外，原则上要求项目所在公司一线管理层和项目管理人员必须跟随公司一起投资，公司董事、监事、高管以外的其他员工可以自愿参与投资。随后，一个叫"盈安合伙"的有限合伙企业成立，代表万科 1320 名合伙人。

合伙人制原本广泛运用于会计师事务所、律师事务所、小型私募机构等。这些主体的特点是，"组织结构比较扁平，固定资产所占比例较小，无形资产更为重要，尤其是人力资本很受重视，讲求利益共享"。"合伙人制"被阿里巴巴、小米等注重人才的互联网公司引入，此后，在房地产行业中也同样得以运用。但"适度微调"之后的合伙人制不尽相同。阿里巴巴的合伙人制通过分离股权与委任权，强化了创始人及其团队的控制力。万科的事业合伙人制与绿地集团、华远地产的"职工持股会制度"相似，通过增持公司股份加强管理者的控制力。而将"职业经理人"向"企业主人"这一转变做到极致的是联想集团。2011 年，联想集团 CEO 杨元庆以 26.15 亿元人民币从联想控股购得 7.97 亿股联想集团的股份，其个人持有的联想集团股份增至 8.7%，成为联想集团单一最大股东。

"万科事业合伙人制"作为一项崭新制度，是否能适用于未来中国公司的创新？实际上，公司治理制度或者手段，并无既定规律可循，只是针对各自企业的特性设计出来能够使股东利益最大化同时兼顾其他主体利益的一系列制度的或者非制度的约束。换句话讲，治理制度或者手段本身并无优劣之分，只是是否适用于本公司，并有效实现公司治理目的。万科事业合伙人制，是万科根据自己的实际情况设计的，如为 B 股转 H 股造势、将作为人力资本所有者的职业经理人捆绑在一起等。

2. 盈安合伙

所有关注万科事业合伙人制的人都把目光聚焦在盈安合伙上。2014年 4 月 25 日，深圳盈安财务顾问企业（有限合伙），即"盈安合伙"注册，其两大出资人是深圳盈安财务顾问有限公司和上海万丰资产管理有限公司。其中，普通合伙人是深圳市盈安财务顾问有限公司，是"万科事业合伙人"集体委托管理经济利润奖金集体账户的第三方。有限合伙人是上海万丰资产管理有限公司，而上海万丰资产管理公司的唯一股东是深圳市万科企业股资产管理中心。

2014 年 5 月 12 日，盈安合伙注资额有所变更，从原来的 1000 万元变更为 14.1 亿元。变更后，新增合伙人华能贵诚信托有限公司。新增的注资额来自华能贵诚信托有限公司，而资金则来自"万科事业合伙人"集体委托管理的经济利润奖金，这部分资金为集体财产，通过华能贵诚信托的信托计划注入了盈安合伙。首批 1320 名"万科事业合伙人"主要来自经济利润奖金计划的激励对象，包括公司高级管理人员、中层管理人员，以及由总裁提名的业务骨干和突出贡献人员。相关人员在自愿原则下可以选择参与公司的事业合伙人持股计划。万科 1320 名员工通过一个信托计划巧妙地将资金注入盈安合伙，成功地规避了我国《合伙企业法》对有限合伙所设定的 50 人的人数上限，但也存在未来购入的股权属于谁、谁有权行使表决权的问题。

此后，合伙注资额又从 14.1 亿元人民币，变更为 35.89 亿元人民币，新增的出资额也来自华能贵诚信托有限公司，同时，合伙人变更为上海万丰资产管理有限公司、华能贵诚信托有限公司和珠海市盈安财务顾问有限公司（曾用名深圳盈安财务顾问有限公司）。此后，上海万丰资产管理公司退出，合伙人剩余两个，珠海市盈安财务顾问有限公司和华能贵诚信托有限公司。工商登记显示，合伙人是深圳盈安财务顾问有限公司（曾用名珠海市盈安财务顾问有限公司）和华能贵诚信托有限公司。

无论是作为普通合伙人的盈安财务顾问有限公司，还是作为有限合伙人的上海万丰、华能贵诚信托，其资金来源都是万科员工。作为万科"事业合伙人制"的运作实体平台，盈安合伙从2014年5月底已经频频出手。截至6月3日，接连4个交易日，盈安合伙通过证券公司的集合资产管理计划，共在二级市场上购入万科1.34%的A股股份（1.47亿股），超过万科原第二大股东自然人刘元生1.21%的持股比例，仅次于华润集团，成为新的第二大股东。为了这1%的股权比例，盈安合伙投入12.45亿元巨资。

这12亿元资金从何而来？合伙人均已签署《授权委托与承诺书》，将其在经济利润奖金集体奖金账户中的全部权益，委托给盈安合伙的一般合伙人管理，包括进行投资。而合伙人持股计划的资金来源，可以追溯到万科2010年推出的经济利润奖金计划。2010年，为落实股东导向，鼓励持续创造业绩，万科对原有业绩考核体系进行调整，并引入了EP（经济利润）作为奖金考核指标。据报道，"经济利润奖金固定为经济利润的10%，计算方法是用净利润减去股权资本的机会成本，即企业为股东创造的超出社会平均收益水平的超额利润，反映了经营管理团队为股东创造的真实价值。"[1] 不过，截至2013年年底，万科已提取尚未分配给个人的经济利润奖金余额仅为10.05亿元。

如果说万科是为了防止恶意收购，目前华润集团持股15%，加上第二大股东刘元生1.21%的股份，管理层还需要取得13.79%的股份才能获得持

---

[1] 龙飞：《万科股权重整提速》，载《中国经营报》2014年6月30日。

股比例意义上的实际控制人的地位。按万科当时的市值计算，这需要耗费约近百亿元资金。换言之，万科合伙人能否挡住门口的"野蛮人"，取决于合伙人能否在"野蛮人"成为公司控制人之前筹足资金以增持自己的股份。然而，盈安合伙的注册资金显然不足以收购足够的股份以对抗"野蛮人"。

3. 盈安合伙的价值

盈安合伙实际上是万科管理层和职工将股权激励与其他奖励性资金通过信托计划或者资管计划交由盈安合伙进行打理，盈安合伙再作为出资人投资到万科之中。实质上，盈安合伙是介于万科管理层和职工与万科之间的一个合法的中介。万科管理层是否意图通过盈安合伙实际控制万科？实际上，万科管理层本身即是万科的实际控制者，因此谈不上意图取得公司的控制权。在很大程度上，盈安合伙还是为了使管理者同时成为股东，从而实现激励管理层的目的。

盈安合伙作为一种激励制度，较之于传统的限制性股票、股票期权、股票增值权等，显然多了一层含义，也就是加强了管理者对公司的控制。作为公司员工的事业合伙人，通过资管计划或者信托计划注入盈安合伙，盈安合伙再投资万科，盈安合伙作为股东的投票权归由万科管理者享有，其对万科的控制权无疑扩大了。

此外，盈安合伙增持万科股份，也能够在一定程度上起到抵御收购的作用，但是这同样需要耗费巨额资金。在面临市场上众多"野蛮人"的入侵时，盈安合伙微薄的资金实力，显然不足以抗衡"野蛮人"的进攻。

4. 盈安合伙的可能违规之处 [①]

2014 年 6 月 20 日，经国务院同意，证监会发布《关于上市公司实施

---

① 参见孙建波：《万科"盈安合伙"有五大违规行为》，载 http://stock.hexun.com/2016-07-06/184776019.html，最后访问日期：2019 年 4 月 2 日。

员工持股计划试点的指导意见》（以下简称《指导意见》），对上市公司员工持股进行原则性规范。尽管万科事业合伙人通过盈安合伙间接持有公司股份，但这只不过是一种外在形式，在探讨员工持股计划时，应当对各种情况作出实质理解，也就是不管是何种形态的持股方式，只要持股主体是以公司员工为主，都应视为员工持股，都应遵守《指导意见》。当然，从时间点上看，盈安合伙的成立是否合规，自然不能以《指导意见》进行溯及既往地评判，但其后续行为似乎突破了合法性框架。

一是未经股东大会投票通过。"盈安合伙"的第一份公告发布于2014年5月29日。公告表示，5月28日"事业合伙人"购买了公司股票。根据《公司法》规定，股东大会是公司的最高权力机关，有权决定公司的经营方针和投资计划；选举和更换非由职工代表担任的董事、监事，决定有关董事、监事的报酬事项等重大事项。证监会《指导意见》第（九）规定，上市公司董事会提出员工持股计划草案并提交股东大会表决。质言之，员工持股计划，属于股东给予员工的权利，而非管理层。据报道，万科管理层说万科合伙人制、"德赢计划"和"盈安计划"，都是经过董事会批准的用于激励员工的合理合规做法。但显然，仅仅是董事会批准是不够的，管理层没有权利利用员工持股计划来对抗大股东。盈安合伙的操作不符合规范性文件的要求。

二是未能在六个月内完成股票购买。《指导意见》第（十三）规定，采取二级市场购买方式实施员工持股计划的，员工持股计划管理机构应当在股东大会审议通过员工持股计划后6个月内，根据员工持股计划的安排，完成标的股票的购买。上市公司应当每月公告一次购买股票的时间、数量、价格、方式等具体情况。但是，从万科公告可以看出，盈安合伙购买股票的行为，前后持续长达8个月。

三是未经持有人会议选出代表或设立相应机构。针对员工持股计划所持股票对应的投票权，《指导意见》第（七）1.规定，参加员工持股计划的员工应当通过员工持股计划持有人会议选出代表或设立相应机构，监督员工持股计划的日常管理，代表员工持股计划持有人行使股东权利或者授权资产管理机构行使股东权利。显然，在缺失持有人会议选出代表或设立相应机构时，事业合伙人所持股票的实际投票权被公司高管所掌握。

四是证券交易账户开设不合规。《指导意见》第（七）7.规定，员工持股计划管理机构应当以员工持股计划的名义开立证券交易账户。员工持股计划持有的股票、资金为委托财产，员工持股计划管理机构不得将委托财产归入其固有财产。员工持股计划管理机构因依法解散、被依法撤销或者被依法宣告破产等原因进行清算的，委托财产不属于其清算财产。万科在意见发布之后并未作出及时整改。

五是法律程序缺失。《指导意见》第（十）规定，独立董事和监事会应当就员工持股计划是否有利于上市公司的持续发展，是否损害上市公司及全体股东利益，公司是否以摊派、强行分配等方式强制员工参加本公司持股计划发表意见。上市公司应当在董事会审议通过员工持股计划草案后的2个交易日内，公告董事会决议、员工持股计划草案摘要、独立董事及监事会意见及与资产管理机构签订的资产管理协议。第（十一）规定，上市公司应当聘请律师事务所对员工持股计划出具法律意见书，并在召开关于审议员工持股计划的股东大会前公告法律意见书。员工持股计划拟选任的资产管理机构为公司股东或股东关联方的，相关主体应当在股东大会表决时回避；员工持股计划涉及相关董事、股东的，相关董事、股东应当回避表决；公司股东大会对员工持股计划作出决议的，应当经出席会议的股东所持表决权的半数以上通过。万科的员工持股计划缺乏独立董事意见和律师事务所的法律意见书，也并没有对信托计划进行整改。

对于盈安合伙的诸多违规之处，应当依据当前规范性文件予以整改，并依法承担其他法律责任。

（三）站在门口的"野蛮人"与万科的反收购

1. 宝能及其"一致行动人"

"站在门口的野蛮人"是布莱恩伯勒的一本书中所提出的词汇。这本书讲述了上市公司争夺公司控制权的故事，作者将持有大量资本，对其他公司进行恶意收购的企业称之为"站在门口的野蛮人"。在这次"宝万之争"之中，宝能系扮演的正是这种"站在门口的野蛮人"。

事实上，公司收购与反收购都是市场行为，本无可厚非。宝能在收购万科的同时，也趁着大量上市公司股价被低估，对许多公司展开了收购，如对高端玻璃制造企业南玻的收购。但是，宝能利用其资金优势，在获得南玻的控制权后，将原管理层全部开除。南玻是一家以技术优势为核心优势的企业，宝能的收购使南玻的经营受到了极大影响。这种恶意收购者通过杠杆收购导致原企业一蹶不振的例子不胜枚举。

宝万之争中，关于一致行动人的讨论贯穿了事件始末。无论是早先质疑安邦与华润是万科是一致行动人，还是深交所于 6 月 27 日下发的关注函，要求华润及宝能说明是否互为一致行动人，还是 8 月最新加入战局的恒大与宝能究竟是否为一致行动人，这些均指向一致行动人的定性。

《上市公司收购管理办法》第 83 条第 1 款规定："本办法所称一致行动，是指投资者通过协议、其他安排，与其他投资者共同扩大其所能够支配的一个上市公司股份表决权数量的行为或者事实。"一致行动人应当合并计算其所持有的股份。投资者计算其所持有的股份，应当包括登记在其名下的股份，也包括登记在其一致行动人名下的股份。《上市公司收购管理办法》第三章对一致行动人收购上市公司股份的各个节点所要履行的信息披露要求都作出了具体规定。在宝能收购万科案例中，尽管存在外界对一致行动人的怀疑，但是并没有直接证据表明以上各方存在一致行动关系。

2. 万科采取反收购措施的合理性

一般认为，恶意收购的直接后果是目标公司原有董事、高管被罢免，失去管理职位与优厚报酬是任何一位董事和高管所不愿面对的。从自身利益出发，董事、高管显然会不遗余力地采取反收购措施。这是对董事、高管作为理性经济人的一种推演，但是实际上董事、高管有时也不一定是为了保住自身职位。为了延续公司发展战略、保护职工利益，乃至于实现自己的理念，这些都是促使管理者采取反收购措施的动机。

万科在成为世界最大的住宅地产企业的过程中，其核心资源其实并非金钱资本，而是人才资本、组织资本以及社会资本，万科的投资者看中和信赖的也正是如此。[①] 所谓人才资本，是以王石为首的创始人团队，如郁亮、王文金等是房地产行业的运营专家，他们经长期摸索奠定了有效和无可替代的管理理念、政策和方法。如果失去这些人才，万科将不再是万科。同时，万科也培养了一批中层管理者，信任并践行董事会决策，万科才得以砥砺前行。所谓组织资本，是在管理层的带领下，万科形成了独特而有效的治理结构、管理模式和公司文化，这是难以复制的。所谓社会资本，万科的央企背景带来企业信誉、社会认同和客户信任，客观上减少了来自监管者的阻力。

总之，万科董事、管理层与股东之间形成了利益共享、和谐共存的关系。正是这种格局和关系，保障了万科政策的稳定，股东也获利颇丰。在万科的"董事会中心主义"下，各方互相信任和依赖，董事和管理层得以有充分发挥的空间，既减少了公司运行成本，也减少投资者的信息成

---

① 参见王春艳、林润辉等：《企业控制权的获取和维持——基于创始人视角的多案例研究》，载《中国工业经济》2016 年第 7 期。

本。① 在资本与劳动的关系上，不再是"资本雇佣劳动"而是"劳动与资本共赢"。当宝能意图争夺万科控制权时，就有可能打破原有格局。当万科提出罢免万科董事议案时，就有可能破坏万科的人才资本、组织资本和社会资本，而这正是万科得以存续和发展的核心竞争力。

3. 万科采取的具体反收购措施

（1）第一阶段：股份回购、员工持股计划和大股东增持。

在这一阶段，宝能公司多次举牌增持，持股比例不断上升。2014 年 5 月 28 日，盈安合伙首次购入万科 A，当时股价约为每股 8.45 元。随后，在 6 月、8 月和 9 月，盈安合伙又密集增持。2015 年 1 月，在万科控制权之争爆发前，盈安合伙最后一次增持万科，共使用约 4.52 亿元资金，购入 4.94 亿股，持股比例增至 4.48%，平均购入价格为每股 13.26 元。

2015 年 8 月 31 日和 9 月 1 日，华润两度增持万科，增持完成后，华润共计持股 15.29%，暂时重回万科第一大股东的位置。

2015 年 12 月 18 日，针对宝能的收购，证监会新闻发言人表示，收购与被收购是市场自身行为，只要符合相关法律法规规定，监管部门不会干预。就在证监会表态"只要符合相关法律法规的要求，监管部门不会干涉"之后，保监会召开保险业防范和处置非法集资的会议，要求"将防范和处置非法集资工作作为当前各项工作的重中之重"。

（2）第二阶段：停牌和寻找"白衣骑士"。

宝能系的持续增资为万科带来巨大压力，万科采取停牌策略。停牌的价值在于制约股票流动性，使宝能系无法继续购买万科股票。宝能系前海人寿险资持股类似"短债长投"，停牌可增加其持股成本和资金压力。万科通过这次"资产重组"停牌，暂时阻止了宝能对万科的进一步的收购。

---

① Renders A., Gaeremynck A., *Corporate Governance, Principal-Principal Agency Conflicts, and Firm Value in European Liste Companies*, 20 Corporate Governance An International Review, 215-143,（2012）.

此后，万科高管纷纷出动，联合各方组织对宝能的反攻。

停牌也为万科继续寻找"白衣骑士"争取时间。在最初宝能对万科举牌时，万科先求助于自己原有的第一大股东华润集团，但是华润并不想与宝能争夺第一大股东的地位。停牌期间，万科公司找来三位白衣骑士。安邦保险成为第一位"白衣骑士"。安邦与万科达成"房地产＋保险"策略并增持 2877 万股在一定程度上摊薄了宝能的持股比例，缓解了万科被宝能收购的风险。第二位"白衣骑士"是恒大。恒大通过多次增持万科 A 股票，持有万科 14.07% 的股份。第三位"白衣骑士"是深圳地铁。与深圳地铁重组既引入了新股东，又稀释了宝能的股权，一举两得，但这损害了原股东华润集团的利益。

万科管理层提出了引入深圳地铁的重组预案备忘录，但华润对资产重组程序提出质疑。华润表示，该计划并未通过董事会的决议和讨论。根据《公司法》第 111 条规定，董事会的决议需要经过全体董事的半数同意。但事实上，万科与深圳地铁签署的无法律约束力的《备忘录》是不需要董事会的表决的。不过，万科以经过董事会决议的字样进行公告并不合法。

2016 年 6 月 17 日，万科董事会就深圳地铁重组预案进行讨论，十位无关联关系董事中有三位反对，七位支持，董事会通过了这一预案。但由于大股东意见不一致，重组预案被终止了。

2016 年 7 月，万科向中国证监会、证券投资基金业协会、深交所、证监会深圳监管局提交《关于提请查处钜盛华及其控制的相关资管计划违法违规行为的报告》。该报告指出，钜盛华及其所谓一致行动人单方面宣称成为万科第一大股东后，在缺乏必要调查了解和依据的情况下，强硬声明反对万科发行股份引入深圳地铁预案，贸然提出罢免万科全部董事、非职工代表监事，否决万科 2015 年度董事会报告、监事会报告和年度报告，对万科的正常经营、业务发展造成不利影响，且"九个资产管理计划"违规之处甚多。

（3）第三阶段：孤立无援，通过诉讼来争夺控制权。

失去了大股东华润的支持，万科试图通过起诉宝能旗下钜盛华和前海人寿恶意收购，"断流"宝能公司的增持。万科企业股份有限公司工会委员会（以下简称万科工会）向法院提起诉讼，主要诉讼请求包括：第一，五名被告持有万科 A 股股票达到 5% 时及其后续继续增持万科 A 股股票的行为属于无效民事行为，原因是未履行相应的信息披露义务。第二，5 名被告在改正违法行为前，不得对其违法持有的万科 A 股股票行使表决权、提案权、提名权、提议召开股东大会的权利及其他股东权利。2016年 7 月 5 日，案件被深圳市罗湖区法院受理，但迄今尚未作出判决。

（4）万科反收购的失败。

尽管万科与深圳地铁的重组预案得到了董事会的批准，但是鉴于大股东华润的反对，没有被推进到股东大会层面。但是，大股东华润最终作出妥协，同意将自己所持有的股份转让给深圳地铁。2017 年 1 月 12 日，华润及其全资子公司——中润国内贸易有限公司与深圳地铁集团签署《关于万科企业股份有限公司之股份转让协议》，以协议转让的方式，将其合计持有的公司 1 689 599 817 股 A 股股份，全部转让给深圳地铁集团。

2017 年 2 月 24 日、25 日，保监会先后对前海人寿和恒大人寿作出行政处罚。对前海人寿作出的行政处罚包括：董事长姚振华被撤销任职资格并被禁止进入保险业 10 年，前海人寿总计被罚款 80 万元，6 名前海人寿涉事高管被警告并总计罚款 56 万元。对恒大人寿作出的行政处罚包括：公司被限制股票投资 1 年，恒大人寿两名高管分别被禁入保险业 5 年和 3 年。较之于前海人寿，保监会对恒大人寿的处理多了一份监管函。监管函的主要内容包括：下调权益类资产投资比例上限至 20%、责令撤换另两名相关责任人、责令就有关问题进行整改等三项监管措施。保监会对前海人寿和恒大人寿作出的行政处罚书，对两者行为的定性存在差异。对于前海人寿，保监会使用"经查，前海人寿存在以下违法行为，违法事实具体如下"，而对于恒大人寿，保监会使用"经查，恒大人寿存在以下违规运用保险资金的行为"。

2017年3月16日，恒大让渡所持万科股份的表决权。恒大将持有的万科股份（约占万科总股本14.07%）的表决权不可撤销地委托给深圳地铁行使，期限一年。至此，深铁集团拥有万科合计29.38%（15.31%+14.07%）的表决权，超过宝能系，最终获得万科的控制权。2017年6月9日，恒大将所持有的约15.5亿股万科A股份（约占公司总股本的14.07%）以协议转让方式全部转让给深圳地铁集团。至此，深圳地铁集团持有约32.4亿股股份，占公司总股本的29.38%，超过宝能所持有的25.4%的股份，成为万科第一大股东。但是，此时的深圳地铁已不再是原来"白衣骑士"。随后，王石主动申请离职，万科股权之争落幕。

（四）万科董事会决议的合法性分析

2016年6月17日，万科召开第十七届董事会第一次会议，讨论"拟发行股份购买深圳市地铁集团有限公司资产重组预案"。万科公司董事共十一名，投票过程中，董事张利平以"存在利益冲突"为由请求回避，万科直接认定其存在"关联关系"而适用《章程》第152条有关应回避表决情形的规定。张利平在董事会会议结束后，提交回避声明。2016年6月17日、18日，万科在H股及A股分别公告：董事会决议以七名董事投赞成票、三名董事投反对票、零票弃权，通过了发行股份购买资产的预案。

但是，对于公司发行新股增加注册资本的，最终还是应当由股东大会以出席股东大会的股东所持表决权的2/3以上通过才可以。对万科而言，在大股东反对的情况下，希望以2/3以上资本多数通过该决议似乎是不可能的。因此，这项决议根本就没有提到股东大会讨论阶段，只是在大股东的反对下，重组预案就被终止了。

1. 独立董事应勤勉履行义务

《公司法》第 111 条第 1 款规定，董事会会议应有过半数的董事出席方可举行。董事会作出决议，必须经全体董事的过半数通过。《公司法》第 124 条规定，上市公司董事与董事会会议决议事项所涉及的企业有关联关系的，不得对该项决议行使表决权。第 216 条规定，关联关系，是指公司控股股东、实际控制人、董事、监事、高级管理人员与其直接或间接控制的企业之间的关系，以及可能导致公司利益转移的其他关系。

张利平是否为关联人？董事会会议旨在"拟发行股份购买深圳地铁资产重组预案"，如果董事张利平为关联关系人，则其与深圳地铁之间必须存在关联关系，才属于法定回避的情形。

财政部 2006 年颁布的《企业会计准则第 36 号——关联方披露（2006）》的规定，在企业财务和经营决策中，如果一方控制、共同控制另一方或对另一方施加重大影响，以及两方或两方以上同受一方控制、共同控制或重大影响的，构成关联方。控制，是指有权决定一个企业的财务和经营政策，并能据以从该企业的经营活动中获取利益。共同控制，是指按照合同约定对某项经济活动所共有的控制，仅在与该项经济活动相关的重要财务和经营决策需要分享控制权的投资方一致同意时存在。重大影响，是指对一个企业的财务和经营政策有参与决策的权利，但并不能够控制或者与其他方一起共同控制这些政策的制定。参与决策的途径主要包括：在董事会或类似的权力机构中派有代表，参与政策的制定过程，互相交换管理人员等。凡以上关联方之间发生转移资源或义务的事项，无论是否收取价款，均被视为关联交易。

我国《上海证券交易所股票上市规则》《深圳证券交易所股票上市规则》（该两规则以下简称"上市规则"）规定，上市公司的关联交易是指上市公司或其控股子公司与上市公司关联人之间发生的转移资源和义务的事项。关联人包括关联法人和关联自然人，在"上市规则"中对关联法人和关联自然人的范围给予了明确定义。同时，规定了潜在关联人的条件，即因与上市公司的关联人签署协议或作出安排，在协议生效或安排生效后，或在未来 12 个月内具有前述关联法人或关联自然人的规定情形之一的；以及过去 12 个月内，曾经具有前述关联法人或关联自然人的规定情形之一的，都被视为潜在关联人。"上市规则"还规定，中国证监会、交易所或上市公司根据实质重于形式的原则，可以认定其他与上市公司有特殊关系，可能造成上市公司对其利益倾斜的自然人和法人为关联人，从而应履行相应的关联交易决策和披露程序。

张利平提出理由是，"黑石与万科为利益关联者，作为黑石的高层，不太合适参与董事会的表决"。然而，本次董事会所涉企业为万科与深圳地铁之间的交易。首先，张利平与深圳地铁之间不存在控股股东、实际控制人、董事、监事、高级管理人员的关系；其次，黑石集团也没有项目涉及深圳地铁，张利平更不可能存在使深圳地铁额外获利的理由。相反，其作为万科的独立董事，有权利也有义务对此次预案提出建议。因此，回避理由并不符合法律和公司章程所规定的情形。

那么，独立董事应当如何履行职责？《关于在上市公司建立独立董事制度的指导意见》第 1 条第 2 款规定："独立董事对上市公司及全体股东负有诚信与勤勉义务。独立董事应当按照相关法律法规、本指导意见和公司章程的要求，认真履行职责，维护公司整体利益，尤其关注公司中小股东的利益不受损害。"这一条款体现了独立董事的诚信与勤勉义务，大体与董事的信义义务相对应，即忠实义务与注意义务。

忠实义务要求独立董事在处理公司事务的时候，不得谋求私人利益，而必须关注股东利益。但是独立董事较为特殊，他们的主要职责是对上市公司的重大决策提供独立意见，通过强化内部监督，以改善公司治理。因此，并不能像要求内部董事一样，要求独立董事履行诸如竞业禁止等忠实义务。独立董事履行职责的过程中，应遵守法律、公司章程、股东大会决议或董事会决议，不得损害公司利益。如果独立董事违反了忠实义务，则与普通董事一样，应对公司承担损害赔偿责任。

对独立董事而言，适当履行注意义务是非常重要的。独立董事作为上市公司的非执行董事，由于时间和精力有限，很容易疏忽其职责，发生"道德风险"。但《关于在上市公司建立独立董事制度的指导意见》并未明确独立董事注意义务的认定标准，因此实践中难以清晰判定独立董事是否尽到注意义务。当然，如果独立董事连续两次未能出席董事会，显然属于没有尽到注意义务，但是大多数情况下并不存在如此客观和清晰的行为证据。对于独立董事是否尽到注意义务，建议采取分别对待的方法。（1）当独立董事熟悉公司业务甚至本身就是这一领域的专家，应当以客观性标准为主，主观性标准为辅，即独立董事应以一个具有相同或者类似专业资格、经验、学识的董事，在同类或者类似的公司中，履行相同或者相类似的职务，在相同或相似的情况下，所应有的注意作为衡量标准。在客观性标准的基础上，如果有证据表明某一独立董事的知识、经验、专业资格明显高于此标准，则应以该董事是否尽到自己最大努力为标准。（2）独立董事本身并不具有公司所需要的专业背景，则应采用主观性标准，即只要该独立董事尽了最大努力，就可以被认定为履行了注意义务。

在我国，独立董事的法律责任与一般董事的法律责任并无二致。ST郑百文独立董事陆家豪遭受行政处罚事件，即说明这一问题。但独立董事并不是执行董事，其权利与义务与执行董事有所不同，在法律责任上是否应当区别对待？1995年，美国国会通过立法，减轻了独立董事的法律责任，规定只有在证明独立董事故意违反证券法规时，才承担连带赔偿责任。这一制度大大降低了独立董事的任职风险，有助于解决诸如ST郑百文独立董事陆家豪没有拿工资而承担行政责任所导致的责任过重问题。新《日本公司法》所设置的独立董事责任不但与其他董事有所不同，还按照独立董事从公司取得报酬的一定比例设定其责任限额，使独立董事的任职风险被控制在可预期的范围内。我国不加区别的"一刀切"做法，略显不妥。

2. 董事会决议的效力

《公司法》第 111 条规定："董事会会议应有过半数的董事出席方可举行。董事会作出决议，必须经全体董事的过半数通过。"第 124 条规定："上市公司董事与董事会会议决议事项所涉及的企业有关联关系的，不得对该项决议行使表决权，也不得代理其他董事行使表决权。该董事会会议由过半数的无关联关系董事出席即可举行，董事会会议所作决议须经无关联关系董事过半数通过。出席董事会的无关联关系董事人数不足三人的，应将该事项提交上市公司股东大会审议。"根据第 216 条规定，关联关系，是指公司控股股东、实际控制人、董事、监事、高级管理人员与其直接或间接控制的企业之间的关系，以及可能导致公司利益转移的其他关系。

万科《章程》第 137 条第 1 款规定，普通决议事项由全体董事半数通过；第 2 款规定，制定公司增加或者减少注册资本的方案必须由董事会 2/3 以上的董事表决同意。第 152 条第 2 款规定，公司董事与董事会决议事项所涉及的企业有关联关系的，不得对该项决议行使表决权。

可见，万科公司《章程》基本是依照《公司法》的规定制定的，但是第 137 条第 2 款，即"制定公司增加或者减少注册资本的方案必须由董事会 2/3 以上的董事表决同意"，显然与《公司法》的规定存在出入。万科《章程》这一条款的效力如何？有学者认为，章程条款并没有违反《公司法》规定，因此是有效的；也有学者认为，《公司法》第 111 条、第 124 条是强制性规定，不允许公司在章程约定中提高通过的比例，因此，万科《章程》第 137 条将"拟定公司重大收购"的表决条件提高到 2/3 可能是无效的。

两种观点的根本分歧在于，《公司法》第 124 条的规定究竟是任意性规范还是强制性规范。一般认为，关于股东权利与公司组织机构设置及其权力的规定，多为强制性规范。从这个角度讲，万科《章程》第 137 条第 2 款似乎违反了法律的强制性规定。当然，如果认为第 137 条第 2 款是对董事会决议的普通事项进行的规定，显然可以理解为它并没有对董事会决议的特殊事项作出规定。究竟何为普通事项，何为特殊事项，可以参考《公司法》对于股东（大）会的特别决议事项作出的 2/3 以上多数的规定，如增减资本、公司分立合并解散变更公司形式，以及修改章程。那么，按照"凡是法律没有限制或者禁止，私人主体都可以享有权利"的一般法理，万科似乎是可以在章程中对于董事会通过此类特别决议作出 2/3 以上的高比例要求。

但是，还存在一个问题，即如果允许董事以 2/3 以上多数通过，相当于 1/3 及以上的董事反对就可能使议案无法通过，是否会存在小股东所选举的董事支配了大股东所选举的董事的问题？但是，这个问题似乎不那么严重。因为，即使小股东所委派的董事表示了反对，导致董事会决议无法作出，但是大股东还可以依据《公司法》所规定的持股 10% 的股东可以请求监事会提出提案，或者在监事会拒绝的情况下自己直接提案权。因此，即使董事会的高达 2/3 比例通过的章程约定使决议作出相对困难，但是被否决的大股东显然还可以自行提出提案。综上，笔者认为，万科《章程》第 137 条第 2 款并不能被认为是无效的，换言之，是有效的。

本案中，董事会共十一名董事，一名董事回避，因此共有十名无关联关系董事参与表决，按照公司《章程》所规定的"无关联关系董事的 2/3 以上通过"，应当有七名董事赞成即可通过决议。显然，决议作出是合法有效的。

（五）宝能的进攻：以违反"信义义务"为由提出罢免董事、监事议案

1. 董事、高管的忠实义务与勤勉义务

被视为"门外野蛮人"的宝能系在 2015 年大举收购万科股份后，万

科董事展开一系列反收购措施，包括引入安邦集团和深圳地铁。但此时，宝能已是万科的最大股东，宝能与万科董事产生了严重分歧，认为万科董事的行为侵害了其股东权益。不久，宝能就提出罢免万科全体董事和监事的议案。宝能在议案中提到，王石在担任公司董事期间，违反了董事的忠实义务与勤勉义务。首先，王石长期离开工作岗位，2011年至2014年在国外游学，却仍然从公司拿到5000万元报酬，而未经过股东大会批准；其次，审议引入深圳地铁的重组预案未尽到董事注意义务，对项目合理性没有充分审查，未能反映股东诉求，违反股东利益。作为万科前最大股东的华润集团，尽管反对万科董事引入安邦和深圳地铁，但并不支持罢免万科董事。但是，假设宝能对王石等万科董事提起诉讼，起诉其违反忠实义务和勤勉义务，其主张能否得到支持？

王石是否违反了忠实义务？《公司法》第148条第1款以列举加概括的方式对董事和高管的忠实义务进行了规定，第（1）项到第（7）项属于列举事项，而第（8）项"违反对公司忠实义务的其他行为"，则属于概括性规定。据此，宝能所提及的王石在2011年到2014年国外游学且拿高薪等行为，并不符合《公司法》该条款列举及概况性的规定。此外，根据《上市公司收购管理办法》（2014年修订）第8条规定，被收购公司的董事、监事、高级管理人员对公司负有忠实义务和勤勉义务，应当公平对待收购本公司的所有收购人。被收购公司董事会针对收购所作出的决策及采取的措施，应当有利于维护公司及其股东的利益，不得滥用职权对收购设置不适当的障碍，不得利用公司资源向收购人提供任何形式的财务资助，不得损害公司及其股东的合法权益。就本案而言，宝能以此为理由罢免王石董事职位有些牵强，因为董事采取反收购措施可以以维护公司及其股东利益为理由。

是否违反勤勉义务？《公司法》第147条只是对董监高的勤勉义务作出了原则规定，即"董事、监事、高级管理人员应当遵守法律、行政法规和公司章程，对公司负有忠实义务和勤勉义务"。显然，如果没有司法解释或者充分的案例作为支撑，董事勤勉义务的法律要求显然太过骨感。对此，可以参考《上市公司治理准则》（2018 年修订）第 22 条规定："董事应该保证有足够的时间和精力履行其应尽的职责""董事应当出席董事会会议，对所议事项表达明确意见"。然而，董事如何履行，实质上更多属于商业判断。董事是否需要有足够的精力与时间履行职责，显然不能理解为传统上的"事必躬亲，每会必到"。在互联网带来的信息沟通极其顺畅和便利的情况下，电话会议、信息的网络传递，都使公司管理者有了更大的自由与空间。董事、监事和高管是否尽到注意义务，不应当机械地按照参加董事会所付出的时间和精力等外部特征加以判定，而更应当以一个综合性标准去评判。王石作为万科创始人，明白管理者应当具备与时俱进的素质，国外游学也是对先进管理思路和经验的借鉴，这可以视为公司人才战略的一环。在这个意义上，短时期支付给王石高薪有可能给股东带来长期回报。

2. 美国的商业判断规则及其修正

如果适用美国商业判断规则，万科董事未进行充分论证而引入深圳地铁的重组预案，有可能因为其为维持管理层对公司的控制而忽视股东权利，而失去"严格的商业判断规则"的保护。但是，商业判断规则并非一成不变，面对一系列典型的公司收购案例，美国法院在个案判决中发展出适用于收购兼并案例的"修正的商业判断规则"，其构成和举证责任都有别于一般的商业判断规则。

特拉华州《普通公司法》允许董事会对恶意收购者采取积极的防御性反收购措施，只要是为了公司最佳利益，而不是单纯为了保住自己的职位与权力。在 Unocal 案中，法官为商业判断规则应用于收购领域迈出了关键的一步，董事为了承担对利益相关者的责任而采取反收购措施可以得到商业判断规则的保护。面对恶意兼并，法官将司法审查标准分为以下几个方面：第一，董事合理地相信恶意收购对公司是一种威胁，即董事有合理的理由和依据认为公司被收购后，其原有优势，如政策和效率会遭受损害，公司的实质利益将遭受威胁或难以挽回的损失。第二，较之于收购要约，董事会所采取的反收购措施是合理的，而不能过度防御。第三，独立董事参与收购程序。这里可能包含复杂的分析和综合考量，如控制权收购的属性、对公司的利弊影响、报价是否公允、是否非法、对股东之外其他利益相关者的影响，又如客户、雇员、债权人、政府、环境保护和社区等。

Unocal 规则在举证责任上作出了重大调整。法官认为，在兼并收购案件中很难相信董事会公正地处理自己、公司与股东之间的关系，所以将举证责任置于董事。为获得商业判断规则的保护，董事必须证明：（1）自己与决议无利害关系或不具有影响其决策公正性的利益关联；或（2）交易对公司是公正的。Unocal 规则应用于一般的兼并收购案件。此后的 Moran 案①认为，董事可以采取预防潜在恶意收购的防御性行为。Revlon 案则确立了"拍卖规则"，即当公司进入解散、拍卖或出售环节，董事不应再采取反收购措施，此时董事的角色应当转换为"拍卖促成者"，客观地为股东寻求最高收购价格，不能偏袒或歧视任何收购者。Paramount 案②强调了公司社会责任，提出除保证股东获得最高溢价外，如果董事综合考虑了利益相关者和公司长远利益，也可以获得商业判断规则的保护。Blasius 案③提出，目标公司董事不得采取争夺董事席位的不当反收购措施，妨碍股东委任权的行使。

综上，美国在兼并收购领域采取的商业判断规则是"修正的严格商业判断规则"，但却强化了司法审查。虽然给予董事来自该规则更为宽松的保护，但基本前提是不相信董事在反收购行为中无利益冲突，因此，将举证责任转由目标公司董事承担，由董事证明自己是为了公司最佳利益。此

---

① Moran v. Household International Inc., 500A. 2d, 1346（Del.1985）.
② Paramount Communications Inc. v. QVC Network Inc., 637A. 2d, 34（Del. 1994）.
③ Blasius Indus., Inc. v. Atlas Corp., 564 A. 2d, 651（Del.1988）.

外，修正的严格商业判断规则对目标公司董事在反收购行为中的注意义务要求更高，董事在整个反收购过程中必须采取更加严格的程序。

即使按照这种兼并收购领域的"修正的严格商业判断规则"，万科公司董事也很难得到保护。首先，举证责任在万科董事，其很难举证证明自己不存在利益冲突，至少难以证明采取措施阻击宝能并没有争夺控制权的意图。其次，万科董事必须在收购中，遵守更严格的程序要求，但万科董事实际上还是缺失了一些程序环节。即使在我国法律下，万科董事的行为也存在一定争议。至少，万科董事决定引入深圳地铁进行重组，并未经过充分咨询、论证和知悉，如没有听取第三方专家的独立咨询意见，没做到为公司争取最有利的收购条件，甚至大股东华润还质疑该议案未通过董事会审议。最后，2011 年至 2014 年王石国外游学仍拿巨额薪酬，也引发对其是否勤勉尽职的质疑。综上，如果以美国法上的修正的严格商业判断规则进行评判，万科董事很可能无法得到保护。

（六）万科企业工会的诉讼请求难以得到支持

1. 万科企业工会的诉讼请求与依据

2016 年 7 月 5 日，万科工会起诉宝能系损害股东利益案被深圳市罗湖区法院受理。万科工会请求：第一，判令持股达到 5% 时及其后续继续增持万科股票的行为属于无效民事行为；第二，判令被告在改正违法行为前，不得对其违法持有的万科股票行使表决权、提案权、提名权、提议召开股东大会权及其他股东权利。

万科企业工会的主要诉讼依据是钜盛华、前海人寿违反书面报告和信息披露义务。第一，钜盛华、前海人寿增持万科达到 5% 及增持后的 10%、15% 时，均未向证监会履行书面报告义务。第二，未严格履行信息披露义务，包括钜盛华、前海人寿触及 15.04% 的红线时，未遵守规定披露任何权益变动报告书；当继续增持已成为万科的第一大股东，未及时编制详式权益变动报告书，也未聘请财务顾问对其详式权益变动报告书所披露的内容出具核查意见。第三，钜盛华、前海人寿在未披露的情况下继续增持万科至20.008%时才于2015年12月7日披露《详式权益变动报告书》，且未聘请财务顾问出具并公告核查意见。其披露的《详式权益变动报告书》也存在重大遗漏，并被深交所出具了关注函，要求予以补充。

宝能系提出管辖权异议，罗湖区法院未予采纳。随后，宝能系因管辖权异议上诉至深圳中院。宝能系的上诉理由有三。第一，万科工会要求确认原审五被告增持行为无效的诉讼请求所涉及标的金额已经达到数百亿元之巨，远超过罗湖法院级别管辖范围。第二，万科工会系要求原审五被告在股票限售期满后通过深交所集中竞价交易系统"改正无效民事行为"，故该项诉讼请求实为强制原审五被告通过深交所交易系统减持股票，涉及的标的金额亦达数百亿元之巨，远超罗湖法院级别管辖范围。第三，本案涉及上市公司投资者增持股票的合法性审查、上市公司投资者表决权等股东权利的行使等新类型法律问题、案情复杂、社会影响大，应由广东省高级人民法院管辖。综上，本案争议标的以及案件复杂性、影响力均已达到广东省高级人民法院的级别管辖范围，恳请依法裁定撤销（2016）粤0303民初12430号民事裁定书，并将本案移送至广东省高级人民法院管辖。

深圳中院经审查认为，被上诉人万科工会起诉请求确认本案所涉继续增持行为无效并判令"改正无效民事行为"，以及在改正前限制相关股东的权利，并未提出给付金钱的诉讼请求。同时，上诉人深圳市钜盛华股份有限公司的住所地位于原审法院辖区，故原审法院对本案有管辖权。上诉人深圳市钜盛华股份有限公司、西部利得基金管理有限公司关于本案应由广东省高级人民法院管辖的上诉主张依据不足。2016年9月20日，深圳中院作出二审裁定，"依照《民事诉讼法》第一百七十条第一款第（一）

项、第一百七十一条之规定，裁定驳回上诉，维持原裁定。本裁定为终审裁定。"①

到本书出版为止，深圳中院仅仅是对案件管辖权进行了终审裁定，但是罗湖区法院并未对案件实体内容作出判决。不过，万科企业工会诉宝能系的审理，或许能够从之前的案例中获得启发。

2. 类似案例与生效裁判——上海兴盛实业发展（集团）有限公司诉王某某证券欺诈责任纠纷案②

上海兴盛实业发展（集团）有限公司（以下简称兴盛实业）诉王某某等及第三人上海新梅置业股份有限公司（以下简称新梅公司）证券欺诈责任纠纷案，上海市第一中级人民法院于 2015 年 3 月 4 日立案受理，并于 2015 年 9 月 16 日开庭审理。

原告诉称，中国证监会宁波监管局（2015）1 号行政处罚决定书查明：2013 年 7 月至 11 月，被告王某某通过其实际控制的其余被告的证券账户（以下简称账户组），持续不断买卖第三人新梅公司公开发行的股票。各被告在该账户组于 2013 年 10 月 23 日合计持有新梅公司股票首次超过 5% 以及在 2013 年 11 月 1 日合计持有新梅公司股票达 10.02% 时，均未按照《证券法》第 86 条规定对超比例持股情况及时向证监会和证券交易所进行书面报告、通知新梅公司并予以公告，亦未披露该账户组由被告王某某控制或存在一致行动关系。直到 2014 年 6 月 9 日，被告开南公司、腾京咨询中心、升创设计中心、瑞邦公司、鸿祥公司及力行公司才首次通知新梅公司，其已于 2014 年 6 月 9 日签署《一致行动人协议》，合计持有

---

① 深圳中级人民法院：深圳市钜盛华股份有限公司、西部利得基金管理有限公司与万科企业股份有限公司工会委员会损害股东利益责任纠纷二审民事裁定书，载中国裁判文书网。

② 上海市第一中级人民法院：上海兴盛实业发展（集团）有限公司诉王某某证券欺诈责任纠纷一案一审民事判决书，载中国裁判文书网。

新梅公司全部已发行股份的 14.23%。《行政处罚决定书》据此认定，被告王某某的行为违反了《证券法》第 86 条之规定。

原告认为，被告不仅通过串谋和出借法人账户的方式对证券监管部门、证券交易所、上市公司及上市公司的股东隐瞒了其控制账户组的事实，而且该账户组在合计持有新梅公司股票达到 5% 和 10% 时，均未依法履行信息披露义务，不仅违反了法律的禁止性规定，损害了上市公司各股东的知情权、交易选择权，且严重侵害了原告对上市公司的控制权和反收购权，构成对上市公司的恶意收购，更为严重的是扰乱了上市公司信息披露、上市公司收购等基本交易制度，严重违背证券交易的公开、公平、公正的基本原则。根据"违法行为不得从中获利"的基本原理，参照《公司法》《证券法》的相关规定及立法精神，且证券监管机构已经认定被告的行为违反了"上市公司收购"的禁止性规定，故应依法阻止其实现违法目的，同时无效法律行为自始即为无效，故被告在持有新梅公司股票期间不应享有相应的股东权利。鉴于被告在股东权利受限期间，仍有可能继续采取包含但不限于协议转让、大宗交易转让、质押、托管、市值（或收益）互换等方式处分股票权益，在既获取股票交易差价非法利益的同时，又假借股东身份间接行使股东权利，从而实施二次损害上市公司及股东利益的行为，故应依法对其所持股票的处置权予以限制，切实追究各被告恶意收购的证券欺诈民事责任。

原告请求法院判令：（1）自 2013 年 10 月 23 日账户组持有新梅公司股票首次达到 5% 之日起，各被告购买新梅公司股票的交易行为无效；（2）依法强制各被告抛售 2013 年 10 月 23 日当日及后续购买并持有的新梅公司已发行股票（即超出 5% 部分），所得收益赔偿给新梅公司；（3）各被告对上述第（2）项赔偿责任互负连带责任；（4）各被告在持有新梅公司股票期间，均不得享有股东权利，包括但不限于表决权（提案权和投票权）等各项权利或权能；（5）自行政处罚决定书生效之日起，各被告不得以集合竞价和连续竞价以外的任何方式处分其持有的新梅公司的股票。

被告王某某等辩称：（1）本案系证券欺诈责任纠纷案件，根据最高人民法院相关司法解释，该类案件应以证券监督管理机构的处罚决定作为民事诉讼的前置程序，而本案中除被告王某某外，其余被告均未受到证券监督管理机构的行政处罚，故除王某某外，其余被告均不适格。（2）原告提起本案诉讼的实质属于股东代表诉讼，但其未履行相应的股东代表诉讼的前置程序。（3）本案被告王某某系因违反了《证券法》第86条关于信息披露的相关规定而被证券监管机构予以行政处罚，该规定在性质上属于行政管理性规定而非效力强制性规定，故被告的违规行为依法并不导致交易行为无效。《证券法》第120条规定，按照依法制定的交易规则进行的交易，不得改变其交易结果。本案被告系在公开的证券市场上以集合竞价的方式买入新梅公司的股票，符合股票交易规则，故交易结果不应予以改变。如确认被告买入新梅公司股票的行为无效，将产生各被告根据法律规定进行无效返还的后果，而在公开集合竞价的证券市场上，要求被告将已买入的股票返还给相应的出售方并收回股票买入价款是不现实的。同时，如要求被告以原告诉请的方式抛售股票，既不利于维护证券市场交易的稳定性，也会对新梅公司股票价格产生负面影响，进而侵害到广大中小股东的权利。（4）账户组合计持有新梅公司股票比例未超过30%，不属于证券法规定的收购行为，亦不存在要约收购和协议收购的情形，被告仅是在证券二级市场上买入新梅公司股票的普通交易行为，不存在所谓的恶意收购。（5）被告王某某已根据证券监管部门的行政处罚决定，履行了所有的被责令改正的义务，即信息披露义务及缴纳罚款，故被告已经合法持有新梅公司的股票，原告诉请要求被告在持有新梅公司股票期间不得享有股东权利，缺乏相应法律依据。（6）原告提起本案诉讼的性质系侵权损害赔偿之诉，但原告并未提供证据证明其财产权益遭受损害，故原告要求被告承担民事赔偿责任缺乏依据。原告主张其作为新梅公司控股股东的控制权及反收购权受到侵害，但大股东的控制权依法不受保护，而反收购权亦仅是法理上的概念，且即使进行反收购，亦应由新梅公司的董事会、监事会决定是否采取反收购措施，而非原告作为上市公司大股东的法定权利。（7）本案各自然人被告已不再持有新梅公司的股票，原告要求该些自然人被告承担连带赔偿责任缺乏法律依据。综上，被告认为其违规超比例购买新梅公司股票的行为仅违反了信息披露义务，并未损害原告诉称的各项权利，亦不构成对公共利益和国家利益的侵害，原告的各项诉请均缺乏事实和法律依据，应全部予以驳回。

上海市第一中级人民法院认为，本案主要争议焦点如下：（1）被告违反《证券法》第86条的规定，在未履行信息披露义务的情况下超比例购买新梅公司股票的交易行为是否有效；（2）原告的合法权益是否因被告的违规行为而遭受损失；（3）原告要求限制现持股被告行使股东权利或处分相应股份的诉请是否具有法律依据。

关于争议焦点一，法院认为，根据中国证监会宁波监管局对被告王某某的行政处罚决定书中认定的事实，王某某系通过其实际控制的各被告的证券账户，按照证券交易所的交易规则，通过在交易所集合竞价的方式公开购买了新梅公司的股票，其交易方式本身并不违法。根据我国《证券法》第120条的规定，按照依法制定的交易规则进行的交易，不得改变其交易结果。该法律规定是由证券交易的特性所决定的。证券交易虽在法律属性上属于买卖行为，但又与一般买卖行为存在显著区别，一般买卖合同发生于特定交易主体之间，而证券交易系在证券交易所以集合竞价、自动撮合方式进行的交易，涉及众多证券投资者，且交易对手间无法一一对应，如交易结果可以随意改变，则不仅会影响证券交易市场秩序，还会涉及众多投资者的利益。因此，即使证券投资者在交易过程中存在违规行为，只要其系根据依法制定的交易规则进行的交易，交易结果仍不得改变。

但是，交易结果的确认并不等同于违规交易者对其违法行为可以免责，对此，《证券法》第120条进一步明确规定："对交易中违规交易者应负的民事责任不得免除；在违规交易中所获利益，依照有关规定处理。"
由此可见，依法确认违规交易行为的交易结果并不必然导致违法者因其违法行为而获取不当利益的法律后果，违规交易者仍应根据其所违反的具体法律规范所造成的后果承担相应的法律责任。

结合本案具体事实，被告的交易行为违反了《证券法》第86条关于大额持股信息披露制度的相关规定。该条款规定："通过证券交易所的证券交易，投资者持有或者通过协议、其他安排与他人共同持有一个上市公司已发行的股份达到百分之五时，应当在该事实发生之日起三日内，向国务院证券监督管理机构、证券交易所作出书面报告，通知该上市公司，并予以公告；在上述期限内，不得再行买卖该上市公司的股票。投资者持有或者通过协议、其他安排与他人共同持有一个上市公司已发行的股份达到百分之五后，其所持该上市公司已发行的股份比例每增加或者减少百分之五，应当依照前款规定进行报告和公告。在报告期限内和作出报告、公告后二日内，不得再行买卖该上市公司的股票。"上述条款对上市公司的投资者通过证券交易所的证券交易，控制上市公司5%以上比例的股份及在该比例后每增减5%比例股份的公告义务作出明确规定，并要求上述投资者履行向证券监管部门、交易所及上市公司的报告义务，且在公告及报告期内不得再行买卖该上市公司的股票。该法律规定之所以要求投资者在大额购买上市公司股票时履行信息披露义务，并在一定期限内不得再行买卖该上市公司股票，一方面是为了便于证券监管机构、证券交易所及上市公司及时了解上市公司股权变动情况，另一方面是为了维护证券市场的公开、公平、公正的交易规则，对股票大额交易行为实施有效监督，防止投资者利用信息或资金优势进行内幕交易或操纵证券市场，保护广大中小投资者的知情权，从而进一步保障广大投资者能够在合理期限内充分了解市场信息，并在该前提下实施投资决策权。

我国《证券法》对违规进行内幕交易、操纵市场及违反信息披露义务的责任主体分别规定了相应的法律责任，其中包括行政责任、民事赔偿责任甚至刑事责任。《最高人民法院关于审理证券市场因虚假陈述引发的民事赔偿案件的若干规定》则进一步明确，对违反上市公司信息披露义务的责任主体，在符合法定要件的情况下，其应对其他证券市场投资者的损失承担相应的民事赔偿责任。至于本案被告是否应承担相应的民事赔偿责任，因不属于双方当事人争议范围，故法院不予审查认定。综上所述，法院认为，结合《证券法》第86条及第120条的相关规定，违反大额持股信息披露义务而违规购买上市公司股票的行为并不属于我国证券法应确认交易行为无效的法定情形，故对被告持股的合法性予以确认。

关于争议焦点二，原告在诉讼中明确表示，其提起本案诉讼并非基于股东代表诉讼，而系其自身利益受到侵害，即被告的违规交易行为侵害了其股东知情权及对新梅公司的控制权和反收购权。对此，法院认为，《证券法》第86条所规定的相关责任主体的信息披露义务旨在保障证券市场广大投资者的知情权，维护证券市场公开、公平、公正的交易秩序。本案被告违反了《证券法》第86条的规定，在未依法及时履行信息披露义务的情况下，在二级市场超比例大量购买新梅公司股票的交易行为，的确侵害了包括原告在内的广大投资者的知情权。根据我国现行《证券法》及相关司法解释的规定，对于因违反信息披露义务，侵害了投资者的知情权及交易选择权的责任主体，其应对遭受损失的投资者承担民事侵权损害赔偿责任。换言之，受损害的投资者享有的是要求侵权行为人承担赔偿其自身财产性权益损失的权利。现原告并未主张财产性权益损失，而是以此为由要求限制被告行使股东权利及对股票的处分权利，该主张缺乏相应的法律依据，不予采纳。

此外，原告主张被告的行为侵害了其对新梅公司的控制权及反收购权。原告该诉讼主张是否成立的关键在于确定原告是否系新梅公司的控股股东，以及原告所主张的控制权及反收购权是否属于依法应予保护的股东权利。根据我国《公司法》第216条的规定，上市公司控股股东是指：（1）持有的股份占股份有限公司股本总额百分之五十以上的股东；（2）持有股份的比例虽然不足百分之五十，但依其持有的股份所享有的表决权已足以对股东大会的决议产生重大影响的股东。本案中，原告目前虽持有新梅公司股份的比例仅为 11.19%，但因新梅公司客观上股权结构较为分散，且该公司在本案诉讼中对原告系其控股股东的事实予以确认，故法院对原告所主张的其系新梅公司控股股东的事实予以确认。对于上市公司控股股东的控制权是否依法应予保护的问题，法院认为，上市公司控股股东的控制权取决于其所持股份的表决权的大小。作为公众公司，为促进市场资源配置最优化，其本质的特征就在于符合条件的投资者均可依法自由买卖该上市公司的股票，因而上市公司控制权也会因投资主体持股数量的变化而随时发生变更。因此，所谓上市公司的控制权仅表现为投资者根据其投资比例依法享有的对公司管理事务表决权的大小，并非控股股东依法所应享有的股东权利。况且，为防止控股股东滥用控制权，我国《证券法》及《公司法》均规定上市公司控股股东应对公司承担相应的忠实、勤勉的信义义务。因此，上市公司股东的控制权并非法定的股东权利。据此，对原告该诉讼主张，法院不予采纳。

对于原告主张的被告的违规交易行为侵害了其反收购权的诉讼主张，法院认为，原告的该诉讼主张涉及对被告的交易行为是否构成对新梅公司的收购，以及原告是否享有其所主张的"反收购权"的认定。因反收购措施权利归属的认定是原告该诉讼主张是否依法成立的首要前提条件，换言之，即使被告的行为构成对新梅公司的收购，如原告依法不享有其所主张的所谓反收购权利，则被告的行为亦不构成对原告权利的侵害。对此，法院认为，反收购既非法律概念，亦非上市公司控股股东的一项法定权利。结合国内外证券市场的现状，所谓反收购是指在目标公司管理层不同意收购的情况下，其为了防止公司控制权转移而采取的旨在预防或挫败收购者收购目标公司的行为。我国《证券法》《公司法》以及中国证监会发布的《上市公司收购管理办法》中均未赋予上市公司的控股股东享有反收购的法定权利。相反，为防止目标公司管理层为一己私利而采取不正当的反收购行为，我国《上市公司收购管理办法》第 8 条对被收购公司管理层采取反收购措施进行了明确规制。该条规定："被收购公司的董事、监事、高级管理人员对公司负有忠实义务和勤勉义务，应当公平对待收购本公司的所有收购人。被收购公司董事会针对收购所作出的决策及采取的措施，应当有利于维护公司及其股东的利益，不得滥用职权对收购设置不适当的障碍，不得利用公司资源向收购人提供任何形式的财务资助，不得损害公司及其股东的合法权益。"因此，任何证券市场主体均不享有原告所主张的所谓法定的反收购权利，而目标公司管理层也只有在为维护公司及广大股东合法利益的前提下才可以采取合法的反收购措施。现原告以新梅公司控股股东的身份提起本案诉讼，主张被告的行为侵犯了其反收购的权利，该主张缺乏法律依据，法院亦不予支持。

关于争议焦点三，原告主张，被告的交易行为应自始无效，且被告尚未完成行政处罚责令其改正的违法行为，故其股东权利及对股票的处置权利应依法受限。被告则共同辩称，其交易结果合法有效，王某某的违法交易行为已受到证券监管部门的行政处罚，且其依照行政处罚决定完成了被责令改正的全部事项，故所有持股被告均可依法行使股东权利。对此，法院认为，关于被告违规交易行为的效力问题，在前述中已作出明确认定，故原告以交易行为自始无效为由要求限制被告行使股东权利的诉讼主张，不予采纳。在交易行为有效的前提下，持股被告的股东权利是否应当受限，这关系被告是否已经完成了被责令改正的违法行为问题的认定。对此，根据《证券法》（2013 年修正）第 213 条规定："收购人未按照本法规定履行上市公司收购的公告、发出收购要约等义务的，责令改正，给予警告，并处以十万元以上三十万元以下的罚款；在改正前，收购人对其收购或者通过协议、其他安排与他人共同收购的股份不得行使表决权。"根据上述条款的规定，责令改正的事项应由证券监督管理机构依其行政职权依法作出行政处罚决定，而是否全面履行改正义务亦应由作出行政处罚决定的证券监督管理机构予以审查认定。

本案中，中国证监会宁波监管局对诉争违法交易行为予以审查后，最终认定被告王某某违反《证券法》第86条的规定，构成了《证券法》第193条所述之信息披露违法行为，并根据《证券法》第193条的规定，责令王某某改正违法行为，给予警告，并处以50万元的罚款。后被告王某某于2015年1月22日通过中国工商银行向中国证券监督管理委员会缴纳罚款50万元，并和开南公司作为信息披露义务人，与一致行动人腾京咨询中心、升创设计中心、瑞邦公司、鸿祥公司、力行公司共同发布《上海新梅置业股份有限公司详式权益变动报告书（补充披露）》。迄今为止，相关证券监督管理部门并未进一步责令王某某或其他被告改正其他违法行为，或要求其进一步补充信息披露，故对原告提出的根据行政处罚决定的结果，各被告的改正行为尚未完成的诉称意见，因缺乏相应的事实及法律依据，法院难以采纳。

至于原告在本案诉讼中提出的被行政处罚的责任主体及处罚事项不当的诉讼主张，因不属于民事纠纷审查范围，故不予审查认定。因原告以被告违法交易行为自始无效及各被告尚未完成行政处罚责令改正事项为由，要求限制持股被告行使股东权利及处分股票权利的诉讼请求缺乏事实及法律依据，不予支持。对于各被告提出的因行政处罚责任主体仅为王某某一人，故其余被告均主体不适格的抗辩意见，法院认为，本案中受行政处罚的责任主体虽仅为王某某一人，但行政处罚决定书已明确认定了各被告形成的账户组受王某某一人控制或存在一致行动关系的事实，故各被告均与本案争议具有一定的关联性。据此，对于各被告的该辩称意见，不予采纳。

综合上述所有争议问题的分析认定，法院认为，被告违反《证券法》第86条的规定，在未依法履行信息披露义务的情况下，违规超比例购买新梅公司股票的行为，违背了证券市场公开、公平、公正的交易原则，侵害了广大中小投资者的知情权和投资决策权，一定程度上亦不利于上市公司治理的稳定性，其违法行为也受到了证券监督管理部门的处罚。但本案中，原告作为新梅公司的投资股东，在其未能举证证明其自身任何合法权益遭受损失的情况下，要求限制被告行使股东权利并禁止其处分相应股票的诉讼请求，缺乏事实及法律依据，本院均不予支持。

据此，2016年6月30日上海市第一中级人民法院作出一审判决，依照《证券法》第86条、《民事诉讼法》第64条第1款、《最高人民法院关于民事诉讼证据的若干规定》第2条的规定，判决如下：驳回原告上海兴盛实业发展（集团）有限公司全部诉讼请求。本案案件受理费人民币916 664.10元，由原告上海兴盛实业发展（集团）有限公司负担。

兴盛实业、王某某等不服上海市第一中级人民法院民事判决，向上海市高级人民法院提起上诉。上海市高院在审理过程中，上诉人兴盛实业于2016年11月22日以各方达成庭外和解为由，申请撤回其上诉。上海市高级人民法院认为：兴盛实业发展（集团）有限公司在本案审理期间提出撤回上诉的请求，不违反法律规定，法院予以准许。据此，法院裁定准许上诉人兴盛实业撤回上诉。本裁定为终审裁定。①

3. 对万科工会起诉宝能案的具体分析

（1）诉讼前置程序。

前述新梅两方股东为争夺上市公司壳资源"大打出手"。其中一方控制多个账户不披露信息偷偷举牌，最后多个账户结成一致行动人成为第一大股东。对此，宁波证监局作出行政处罚，举牌股东涉嫌超比例持股未公告，责令其改正违法行为、给予警告，并处以50万元罚款。另一方则把对方起诉至法院，请求法院判令其超过5%部分的收购无效，且不享有对应的股东权。

最高人民法院于2002年1月15日和2003年1月9日分别发布了

---

① 上海市高级人民法院：上海兴盛实业发展（集团）有限公司与王某某、上海开南投资控股集团有限公司、上海腾京投资管理咨询中心等证券欺诈责任纠纷民事裁定书，载中国裁判文书网。

《最高人民法院关于受理证券市场因虚假陈述引发的民事侵权纠纷案件有关问题的通知》和《最高人民法院关于审理证券市场因虚假陈述引发的民事赔偿案件的若干规定》。根据上述司法解释，投资者对虚假陈述行为人提起民事赔偿诉讼，应当以行政机关（证监会或财政部）的行政处罚决定或者人民法院的刑事裁判文书为先决条件。在新梅案件审理时，证券欺诈责任纠纷案还是以证监局的处罚决定作为民事诉讼的前置程序。

在"行政处罚前置程序"制度设立初期，作为应对不成熟证券市场及司法审判经验不足的"权宜之计"，这种前置程序确有其存在必要性。与传统民商事纠纷不同，证券侵权纠纷专业性很强，由行政机关对违法行为进行审查和认定，可以充分发挥专业人士的优势，使认定结果更具专业性和权威性，从而大大减轻法官对案件事实的认定难度，并免除了普通投资者过重的举证责任。同时，通过前置程序进行有效过滤，能够避免滥诉的发生。

但是随着人民法院证券诉讼审判经验的积累，这种证券诉讼"行政处罚前置程序"饱受诟病。前置程序不仅限制了投资者的诉讼权利，拖延了案件审结时间，还不利于充分发挥证券诉讼对证券市场的净化功能。在证券市场非常成熟的美国，没有所谓"前置程序"的限制。作为回应，最高人民法院 2015 年 12 月 14 日发布《最高人民法院关于当前商事审判工作中的若干具体问题》规定："依法受理和审理虚假陈述、内幕交易和市场操纵行为引发的民事赔偿案件，维护证券交易市场上投资者的合法权益。根据立案登记司法解释规定，因虚假陈述、内幕交易和市场操纵行为引发的民事赔偿案件，立案受理时不再以监管部门的行政处罚和生效的刑事判决认定为前置条件。"

取消行政处罚作为民事诉讼的前置程序，是否意味着投资者在不提供任何证据证明被告可能存在证券违法行为的情况下就可提起证券诉讼？显然不是。投资者仍然需要提出初步证据以证明被告可能存在证券违法行为。实践中，一般可以作为被告构成"证券违法行为"的初步证据包括：

证券监管机构已对被告进行立案调查、证券监管机构已对被告采取监管措施、公安机关已对被告涉嫌证券犯罪进行立案调查、证券交易所已对被告采取监管措施、惩戒或处分、上市公司已披露更正公告或被告的其他自认违法行为，或者媒体揭露被告存在证券违法行为。

在前置程序取消前，由于行政处罚决定或者刑事裁判文书的存在，被告的行为是否构成"证券违法行为"通常不存在争议。但是在前置程序取消后，作为"承担证券欺诈民事赔偿责任"前提的被告行为是否构成"证券违法行为"将成为案件审理的焦点，产生更大的争议空间。2015年最高人民法院发布的司法解释，强调在实体方面要正确理解证券侵权民事责任的构成要件。需要在传统民事侵权责任的侵权行为、过错、损失、因果关系四个构成要件中研究证券侵权行为的"重大性""交易因果关系"特殊的质的规定性。"重大性"，是指违法行为对投资者决定的可能影响，其主要衡量指标可以通过违法行为对证券交易价格和交易量的影响来判断。"交易因果关系"是指违法行为影响了投资者的交易决定。"重大性""交易因果关系"是为了限制或减轻行为人责任所进行的制度安排。如果侵权行为不具有"重大性"或者侵权行为与投资者的交易决定没有"因果关系"时，行为人不需要承担赔偿责任。[①]

就"宝万之争"而言，尽管证券监管部门尚无定论，但这并不影响起诉、受理与审判。但是，由于该案涉及利益主体多、时间跨度长、博弈激烈，加之无证券监管部门的行政调查结果作为事实依据，法院审理有一定难度。

（2）万科工会的法律性质与诉讼资格。

《工会法》（2009年修正）第14条规定："中华全国总工会、地方总工会、产业工会具有社会团体法人资格。基层工会组织具备民法通则规定

---

① 《最高人民法院关于当前商事审判工作中的若干具体问题》，2015年12月24日发布，2015年12月24日起施行。

的法人条件的，依法取得社会团体法人资格。"

万科企业工会是否可以提起诉讼?《工会法》第20条第4款规定："企业违反集体合同，侵犯职工劳动权益的，工会可以依法要求企业承担责任；因履行集体合同发生争议，经协商解决不成的，工会可以向劳动争议仲裁机构提请仲裁，仲裁机构不予受理或者对仲裁裁决不服的，可以向人民法院提起诉讼。"第21条第3款规定："职工认为企业侵犯其劳动权益而申请劳动争议仲裁或者向人民法院提起诉讼的，工会应当给予支持和帮助。"第49条规定："工会对违反本法规定侵犯其合法权益的，有权提请人民政府或者有关部门予以处理，或者向人民法院提起诉讼。"据此，无论是否取得法人资格，企业工会都具有诉讼主体资格，但是诉讼限于劳动领域的合同争议或者企业侵犯工会合法权益的行为。

工会本质上是职工利益的代表，不应当从事营利性投资活动。但是，在我国企业改制过程中，很多工会都设立了职工持股会，从而具有了营利性。长期以来，职工持股会都被准许办理法人登记。但是其本质上的公益性却带有了营利性特征，显然两种角色是冲突的。对此，《民政部办公厅关于暂停对企业内部职工持股会进行社团法人登记的函》[①]（民办函〔2000〕110号）规定，1998年国务院颁布了修订的《社会团体登记管理条例》，该条例第3条第3款规定"下列团体不属于本条例规定登记的范围：……（三）机关、团体、企业事业单位内部批准成立、在本单位内部活动的团体"。由于职工持股会属于单位内部团体，不应再由民政部门登记管理。……在国务院没有明确意见前，各地民政部门暂不对企业内部职工持股会进行社团法人登记；此前已登记的职工持股会在这次社团清理整顿中暂不换发社团法人证书。

《中国证监会关于职工持股会及工会能否作为上市公司股东的复函》

---

① 该文件已被《民政部公告第193号——民政部关于清理本部门规章、规范性文件的公告》废止。

（法律部〔2000〕24 号）规定："职工持股会属于单位内部团体，不再由民政部门登记管理。对此前已登记的职工持股会在社团清理整顿中暂不换发社团法人证书。因此，职工持股会将不再具有法人资格。在此种情况改变之前，职工持股会不能成为公司的股东。另外，根据中华全国总工会的意见和《中华人民共和国工会法》的有关规定，工会作为上市公司的股东，其身份与工会的设立和活动宗旨不一致，可能会对工会正常活动产生不利影响。因此，我会也暂不受理工会作为股东或作为发起人的公司公开发行股票的申请。"

《中国证监监督管理委员会法律部关于职工持股会及工会持股有关问题的法律意见》（法协字〔2002〕115 号）规定："一、我会停止审批职工持股会及工会作为发起人或股东的公司的发行申请主要有两点考虑：其一、防止发行人借职工持股会及工会的名义变相发行内部职工股，甚至演变成公开发行前的私募行为。其二、在民政部门不再接受职工持股会的社团法人登记之后，职工持股会不再具备法人资格，不再具备成为上市公司股东及发起人的主体资格，而工会成为上市公司的股东与其设立和活动的宗旨不符。二、我部认为，与发行申请人有关的工会或职工持股会持股的三种情形，建议分别处理：1. 对已上市公司而言，在受理其再融资申请时，应要求发行人的股东不存在职工持股会及工会，如存在的，应要求其按照法律部〔2000〕24 号文要求规范。2. 对拟上市公司而言，受理其发行申请时，应要求发行人的股东不属于职工持股会及工会持股，同时，应要求发行人的实际控制人不属于职工持股会及工会持股。3. 对于工会或职工持股会持有拟上市公司或已上市公司的子公司股份的，可以不要求其清理。"

在证监会出台规范性文件后，国内几乎所有的曾经存在的职工持股会或工会持有股权的上市公司都已经按规定清理规范。十多年过去了，万科依然存在工会持股的情况令人诧异。在万科中，万科企业工会仍然是万科的股东。《经济参考报》记者查阅公开资料显示，在《深万科 A2001 年年度报告》中，万科工会持有万科 A 股接近 600 万股，为万科第 9 大股东；在万科《2015 年半年度报告》中，万科工会持有万科 A 股为 6716.85 万股，持股比例为 0.61%，为万科第 8 大股东。由于宝能、安邦保险等公司从 2015 年下半年开始大笔买入万科 A 股股票，才使得万科工会未出现在此后的十大股东名单里。① 此次，万科企业工会以股东身份提起诉讼，其作为本案的诉讼主体资格值得商讨。但是，尽管工会持股并不符合规范性文件的要求，但不至于使工会持股无效，因此并不影响法院对该案的受理。不过，万科违反行政法规或者规章，应承担相关的行政责任。此外，万科企业工会应按照规范性文件的要求，进行强制转股。

（3）实体争议问题。

与新梅案例一样，万科工会诉"宝能系"也提出如下诉讼请求：（1）判令举牌股东持股首次达到 5% 之后的交易行为无效；（2）相关收益归属上市公司并负连带赔偿责任；（3）限制表决权、提案权和投票权等相关股东权利。参考新梅案例，可以得出以下要点。

第一，违反《证券法》第 86 条的规定，在未履行信息披露义务的情况下超比例购买目标公司股票的交易行为是否有效。对此，即使证券投资者在交易过程中存在违规行为，只要其系根据依法制定的交易规则进行的交易，交易结果仍不得改变。但是，这并不代表责任主体能够免除行政责任、民事赔偿责任，甚至刑事责任。本案中，宝能系大额持股并增持万科股份违反法律关于信息披露的规定，此后则演变为股权确认纠纷。事实上，只要宝能收购股份的行为符合《证券法》所规定的股份转让要求，即使违反信息披露要求，也不影响股份转让的民事效力。

第二，原告的知情权等是否因被告的违规行为而遭受实际损失。宝能未依法进行信息披露的确损害了其他股东的知情权，进而影响其他股东的

---

① 王文志：《工会持股成万科"深铁方案"重组硬伤》，载《经济参考报》2016 年 7 月 19 日。

选择权。但是，如果其他股东未提出赔偿损失的诉讼请求，也没有提出证据证明自己遭受了实际损失，法院对此不予审理。

第三，原告要求限制被告行使股东权利或处分相应股份的诉讼请求是否具有法律依据。《证券法》（2013 年修正）第 213 条规定："收购人未按照本法规定履行上市公司收购的公告、发出收购要约等义务的，责令改正，给予警告，并处以十万元以上三十万元以下的罚款；在改正前，收购人对其收购或者通过协议、其他安排与他人共同收购的股份不得行使表决权。"据此，责令改正的事项应由证券监督管理机构依其行政职权依法作出行政处罚决定，而是否全面履行改正义务亦应由作出行政处罚决定的证券监督管理机构予以审查认定。质言之，如果违法行为人已经改正，则不影响其股东权利的行使。本案中，鉴于宝能系在举牌方面并无重大违规行为，且证券监管机关未作出违规认定，因此不应当限制其表决权等股东权的行使。

（七）宝能系违规动用保险资金投资被保监会处罚

1. 投资领域与投资方式

在"宝万之争"中，难以绕开的一个问题就是宝能系对保险资金的运用是否违规。保险资金是指保险集团（控股）公司、保险公司以本外币计价的资本金、公积金、未分配利润、各项准备金及其他资金。根据《保险法》第 106 条规定，保险公司的资金运用限于银行存款；买卖债券、股票、证券投资基金份额等有价证券；投资不动产；国务院规定的其他资金运用形式。保监会 2014 年 4 月 4 日修订的《保险资金运用管理暂行办法》第 6 条规定："保险资金运用限于下列形式：（一）银行存款；（二）买卖债券、股票、证券投资基金份额等有价证券；（三）投资不动产；（四）国务院规定的其他资金运用形式。"

对于保险资金的股票投资，保监会 2014 年 2 月发布的《保险机构投资者股票投资管理暂行办法》第 12 条规定："保险机构投资者的股票投资可以采用下列方式：（一）一级市场申购，包括市值配售、网上网下申购、以战略投资者身份参与配售等；（二）二级市场交易。"《保险资金运用管理暂行办法》第 9 条规定："保险资金投资的股票，主要包括公开发行并上市交易的股票和上市公司向特定对象非公开发行的股票。投资创业板上市公司股票和以外币认购及交易的股票由中国保监会另行规定。"

同时，对保险资金股权投资作出了一定限制。《保险机构投资者股票投资管理暂行办法》第 13 条规定："保险机构投资者持有一家上市公司的股票不得达到该上市公司人民币普通股票的 30%。保险机构投资者投资股票的具体比例，由中国保监会另行规定。保险资产管理公司不得运用自有资金进行股票投资。"《保险资金运用管理暂行办法》第 13 条规定："保险集团（控股）公司、保险公司不得使用各项准备金购置自用不动产或者从事对其他企业实现控股的股权投资。"

据此，保险公司可以投资公开发行并上市交易的股票，可以通过一级市场申购，也可以通过二级市场交易，但是所持一家上市公司的股票不能占该公司人民币普通股票的 30%。在本案中，前海人寿在法律允许的比例范围内购买万科股票，成为万科的股东，并不违反法律规定。

据此，前海人寿收购万科 A 股份在资金方面的唯一限制是：如果其目标是控股万科，就不能动用准备金来收购。如果其运用准备金之外的资金来收购，则不存在任何限制。并且，在万宝之争前期，证监会也表示市场主体之间收购、被收购的行为属于市场化行为，只要符合相关法律规定的要求，监管部门不会干涉。

2. 保监会对宝能作出行政处罚

尽管证监会并未干涉，但保监会经过调查，认定前海人寿存在编制提供虚假材料、违规运用保险资金等问题。2017 年 2 月 24 日，保监会依照法定程序，依据《保险法》等规范性文件对前海人寿及相关责任人员分别作出警告、罚款、撤销任职资格及行业禁入等处罚措施。保监会对前海人寿作出的行政处罚决定书显示，前海人寿存在以下违法行为，违法事实如下。

第一，编制提供虚假资料。前海人寿在就 2015 年 11 月增资活动提交的相关报告中，作出股东增资资金的性质为自有资金等陈述。经查，增资资金情况与报告陈述不符。据机构测算，宝能系收购万科股份累计花费资金 400 亿元。在宝能举牌万科的资金中，自有资金很少，除银行信贷、债权、股权质押等传统资金来源外，还有通过券商收益互换、资产管理计划等筹集的杠杆资金。保监会在调查后，确认前海人寿资金来源不符合"自有资金"等陈述。

第二，违规运用保险资金。一是 2015 年和 2016 年，前海人寿在权益类资产投资比例超过总资产 30% 后，投资了多支非蓝筹股。二是 2014 年至 2016 年，前海人寿在某银行办理 T+0 结构性存款业务。三是 2015 年至 2016 年，前海人寿以间接投资股权方式，认购深圳某产业基金企业（有限合伙）等多只基金份额，但上述基金的管理人在注册资本、管理资产等方面，未达到保监会对股权投资基金管理人资质的要求。四是 2015 年至 2016 年，前海人寿向保监会提交的相关产业基金、股权投资基金项目材料报告，未按规定披露基金管理人的资质情况。五是前海人寿投资的某文化金融中心项目、某度假酒店项目等项目，项目公司均向前海人寿股东进行了借款，但未按照规定提供担保。

据此，保监会决定作出如下处罚：（1）前海人寿向保监会编制提供虚假资料，违反《保险法》第 86 条。根据该法第 170 条，对前海人寿罚款 50 万元；根据该法第 171 条、第 177 条，给予姚振华撤销任职资格并禁止进入保险业 10 年的处罚。（2）前海人寿违规运用保险资金，违反《保险法》第 106 条及《保险资金运用管理暂行办法》等有关规定，根据《保险法》第 164 条，对前海人寿罚款 30 万元；根据《保险法》第 171 条，对相关责任人员处以警告、罚款。

在某种意义上，保监会的行政处罚决定，切断了宝能系的资金来源，使宝能在增持万科股份中退出。

（八）万科控制权之争的启示

作为我国房地产业重要龙头企业的万科，其控制权之争在吸引了众多关注的同时，也引发了人们对于如何维护公司控制权、科学地实现公司治理等问题的思考。

1. 分散的股权结构导致反收购力度弱

万科此次所遭受到的恶意收购，其实早就由其成立之初所确定的分散股权结构所决定。分散持股下，所有权与经营权高度分离，公司控制权掌握在管理层手中。截至 2015 年年末，万科 A 股持股比例最高的股东是华润，但也仅持有 15.23%。代表万科事业合伙人的持股平台盈安合伙仅持有 4.14%，即使加上万科管理层持股，两者合计持股也不过约 5%。尽管管理层和职工持股比例非常低，但却实现了对公司的实际控制。这种持股模式的治理优势是，股东大会是公司的最高权力机构，股东大会层面的控制由几个大股东分享，达到了大股东之间相互监督、制衡。同时，通过董事会的内部制衡，使任何一个大股东都无法单独控制公司决策，从而有效抑制可能存在的大股东"以公谋私"行为，避免对上市公司利益造成损害。

但是，这种模式的弊端也比较明显，由于股权非常分散，很容易使公司成为敌意收购的目标。这一点与英美法系国家公司所面临的状况相同。但是与英美法系国家不同，我国公司通常没有在章程中采取充分的反收购措施的约定，在法律的限制下也无法采取有效的事后反收购措施，从而导致我国上市公司在面临敌意收购的时候难以采取有效对策。

2. "防御性措施"在章程中的缺失导致被动

在我国，如果被收购公司在面临收购的时候才采取反收购措施，一是能够采取的类型非常有限，二是"亡羊补牢"，可能不晚，也可能晚矣。对于公司而言，应当在章程中采取我国法律所允许的防御性条款。但是反观万科《章程》，这些防御性条款几乎不存在。

万科的股权大战无疑让中国的公司治理进入一个新时代，上市公司从内部人士尽情挥洒的伊甸园，转眼成了资本市场上群雄竞夺的生死地。雅化集团（002497）、廊坊发展（600149）等接连掀起修改公司章程、添加反收购条款的热潮，而伊利股份（600887）则把这股浪潮推上了一个新高度。① 显然，万科反收购的失效暴露了其章程条款的薄弱，由此引发了众多上市公司对章程反收购条款的关注，也算是为我国并购相关制度的健全作出了贡献。

3. 能够采取的事后反收购措施有限影响反收购效果

就万科而言，在公司面临收购时，经理人与股东两层皮的模式，较之于经理人听从于大股东的模式，显然前者的经理人无法采取更有力的反收购措施。《上市公司收购管理办法》第33条规定："收购人作出提示性公告后至要约收购完成前，被收购公司除继续从事正常的经营活动或者执行股东大会已经作出的决议外，未经股东大会批准，被收购公司董事会不得通过处置公司资产、对外投资、调整公司主要业务、担保、贷款等方式，对公司的资产、负债、权益或者经营成果造成重大影响。"

该条主要体现了两个方面的要求，一是在收购人作出提示性公告之前，董事会可以基于公司和股东利益采取反收购措施；二是在收购人作出

---

① 张巍：《伊利股份的章程修订究竟有几成合法性？》，载 http://www.xcf.cn/tt2/201608/t20160824_776131.htm，最后访问日期：2019 年 5 月 1 日。

提示性公告后之要约收购完成前，被收购公司如果采取诸如处置公司资产、对外投资、调整公司主要业务、担保、贷款等方式，对公司的资产、负债、权益或者经营成果造成重大影响的反收购措施，必须经过股东大会批准。但是显然，收购人作出提示性公告之前，显然时间太过紧迫，董事会可能没有任何预料，后知后觉是常态。一旦收购人作出提示性公告，董事会显然意识到问题的紧迫性和严重性，即使意欲采取反收购措施，但是按照《上市公司收购管理办法》的规定，一些影响公司权益的反收购措施只能在股东大会的批准之下才能够采取，这显然严格限制了董事会采取反收购措施的能力。因此，实践中经常出现的就是停牌与寻找"白马王子"，以及诉讼。至于"焦土策略"、回购股份等，都受到极大限制。在某种意义上，我国这种立法是有利于促进一个并购市场的形成，但是对于董事、高管的保护力度显然不够。此外，放眼国际市场，当我国公司面临外资收购的时候，也是要由股东会批准采取反收购措施，我国公司被外资并购的可能性就大大提高了，在一定程度上也不利于我国经济安全。

我国的反收购立法与英国规制公司并购的《英国收购与兼并城市法典》相似。该法典的许多条文都体现出以股东为本的理念，要求目标公司董事会在收到收购要约后所采取的一切行动均应当以协助股东会作出是否接受该收购要约的决定为出发点。与《英国收购与兼并城市法典》一样，英国的判例法有关审查董事在反收购过程中经营决策的精神也是限制董事会的防御措施，以便使公司控制权市场能够自由发挥其作用。总体而言，英国的判例法强调收购的最终决定权属于股东会，而非目标公司的董事会，并且判定董事会超越股东会授权作出的行为无效。

美国对于董事会的反收购行为采取了相当宽容的态度。董事会有权采取任何种类的反收购策略，只要他们能够证明他们所采取的反收购措施是出于合理的经营目的。德国在促进有关公司收购的欧盟第13号公司法指令的过程中的前后态度的转变，也说明了股东权益保护的约束。一开始，德国在推进"股东资本主义"的进程之中，它努力推行"董事会中立"①，但是，考虑到其他欧洲大陆其他国家"黄金股份"的存在，德国逐渐放弃了推动"董事会中立"，而且在其国内所制定的反收购立法中明确承认董事会可以采取广泛的反收购措施。

从理论上讲，促进收购有利于资源的优化配置，也有利于防止董事滥用权力损害股东利益。反收购则有利于公司的相对稳定与经营策略的一致，还有利于公司人力资本的维系。因此，两者并不是绝对的孰优孰劣的关系。究竟采取哪种立法模式，取决于一国立法者的立法取向与一国实际。

---

① 所谓"董事会中立"，是指在公司收购过程中，由股东决定是否采取反收购措施，董事会不得在没有获得股东大会准许的情况下擅自采取反收购措施。

中芯国际的控制权之争

【引言】

股权分散下股东对公司控制权的争夺

半导体高新技术一直被各国视为核心竞争力。1996 年 7 月，33 个国家的代表签署了《瓦森纳协定》，决定自 1996 年 11 月起实施新的控制清单和信息交换规则。在该协定下，我国的华晶和华虹两家公司都遭到了限制，导致我国半导体技术与国际先进水平存在 2~3 代的差距。为突破国际封锁，中芯国际应运而生，为获得各路背景的资金，中芯国际形成了分散的股权结构与经理人控制的模式。但是在公司陷入不断的专利侵权诉讼时，投资人对管理者产生质疑。由此引发的董事席位的空缺，引起了本来就具有争夺控制权意图的股东的觊觎。一开始作为财务投资者的大唐电信在董事会决议中积极地行使了自己的否决权，无论是在吸收新投资人中国投资公司，还是在选举董事议题上，其角色已经进行了转变。

对于投资人而言，无论是作为财务投资人还是战略投资人，都是对其主观意图进行的判定。但是在投资人自身需求发生变化的情况下，其投资目的显然也会发生改变，对此不存在道德或者伦理的批判。从另一个角度讲，如果未能通过投资协议对投资人的权力进行限制，这种假设上的财务投资人转变为积极投资人是极有可能发生的。对于公司而言，有能力且有意图采取对抗措施的主要有三个主体：管理层、董事会和其他股东。在中芯国际案例中，股东基本上与董事会同质化，董事会层面的争夺就是大股东代表之间的争夺。在管理层层面，因为管理者缺位，无法采取有效的反收购措施。因此，中芯国际的控制权争夺在很大程度上就是同为股东的大唐电信与其他股东之间的争夺。这种争夺从股东大会延续到了董事会。

中芯国际的控制权之争说明，公司在发展过程中为吸引投资不得不引入新股东，与其在发生控股权争夺时被动采取措施，不如在新股东加入时，就对其在股东大会中的权力或者在董事会中的权力进行限定，以此维持公司的经营理念。这种做法对于在英美法系国家注册的中芯国际而言显然是可以适用的。

一、案情①

（一）中芯国际的诞生

20 世纪 90 年代末，时任上海市经济委员会副主任的江上舟判断，集成电路产业是我国的关键产业。江上舟向市领导建议，规划建设张江微电子开发区。在调研集成电路产业的过程中，江上舟与王阳元和尚在经营世大积电的张汝京相识。

2000 年，张汝京在我国台湾地区创办的世大积电被大股东擅自出售，此后便到大陆寻求创业机会。在江上舟的支持下，2000 年 4 月，张汝京在开曼群岛设立了中芯国际。中芯国际的首批投资人包括：美国的高盛、华登国际，我国台湾地区的汉鼎亚太，新加坡的祥峰投资，作为国资的上海实业和北大青鸟。中芯国际的股权十分分散，即使作为最大股东的上海实业，也仅仅持股 12% 左右，而作为公司高管的张汝京只持有不到 1% 的股份。为保障张汝京能够独立经营，避免受到来自大股东的干扰，董事会中只有张汝京一名执行董事，其他股东所委派的董事只是非执行董事。此后，中芯国际作为外国企业，以外商身份在上海投资设厂。

2003 年，中芯国际的产能进入全球半导体代工行业三甲，仅次于中国台湾地区的台积电及台联电。为应对大规模投资，2003 年 9 月中芯国

---

① 黄婕：《力推 COO 上位，大唐"变脸"逻辑》，载《21 世纪经济报道》2011 年 7 月 6 日；黄婕：《中芯内部审计文件曝光：COO 杨士宁涉嫌逃税》，载《21 世纪经济报道》2011 年 7 月 8 日；王冰睿：《没有赢家——中芯国际内讧记》，载《IT 时代周刊》2011 年 8 月 5 日。

际向原股东和新投资人募集 6.3 亿美元资金。

2004 年 3 月，中芯国际在纽约、我国香港特别行政区两地上市，融资 18 亿美元，开始了新一轮扩张。

（二）大唐电信入股中芯国际

2008 年 11 月，大唐电信科技产业控股公司（以下简称大唐电信）入股中芯国际，取代上海实业成为第一大股东。由于当时正处于国际金融危机最严重的时期，中芯国际的股价接连下跌，央企复杂的审批程序，使大唐最终以 1.76 亿美元获得中芯国际 16.6% 的股份。同时，大唐电信获得了两个非执行董事席位。中芯国际融资额的大幅缩水，以及原股东的股权被过度稀释，加剧了股东之间的矛盾。

2009 年 1 月，中芯国际拿到 32 纳米生产设备的出口许可证。事实上，中国半导体产业的成就与其创始人张汝京的美籍台商身份、各种背景的股东身份密切相关。当中芯国际已经实现 4 座 12 英寸芯片加工时，华虹筹划多年的 1 座 12 英寸的工厂却因技术限制而失败。

2009 年 6 月 23 日，王阳元辞去中芯国际董事及董事长职务。为协调各方利益，江上舟以非执行董事身份出任董事长。他不代表任何一方，更多以政府官员的身份协调各方利益，维系企业的基本平衡。此时，董事会的格局如下：董事会主席兼独立非执行董事江上舟、总裁兼首席执行官兼执行董事张汝京、非执行董事周杰（周杰替任汪正纲）、陈山枝及高永岗（代表大唐电信），独立非执行董事川西刚、陈立武及杨雄哲。

（三）控制权之争的导火索

2009 年 11 月 3 日，美国加州联邦地方法院就中芯国际侵犯台积电知识产权一案，判决中芯国际败诉。陪审团发现，在 65 个争议专利项目中，中芯国际非法使用台积电的专利项目高达 61 个，台积电就此要求获得 10 亿美元的损害赔偿。

2009 年 11 月 7 日，中芯国际董事长江上舟、CEO 张汝京及律师团队与台积电谈判，最终达成协议：中芯国际分四年向台积电赔偿 2 亿美元现金，同时向台积电支付 8% 的股权，此外还授予 2% 的认股权，台积电遂成为中芯国际第二大股东。但是，为避免台积电过多介入中芯国际运营，双方约定台积电无权向中芯国际董事会派驻董事，只能做中芯国际的财务投资者。

由于中芯国际的侵权行为以及在诉讼中的败诉，股东对张汝京日益不满。2009 年 11 月 10 日，中芯国际董事会宣布，CEO 张汝京由于个人原因离职。董事会宣布，委任王宁国为执行董事兼集团总裁、CEO。王宁国来自中国台湾地区，获得加州伯克利大学的博士学位，曾担任美国应用材料公司全球执行副总裁及亚洲区总裁、华虹集团 CEO 及华虹 NEC 董事长。同时，曾是中芯国际创始团队成员之一的杨士宁也重新回到中芯国际，出任 COO。

（四）大唐助推下的派系之争

2010 年 2 月，随着新任总裁兼 CEO 王宁国等管理团队成员的相继到位，中芯国际"后张汝京时代"的发展战略逐渐显现。王宁国决定摒弃张汝京"大而全"的经营模式，表示将通过机构的"扁平化"来提高公司的经营效率。

2010 年 8 月 16 日，中芯国际发布公告，称已与大唐电信签订认购协议。2010 年 8 月 17 日，大唐电信按每股 0.52 元，认购中芯国际约 15.28 亿股新股，折合现金 1.02 亿美元（约 7.95 亿元人民币）。认购完成后，大唐电信持有中芯国际增资后已发行股本的约 19.14%，牢牢占据第一大股东的位置。

2010 年 11 月 22 日，大唐电信集团通过其子公司大唐电信科技产业控股有限公司与中芯国际完成了交易。大唐控股以每股 0.52 港元的价格，投资 1.02 亿美元参与中芯国际增发，增资完成后大唐将持有中芯国际 19.14% 股份，依然是中芯国际第一大股东。

为平衡大唐电信过强的话语权，也为进一步筹集公司资金，江上舟说服中国国家主权基金性质的中国投资公司进行投资。

2011 年 4 月 19 日，中国投资公司投资 2.5 亿美元，占总股本的 11.6%，成为公司的第一大股东。其实，中国投资公司本来打算投资 3.5 亿美元，但是大唐电信担心其股权被稀释，表示了强烈反对。最终，中国投资公司只能投入 2.5 亿美元。至此，大唐电信仍然占据第一大股东位置，中国投资有限公司列第二，上海实业持股 8.2%，位列第三。台积电由持股 10% 稀释到 6.53%，位列第四。

2011 年 6 月 27 日，64 岁的江上舟在中芯国际董事长任上病逝。江上舟的突然离世，打破了股东之间原有的力量平衡，激发了公司控制权的重新分配。

2011 年 6 月 29 日，中芯国际年度股东大会如期举行。《章程》第 125 条规定，"本公司可通过普通决议案委任任何人士出任董事，亦可通过普通决议案罢免任何董事（包括董事总经理或其他执行董事），并可通过普通决议案委任其他人士代替被罢免的董事。根据上一句于其他董事被罢免时获委任的任何董事，须出任被罢免董事的余下整个任期，直至该名获委任董事的继任人被选出及符合资格为止"。在重选王宁国和高永岗为公司董事的表决中，高永岗以 97.5% 的赞成票顺利获得连任，而王宁国却只获得 41.79% 的赞成票，意外落选。结果是，中芯国际的董事长、执行董事和 CEO 缺位。王宁国落选后，中芯国际董事会由 7 人构成：代表大股东大唐电信的陈山枝、高永岗，代表上海实业的周杰，代表海外投资人的陈立武、川西刚，代表中国投资公司的刘遵义，以及刚进入董事会不久的张文义。此前江上舟的辞世导致中芯国际董事长缺位，而王宁国的落选则导致中芯国际执行董事和 CEO 的空缺。公司主要管理职位的空缺，导致中芯国际董事会和管理者层面出现权力真空。

2011 年 6 月 30 日，大唐电信在没有通知董事会秘书的情况下，召开临时董事会，提请董事会任命公司 COO 杨士宁为公司执行董事。得知上述消息后，张文义、刘遵义、陈立武和川西刚四位董事拒绝参加，并从法律程序角度提出异议。

2011 年 7 月 2 日，中芯国际再次召开临时董事会，商讨执行董事任命。大唐电信提出，由现任董事高永岗出任执行董事，反对张文义成为执行董事。陈立武、川西刚则提出，该职位应由张文义担任。投票中，代表大唐电信的陈山枝、高永岗以及周杰投了反对票。最终，董事会以 4：3 的投票结果，通过了张文义当选执行董事的决议。张文义的当选填补了王宁国落选董事及执行董事的空缺。

从王宁国的落选到张文义当选，在中芯国际的控制权上，大唐扮演着越来越强势的角色。大唐由最初的财务投资者转变为现在的强势股东，角色的转变令管理层始料未及。

2011 年 7 月，在中芯国际控制权争夺的重要关头，一份有关 COO 杨士宁涉嫌逃税的内部审计文件被曝光。该文件显示，在 2011 年上半年公司进行的一次内部审计中，现任 COO 杨士宁通过"不合适"的工作和报销发票操作，逃避了大量个人所得税。该文件认为，杨士宁的做法违背了公司道德行为规范，使公司在运营方面存在潜在风险。

2011 年 7 月 11 日，中芯国际首席市场官季克非提交辞呈。

2011 年 7 月 13 日，中芯国际总裁兼 CEO 王宁国向董事会提交辞呈。

2011 年 7 月 15 日，中芯国际召开董事会，经过多方博弈，董事会最终作出人事调整方案：张文义出任董事长、执行董事兼代理 CEO，大股东大唐电信力挺的 COO 杨士宁未能出任 CEO。中芯国际公告称，未来将继续物色适当人选填补 CEO 职务。历时半个多月的动荡局面总算得到暂时控制。董事会公告表示，董事会成员一致表示，坚持中芯国际的独立性，坚持国际化运作，实行职业化、规范化的经营管理。这一表态，延续了原董事长江上舟的理念，化解了中芯国际海外客户对中芯国际国有化的忧虑。

张文义和江上舟是清华大学无线电系的大学同学，是我国半导体及彩色显像管行业的重量级人物，曾任华虹集团和华虹 NEC 董事长、陕西彩色显像管总厂厂长、彩虹电子董事长和电子工业部副部长等。江上舟认为张文义是可以接替自己执掌大局的理想人选，并力邀张文义进入中芯国际董事会，希望由其出任公司董事长。

2011 年 7 月 18 日，中芯国际复盘，随即遭遇四连跌，累计跌幅超过25%。摩根大通和摩根士丹利都将中芯国际股票的评级从"中性"下调至"减持"。前者将其目标股价从 0.6 港元下调至 0.45 港元，后者则将其目标股价从 0.37 港元下调至 0.29 港元。同日，张文义向全体股东发出公开信，代表董事会就近期管理团队的变动给投资者造成的困扰致歉，并希望"广大投资者能够保持足够的耐心，继续不断给予我们支持"。

2011 年 7 月 20 日，复牌的第三天，中芯国际延续跌势，股价在港交所下挫 3%，至 0.485 港元。自 7 月 18 日复盘后，中芯国际股价已累计下滑 23%，市值缩水 40 亿港元（约合 5.13 亿美元），而同期的香港恒生指数却上扬了 0.6%。同日，张文义又向全体员工发信，强调眼下的"头等大事"是维护公司内部团结，保持有序运行，恢复客户与投资人的信心。

2011 年 8 月 5 日，华虹 NEC 现任 CEO 邱慈云出任中芯国际执行董事兼 CEO。

2011 年 8 月 15 日，中芯国际在港交所发布公告称，公司首席运营官（COO）杨士宁已经辞职，并于 2011 年 9 月 5 日正式离任。中芯国际将物色接替杨士宁的人选。

随着中芯国际董事会及高管的相继确定，持续多年的控制权之争也告一段落。

二、评析与经验法则

（一）中芯国际控制权的争夺

1. 中芯国际的诞生

面对其他国家对我国芯片行业的长期封锁，我国政府加大了对芯片产业的支持力度，意图寻求独立发展。在这一背景下，中芯国际于 2000 年 4 月在开曼群岛注册成立，其投资人多为海外背景，CEO 是张汝京。中芯国际开放的投资人背景以及外国公司的属性，使其在国际市场上拥有较为广阔的发展空间。

为避免中芯国际被大股东所控制失去经营独立性，作为中国政府代表的江上舟，尽管也以中国政府的产业政策导向为根本，但更加关注企业的经营自主权。他在创业和经营理念上强调 "两个 I"，即独立性（Independent）和国际化（International）。当年，张汝京从美国回台创立世大积电，并在短短三年内实现盈利，其业绩有目共睹。但他始料未及的是，大股东在未告知他的情况下擅自将公司出售给台积电。这段经历令张汝京倍感耻辱，也促使他创立了中芯国际。为避免重现 "世大积电" 被大股东控制甚至私下出售的局面，张汝京意图避免股权高度集中的股权结构，决定对中芯国际采取分散型的股权结构。江上舟和张汝京在投资和经营理念上的高度契合，使中芯国际在创业和经营初期都非常顺利。

在创始人理念的影响下，中芯国际创立之初的几位大股东——上海实业、北大青鸟、高盛、华登国际、汉鼎亚太和祥峰投资等，都只持股

10% 左右。这种分散型的持股模式能够保证以张汝京为核心的管理层对公司拥有绝对控制。此外，尽管中芯国际的几位大股东都属于各大集团的控股子公司，但中芯国际本身是在几位大股东的直接控制之下，因此并不存在金字塔型的控股结构，也不涉及实际控制人，股权结构清晰。

2. 中芯国际引资大唐电信

中芯国际自 2000 年诞生以来，发展速度极快，成为继台积电、GlobalFounderies、联电之后的全球第四大芯片生产商。但是，由于中芯国际长期扩张、大笔投资，加之专利官司不断，公司经营步履维艰。2007 年，接连亏损和竞争对手的打压，迫使中芯国际作出进一步引资的决定。

但是，现有股东只期望中芯国际能够盈利，对继续投资毫无兴趣。国际私募股权基金倒是感兴趣，但却提出收购要求，这是创始人张汝京所不能接受的。此后，中芯国际通过德意志银行寻找战略投资者，最初选定的潜在投资者有两个：中国电子信息产业集团（CEC）和大唐电信。由于大唐电信的主营业务集中在通信行业，与芯片制造存在一定差异，当时各方一致看好的战略投资者是中国电子。但是在谈判的关键时刻，中国电子董事长发生变动，入股一事也被搁置。此外，中国电子信息产业集团因旗下生产部分军用产品而被中芯国际的海外股东所忌惮。最终，中芯国际选择了大唐电信。

2008 年，大唐电信投资 1.72 亿美元获得 16.6% 的股权，抄底入股中芯国际，取代上海实业成为中芯国际第一大股东。分析人士指出，中芯国际一直希望能够引入具有较强政府背景的大型国有企业作为投资者，这有助于其摆脱尴尬的"外资"身份，从而在国家重大产业基金及产业配套政策方面能够享受更多扶持和优惠。

2010 年 11 月 22 日，大唐电信集团通过其子公司大唐电信科技产业控股有限公司与中芯国际完成了交易。大唐控股以每股 0.52 港币的价格，投资 1.02 亿美元参与中芯国际增发，增资完成后大唐将持有中芯国际 19.14% 的股份，依然是中芯国际第一大股东。

2011 年 4 月 9 日，中国投资公司向中芯国际注入 2.5 亿美元，以每股 5.39 港元的价格获得 360 589 053 股可转换优先股。在中芯国际的可转换优先股新股发行且转换后，中国投资公司合计持有中芯国际约 11.6% 的股份。协议还约定，中国投资公司在相同条件下可增加 0.5 亿美元的认股权证，并可提名一位董事会成员。同时，大唐电信为确保其股权不被稀释，同期注入 1.02 亿美元，持股比例提高至 19.14%，依然牢牢占据第一大股东的位置。

至此，中芯国际第一大股东大唐电信持有 19.14% 的股份；第二大股东中国投资公司持有 11.6% 的股份；第三大股东上海实业和第四大股东台积电则分别持股 8.2% 和 6.543%。对于中芯国际而言，大唐电信、中国投资公司和上海实业三家大股东，都是实力雄厚的国有公司，而台积电又是业界第一的公司。几大股东之间相差不多的持股比例，在股东对控制权都没有额外意图的时候，倒能够形成一种平衡。但是，一旦股东有争夺控制权的意图，这种极度接近的持股比例，无疑加剧了股东之间对公司控制权的争夺。

2011 年 6 月 27 日，64 岁的江上舟在中芯国际董事长任上病逝。江上舟的突然离世，打破了股东之间的力量均衡，激发了权力与利益的重新分配。

3. 控制权争夺中的两次关键会议

综观整个事件，导致中芯国际局势动荡继而引发的控制权争夺的直接诱因在于原董事会主席江上舟的离世。然而，根本原因还是公司股权过于分散，控股股东缺失，当一方股东有控制意图的时候，其他各方缺乏显著的抗衡能力。股东对中芯国际的控制权争夺主要体现在股东大会和董事会决议上。

（1）股东大会。

除前述四位大股东外，中芯国际还有众多小股东。但是，小股东并不关心公司决策，往往不参加投票或者在投票过程中附随。相应地，中芯国际股东大会的投票过程基本可以简化为只有四个大股东参与的争夺。

2011年6月29日，中芯国际召开股东大会，一项重要议题即为重选王宁国、高永岗为董事。对于王宁国是否能够在董事会中连任这一议题，台积电、华登投资、美国NEA均投出赞成票；第二、第三大股东中国投资公司和上海实业投了弃权票；大唐电信与公司原CEO王宁国对公司发展战略选择一直存在偏差，因此大唐电信对王宁国重选为执行董事这一项议案投了关键性的反对票，最终导致王宁国落选。从投票的格局看，各大股东的阵营已显露无遗。台积电、华登投资、美国NEA是专业投资人；大唐电信、中国投资公司与上海实业均是国资背景的企业。从投票权的行使格局来看，王宁国的落选似乎是在国资背景投资人或弃权或反对的情况下的结果。至此，中芯国际成为一家无执行董事的上市公司。

（2）临时董事会。

2011年7月2日，中芯国际召开临时董事会，选举执行董事。此次参会成员一共七人，包括非执行董事陈山枝、高永岗、周杰、刘遵义，独立非执行董事陈立武、川西刚、张文义。需要注意的是，张文义的独立非执行董事委任书于6月30日刚刚生效。在选举执行董事的投票博弈中，由于与会董事的背景不同，代表的利益方也不同，我们可以把具有相同倾向的董事归为一方，各方以及各方的投票权比例与6月29日股东大会的情况相比发生了一些变化。

对于公司执行董事及CEO候选人，大唐电信自有打算。在董事会上，大唐电信坚定地支持自己提名的候选人，即中芯国际原COO杨士宁。按照公司治理理论，当大股东与管理层同质化的时候，大股东攫取公司利益的隧道行为将更为普遍。为避免大股东大唐电信进一步扩大自身的控制权，中国投资公司也在董事会上提出自己的候选人，即中芯国际新任独立非执行董事张文义。相应地，在提名阶段，第一大股东大唐电信提名时任中芯国际COO的杨士宁，第二大股东中国投资公司提名时任中芯国际独立非执行董事的张文义。

投票当天，中芯国际董事会共有七名董事出席，其中第一大股东大唐电信占两席，第二大股东中国投资公司占一席，第三大股东上海实业占一席，独立非执行董事占三席（包括被提名人张文义）。最终投票结果为，大唐电信董事代表陈山枝、高永岗及上海实业董事代表周杰投票支持杨士宁，而独立非执行董事陈立武与川西刚、中国投资公司代表刘遵义以及独立非执行董事张文义本人，均将票投给了张文义。最终，张文义以4∶3的微弱优势当选为执行董事。

董事会共有七名董事可以投出七票，其中大唐电信就可以投出两票。这说明大唐电信在董事会层面对公司议案的决策控制力较大，但是仍然不能起到绝对控制的作用。在投票过程中，第二大股东中国投资公司与秉承江上舟理念的张文义之间的联合，对大唐电信争夺执行董事席位的意图构成了相当大的制约。公开资料显示，公司另外两位非执行独立董事陈立武与川西刚与公司并无明显瓜葛，具有相对独立性，因此，对董事会议案的投票也并没有特殊的倾向性。最终，大唐电信支持中芯国际原COO杨士宁成为公司执行董事的意愿没有达成，而半个月前刚刚进入中芯国际管理层的张文义最终成为执行董事。这说明，即使作为第一大股东的大唐有意争夺执行董事职位，但是由于所持股份并没有显著超过其他股东，在董事会中的席位也并非绝对多数席位，因此当其他股东联合在一起时，其无法取得绝对支配地位。

（二）中芯国际控制权争夺的根源

1. 创始之初即存在的不同利益诉求

在中芯国际诞生之初，股东由于背景不同，所体现出来的利益诉求也不同。投资人希望通过投资中芯国际获得可观的财务收益；创始人希望将中芯国际打造成为全球半导体代工领域拥有话语权的主导企业。当中芯国际有迫切融资需求的时候，原投资人保持了一贯的财务投资人的本色，不愿继续追加投资，而只是希望投资分红或者转让获利。因此，中芯国际先后引入国资背景的大唐电信和中国投资公司，在一定程度上反映了政府希望通过中芯国际尽快将国内的半导体产业培育起来的意愿。从理论上讲，三方利益并不冲突，也可以实现一致：在创始人的管理下，如果中芯国际顺利成长为拥有国际话语权的企业，同时实现国内半导体产业的不断升级，投资人自然可以借此获得投资回报。但是，由于中芯国际的长期亏损和盲目扩张，加之专利诉讼的败诉，各方的利益冲突逐渐暴露出来。

上述三方不同利益在公司陷入困顿时是难以同时满足的，作为中芯国际的创始人应当如何选择？显然，身兼管理者身份的创始人只能努力满足那种相对确定的利益诉求，简言之，以股东利益最大化为目标。当然，这种利益最大化并不是单纯地指短期利益最大化，也包括长期利益最大化。在追求长期利益最大化的同时，就不得不考虑一些非利益或者非经济的因素，如国家利益、本土化、产业政策等。但是，管理者无论如何都要以追求股东利益为主线，在此基础上考虑其他一些因素。

上述所描绘的就是公司治理的"信托"模式。在这种模式下，董事、高管作为中立的和无私的受托人，发挥着协调各方利益的作用。在董事会中，除投资者外，其他利益相关者并不享有直接的代表权。对其他利益相关者的保护，是通过减轻董事谋求股东利益的义务的动机，使董事拥有更大的自由裁量权，来保护其他利益相关者的利益。美国的利益相关者立法最突出地体现了这一模式。玛格丽特·布莱尔和林恩·斯托特是信托模式的热情倡导者。他们声称，还要在美国公司法的其他、更为广泛的方面，寻求对这种模式的支持。① 在英国，信托模式是当前有关董事义务的争论的核心元素。

尽管追求股东利益最大化似乎缺乏伦理或者道德层面的论证，但是却为管理者设定了相对确定的经营目标，管理者为追求这种目标所付出的努力显然会更加集中；反之，如果有多重目标摆在董事面前，必然导致董事在面临各种利益冲突时手足无措，最终反而会导致各种利益之间的冲突加剧。甚至会出现公司管理者为了自己利益而从事不诚信的行为，却以追求其他利益主体的利益为理由而进行自我辩解。因此，追求股东利润最大化尽管不是一个最优的选择，但是较之于其他选择更为可取。

2. 股权高度分散且大唐有控制意图

（1）具有控制意图的大唐电信。

在英美法系国家，很多大型公司的股权都是高度分散的，但是机构投资人持有的比例相对较高，其他小股东持股比例较低且分散。即使是持股比例相对较高的机构投资人，一般也并没有寻求控制公司的意图。长时间内，机构投资人都采取用脚投票的方式来表达自身对公司治理的不满，而不是采取罢免董事这种内部治理路径。但是，由于机构投资人持股比例较高，一旦在证券二级市场抛售股份，必然引起股价大幅下跌，因此法律开始限制机构投资人出售股份的比例，此后机构投资人变得积极起来。但是即使是变得更加积极的机构投资人，一般也不会寻求控制

---

① Margret. M. Blair & Lynn A. Stout, *A Team Production Theory of Corporate Law*, 85 Va. L. Rev. 247（1999）.

公司，而是尽可能通过协商来寻找合格的管理者来管理公司，使各方利益都能得到兼顾。在管理者不够尽职时，机构投资人会通过私下建议、提案、诉讼、公布治理差的公司名单等方式来进行约束，而不是寻求获得对公司的控制权。

中芯国际的股权是高度分散的，但是前几大股东所持股份比例非常接近，尽管有一些并不具有争夺控制权意图的机构投资人，但是还有像大唐这样积极争取控制权的企业，这种股东结构并不能保障公司现有管理者能够稳定地按照自己的经营理念对公司进行战略规划与管理。一旦时机成熟，有争夺控制权企图的股东就会采取措施以获得公司控制权，而其他机构投资人尽管并不寻求控制公司，但也不愿意公司被大股东所控制而失去独立性，因此也会采取相应对策。

大唐电信是作为财务投资人被中芯国际管理层引入的，但是在后续的一系列事件发生后，其战略投资人的色彩日益浓厚。以下三个情况可以说明这一问题。

一是 2011 年年初，中国投资有限责任公司决定向中芯投资 3.5 亿美元，但此提议遭到大唐电信的反对。最终，中国投资公司以 2.5 亿美元获取了中芯国际 11.6% 股权，成为中芯国际第二大股东。与此同时，为避免股权被进一步稀释，大唐电信与中芯国际签订额外认购协议，根据协议约定，大唐电信有权认购中芯国际 8497 万股可换股优先股及认股权证优先股。如果全部转换，大唐电信将付出约 4.5 亿元，以保证其持股比例仍在 19% 以上。对于大唐的这种做法，外界普遍表示不解，因为从主营业务上看，大唐电信与中芯国际并无太多交集。

二是 2011 年 6 月 29 日，中芯国际管理层在年度股东大会上提出董事会配发、发行、分派中芯国际 20% 额外股份，董事会回购不超过 10% 股份的议案。大唐电信不愿看到自身股权被稀释，再次投下关键的反对票，这显示了大唐电信对潜在引资的抵触。

三是在股东大会表决王宁国是否能够在董事会中连任的问题上，台积电、华登投资、NEA 均投赞成票，第二、第三大股东中国投资公司和上海实业选择弃权，而大唐电信则投下关键的反对票。不可否认，大唐的强势表现令局面陡然复杂。

大唐从最初的"战略投资者"到现在的"强势股东"，其角色转变令其他股东与管理层始料未及。鉴于各个股东之间持股比例高度接近，一旦一方股东有获取控制权的意愿，其他股东如果分别抗衡较为困难，最有效的方法是联合采取措施。

（2）大唐电信寻求控制中芯国际的动因。

从大唐电信角度来看，其寻求中芯国际的控制权不外乎以下几种原因。第一，控制权收益。中芯国际所处的半导体行业是资本、技术密集型产业。自 2000 年成立以来，尽管专利争议与诉讼不断，甚至年年亏损，但是总体来说发展迅速，营业额也有逐年攀升的态势。在这一背景下，如果大股东能够掌握中芯国际的控制权，未来将能获得更多的公司控制权收益。

第二，与管理层存在战略分歧。中芯国际原 CEO 王宁国是半导体行业的职业经理人，其经营理念比较务实，认为企业应当追求利润最大化，否则将失去可持续经营的能力。与其经营理念相适应，在他担任中芯国际 CEO 期间，为追求利润率，放弃了一些亏损业务，包括太阳能业务，以及对成都一家芯片厂的托管权。对于大股东大唐电信而言，由于中芯国际的相关业务会影响自身所在产业的发展，因此大唐电信考虑的不仅仅是利润最大化，也要考虑产业链条的整体发展。大唐电信认为，单纯为海外品牌代工的发展模式并不符合企业的长期利益。因此，大唐电信对于职业经理人和公司其他投资者，如华登投资、美国 NEA、台积电等外资股东的公司利润最大化的经营目标并不认同。在此背景下，大唐电信作为第一大股东便积极运用委任权和决策权对董事会的成员选择及议案决策进行控制。

第三，担心自身股权被稀释，维护大股东地位。2008 年，急需资金的中芯国际引入大唐电信，以 16.6% 的股权换取大唐 1.72 亿美元的投资。2010 年 8 月，大唐增资 1.02 亿美元，股权比例由此增持为 19.14%，成为中芯国际的第一大股东。随后，大唐电信派陈山枝、高永岗入驻董事会，其在董事会中的席位增加到两个。尽管是第一大股东，但是不到 20% 的持股比例也决定大唐无法成为绝对控股股东，加之董事会中的两个董事席位也仅仅是非执行董事，无法对公司具体经营决策产生实际影响。因此大唐电信尽管投入了大量资金，但是无法获得对等的控制权。在现金流权与决策权发生分流的情况下，自身的大额投资却交给理念不同的经理人去打理，作为理性经济人的大唐电信无法接受这一现状。此外，中芯国际在 2010 年已经实现扭亏为盈，如果要继续保持现有的高产能和盈利性，中芯国际必须引入新的投资，这将有可能稀释中芯国际的投资，对其大股东地位构成威胁。

第四，打造产业链条，巩固自身发展。大唐电信有自身实体业务，其在选择投资对象时，必然会考虑如何巩固自身业务，实现协调发展。表面看来，大唐电信与中芯国际的主营业务并不相同，但是从公司发展模式看，大唐电信和中芯国际可以合并为一个完整的垂直整合制造模式（IDM，Integrated Design and Manufacture）。对于中芯国际的战略投资，就属于其产业发展战略的一环。因此，大唐电信希望通过强势介入中芯国际，整合并打通产业链，增强自身在产业链中的地位与话语权。显然，对于大唐电信而言，如果能够与中芯国际进行垂直整合，将大大提高其业务能力；但是，对于中芯国际而言，其战略发展意图将会受到极大阻碍，从而损害其他投资者的利益。因此，大唐电信的控制意图遭到了中芯国际海外股东的坚决反对。

3. 小股东对公司决策不关注

公司的高效运作离不开股东对自身义务的积极履行。尤其在股权分散且大股东都无法取得绝对性支配地位的情况下，小股东表决权的行使甚至能起到决定性作用。在中芯国际控制权争夺中的关键决策环节，小股东消极行使表决权，导致大股东之间的争夺陷入尴尬。

中芯国际 2011 年股东大会上，实际到场的股东比例不到四成。换言之，除大股东外，众多中小股东本身并未参与投票。股东会上的控制权争夺演化为大股东之间的利益争夺。这与小股东的消极性、"搭便车"等心理密切相关，从成本收益权衡角度而言似乎也是合理的，但是小股东对公司决策的漠不关心只会影响公司决策的公正性和代表性。

投票权的行使对于股东而言究竟是权利还是义务？股东的投票权属于其自身的权利，既然是权利，意味着股东既可以选择行使，也可以选择放弃。但是如果股东放弃投票权的行使，将会使表决有失公正。对此，应当通过其他制度设计，鼓励小股东积极参与投票，如委托投票制，以促进小股东积极履行自身权利。

（三）对中芯国际控制权之争的反思

1. 企业定位与对投资人的选择：国际化还是本土化定位不清

由于中国在半导体制造领域相对落后，中芯国际从起步伊始就被寄予厚望。但是，中芯国际作为一个在国际避税港设立的公司，其外国公司的身份是不容回避的。同时，为方便融资、便利交易，中芯国际还按照国际规则，建立了海外投资者与客户认同的公司治理模式，并在美国上市。但是，中芯国际的外国公司身份也阻碍了它享受国内的一些政策优惠和支持。

中芯国际应当选择本土化还是国际化？中芯国际是一家半导体行业的"加工制造型"企业，主要生产方式是为国内外电子元件做代工。尽管中国半导体行业发展迅速，但因为缺乏核心技术，产业发展只是停留在制造阶段。由于本土企业生产所需的核心技术都需要使用"英特尔"

等，导致整个半导体行业的大部分利润都流向"英特尔"等掌握核心技术的上游企业。

20世纪90年代中后期，我国斥巨资发展"908"和"909"工程，但核心技术进口以及产品出口却受到很大限制。一些国家对我国核心技术进行出口管制，导致我国半导体设备制造业较之于国际先进水平还有两代到三代的差距，这极大地妨碍了我国企业在半导体价值链生产中的升级换代。在产品出口方面，我国公司也受到一些国家在设备、技术出口管制方面的限制。从根本来看，意图解决我国核心技术问题，仅做到"代工厂"的水平显然是不够的，尽管自主研发任重而道远。

从中芯国际的定位来看，意图自行研发，显然应走本土化道路，以争取国家产业政策支持；但如果意图保持加工制造商的角色，则应当国际化。因为，在中芯国际成立之后的很长一段时间内，九成以上的订单均来自海外客户。如果中芯国际忽视其所处行业的性质，过于侧重国内政策和优惠，在资本设置上引入过多国有资金，则有可能刺激其他国家对我国半导体产业的管控。在本次公司控制权争夺中，中芯国际国有股东大唐电信对公司控制权的强势争夺就引起海外投资者与海外客户的疑虑。

在中芯国际国际化与本土化的争论中，中芯国际最终以实际行动选择了大唐电信作为公司的战略投资人，期望以大唐电信的央企背景使中芯国际能够摆脱"纯外资"身份，从而在国家重大产业政策及配套政策方面享受更多的扶持和优惠。但是，本来作为财务投资人被引入的大唐却成为积极的投资人，意图争夺公司控制权，这的确是管理层没有想到的事情。

2. 缺乏维持控制权的预防性措施

对于投资者而言，根据投资目的不同可以分为战略投资者、财务投资者。对于公司创始股东而言，在公司扩大规模之际，当然愿意引入各方资金，但是同时为了保持自身的控制权，显然更愿意引入财务投资者，如本案中中国投资公司的投资。但是，战略投资者与财务投资者只是基于投资人的目的所进行的划分，也就是说，这不意味着其投资意图会一成不变。即使大唐一改各界对其通常所认定的财务投资者身份，转而成为战略投资者，尽管其转变令各方感到不快甚至批评，但是大唐谋求控制中芯国际，只是其作为资本所有者谋求控制权的合理、合法行为。如果其他投资人或者公司管理者意图防止此类情况的出现，那么只能通过章程或者协议约定公司控制权的分配模式，从源头杜绝大股东潜在夺取公司控制权的可能性。

当引入大唐电信的时候，管理层将其作为财务投资者来对待，只提供资金、分享收益，而不会介入中芯国际的经营管理。但是，这仅仅是中芯国际管理层与其他股东对于大唐电信投资意图的一种主观认识。如果没有通过"投资协议"对于大唐电信的股东表决权或者委派董事的权利进行特别限制，这种主观假设的"财务投资者"显然会在条件成熟的时候转变为积极的"战略投资者"。当大唐电信一改往日角色而积极寻求控制权的时候，中芯国际管理层和其他股东的反应略显滞后与缺乏力度。

（四）中芯国际控制权争夺的启示

1. 合理界定大股东的"权力边界"

国美电器与中芯国际两个案例，折射出上市公司一个治理难题，即如何界定大股东的权力边界。国美电器之于黄光裕夫妇，似乎比中芯国际之于大唐控股更有价值。因为，黄光裕作为创始人，对国美电器带有强烈的个人情感。大股东无法容忍陈晓主持的管理层任何"去黄化"举动，面对挑战，黄光裕甚至一度作出变卖资产、筹资阻击的破釜沉舟举动。毕竟 1/3 以上的股权比例是黄光裕夫妇的持股底线，它可以保证对公司重大议案行使否决权。[①]

大唐电信远没有黄光裕夫妇的 1/3 的红线地位，但它同样也不可能容忍稀释其投资权益的举动。从公司治理理论来看，大唐电信作为投资人，毕竟要寻求管理权与收益权，这是由股份的二元性所决定的。其谋求维持第一大股东的地位，并在随后意图控制董事会、管理层，都是作为投资人的必然行为，只要不违反游戏规则，就无可厚非。

从我国半导体战略来看，我国一直强调半导体产业链自主可控性，江上舟生前一直在谋划"中国芯"工程，试图在五年内为中国打造自主可控的发展基础。大唐电信增强对中芯国际的话语权，从长远来看或许有利于本土半导体产业竞争力的提升。

但是从公司经营角度来看，如果大唐电信忽视中芯国际所处行业的特性，未能控制其股东权力边界，可能会使中芯国际在国际代工市场陷入不利。半导体代工业本是全球竞争局面，中芯国际诞生之时，90%以上订单都来自海外客户，十年过去，海外订单仍占 70% 左右。如果中芯成为国有控股企业，可能刺激起美国对中国半导体业新一轮管控。《瓦森纳协定》仍是压制本土许多半导体代工企业的利器，它在技术与设备出口许可方面审查严格。当年大唐投资中芯时，海外市场就曾发出质疑，担心中芯成为国有控股企业。

上述分析都是从公司治理、国家战略，甚至公司经营所进行的评价，这更多的是一种软性评价。如果从法律上来讲，大股东的权力行使的确存在边界，即不能滥用权力损害公司、股东与债权人的利益，如果超越则是要承担法律责任的。对公司而言，大股东不得攫取公司利益，如不得侵占、挪用、自我交易；对小股东而言，大股东不能侵害小股东权利；

---

① 王如晨：《中芯治理困境：大股东的权力边界》，载《第一财经日报》2011 年 7 月 12 日。

对债权人而言，大股东不得侵害公司利益或者不正当控制公司，损害债权人利益。公司毕竟是一个资本至上的平台和载体，只要大股东在法律许可的范围内行使权力，都应被视为合法。因此，尽管作为大股东的大唐电信在行使权力的时候会面临道德或者伦理的评价，但是只要不违反相关"信义义务"就不会遭到法律上的不利评判。

2. 公司现有控制者"防止控制权旁落"的措施

（1）预防性措施。

公司现有控制者防止控制权旁落的预防措施一般都体现在公司章程中。中芯国际作为避税港设立的英美法系公司，可以在章程中约定许多维持现有控制者的控制权以及限制新投资者权力的条款。

一是双层股权结构。这种方式正适用于允许"同股不同权"的境外市场，如美国三个证券市场（纽约证券交易所、美国证券交易所和纳斯达克证券交易所）、香港证券交易所等。当前采用双层股权结构的多为互联网企业、高科技企业、传媒企业，如百度、腾讯、京东等。二是限制新增股东的提案权与投票权。对股东享有提案权与临时股东会的召集权的持股比例与持股时间进行限制，增加新股东召集股东会的难度，防止其通过召开股东会改变公司控制权，并且为管理层采取反收购措施赢得时间。三是交错董事会制度。控制一个上市公司的最关键环节就是控制该公司的董事会，如果在公司章程中设置交错董事会条款，就延长了潜在收购者获得董事会多数席位的时间。在漫长的时间里，现有董事会还可以采取其他反收购措施。

（2）补救措施。

如果公司章程没有限制新股东权力的条款，现有控制者可以采取事后补救措施。

一是认购新股或者受让股份。由公司现有控制者或者对现有控制者友好的投资人认购新股，从而提高自身与同盟的持股比例。除认购新股外，还可以通过证券二级市场收购股份或者通过协议受让现有股东股份，从而获得股东大会中的更多表决权。

二是签订一致行动人协议。在现有控制者没有足够资金认购新股或者受让股份的情况下，可以与其他股东签订一致行动人协议，以扩大自身在股东大会中的表决权。但是，这种人合性极强的措施受制于一定的有效期，以及股东之间的彼此信任。一旦协议到期或者股东之间的信任不复存在，一致行动关系也将消失，控制权将难以维系。

三是代理投票制。不能出席股东大会进行投票的股东，可以委托代理人出席股东大会，由代理人向公司提交股东授权委托书，并在授权范围内行使表决权。通过代理投票，可以将小股东的投票权集中起来，有效地影响公司决策，对大股东、董事会、监事会和经理人进行制约。对于那些消极的股东而言，代理投票制使他们有了通过代理人代自己表达意见的机会。在第一大股东持股比例较高，但第二、第三大股东持股比例与其非常接近的情况下，在其争夺控制权的时候，最后要争取的正是小股东的投票权。如2010年在轰轰烈烈的国美控制权争夺战中，最后左右胜利天平的恰好是小股东。本案中，中芯国际几大股东之间持股比例非常接近，管理层完全可以采取征集投票权的做法以维持自身对公司的控制，但是中芯国际管理层并未采取这种方式。

四是资产重组。通过资产重组来加强对公司的控制，更像是一条曲线救国的道路。如当管理层在A公司所掌握的股权较低时，可以向另一家自己控制的B公司发行股份，由B公司持有A公司的股份，由于管理层本身持有一定的A公司股份，同时也是B公司的实际控制人，那么管理层便增强了对A公司的控制权。

总之，公司现有控制者最好在章程中预先规定防范控制权旁落的条款。如未约定，也可在事后采取积极措施以维持自身的控制权。但本案中，中芯国际章程中并没有此类预防性条款，在控制权争夺发生后，管理层也未采取有效对策，从而导致公司长期处于管理动荡的状态，对公司经营造成了不利的影响。这种情况应为包括上市公司在内的各类公司所重视并采取针对性措施。

"汽车之家"控制权的争夺

【引言】

股权分散下管理层对公司控制权的争夺

　　股份的二元性，是指股份蕴含两种属性：收益性与管理性。相应地，股东也有收益性股东与管理性股东之分。当 2012 年澳洲电讯成为汽车之家的大股东后，并没有向汽车之家派驻任何一位高管，甚至在公司于 2013 年在纽交所上市后，晚宴上也没出现过任何一个澳洲电讯的人。可以说，澳洲电讯更像是一个财务投资者。

　　当汽车之家上市之前，公司规模不是很大，利益还不是很多的时候，维持公司现有的管理状况是不错的选择。但是，在公司上市后，市值高达几十亿美元，公司决策效率却没有显著提升。在这种情况下，最初作为财务投资者的澳洲电讯便具有了极大的转让股份的动机，加之澳洲电讯为股东派发红利的迫切需求，其转让多数股份也就是情理之中的了。从澳洲电讯角度考虑，其只是作为一个财务投资者实现股份变现的行为，而平安不过是一个很好的接盘者。

　　如果平安只是谋求财务回报，显然不会与现有管理层发生冲突。但从历史上来看，平安在成为任何一个公司的大股东后，几乎第一件事情就是更换管理团队。因为平安不仅仅谋求财务回报，更有战略发展考虑，如将车险、车贷等与汽车之家既有业务打通，对各项业务进行无缝融合。因此，汽车之家管理团队的构成最终取决于资本，这本身并不存在是非对错之分。正如汽车之家合并"车168"时，"车168"的管理团队只能选择汽车之家的文化，要么留，要么走。对于依然希望控制公司的管理层而言，尽管采取了事后的积极的反收购措施，但是基本上也是于事无补。对于持股比例较低的管理层而言，最好的办法就是依据英美法赋予其对控制权进行协议约定的权利，事前就对自身的控制权进行协议上的保护。

一、案情

（一）汽车之家的初创与发展

2000 年，李想创办泡泡网。

2005 年，李想带领泡泡网从 IT 领域拓展至汽车领域，成立汽车门户网站——汽车之家。

2006 年 8 月 28 日，北京汽车之家信息技术有限公司在北京市海淀区注册成立。

2006 年，泡泡网和汽车之家成为各自领域的第一垂直互动媒体。

2007 年，李想以出让自己股份的方式引入职业经理人秦致。秦致成为汽车之家创始团队成员之一，也成为李想最重要的事业伙伴之一。

2008 年 6 月，作为未来上市实体的汽车之家在开曼群岛注册。汽车之家对资本的渴求日益扩大，澳洲电讯对于亚太地区也有着自己的投资目标。在汽车之家天使投资人薛蛮子的引荐下，澳洲电讯花费 7600 万美元从盛拓传媒（Sequel Media）手中购得汽车之家 55% 的股份。

2009 年，秦致担任汽车之家 CEO。

2013 年，澳洲电讯再花费 3700 万美元，将其持股比例提高至71.5%。

2013 年 11 月，汽车之家向美国证监会递交上市申请。12 月，"汽车之家"于美国纽约证券交易所上市。汽车之家的成功上市为澳洲电讯带来逾 10 亿美元的暴利。

2015 年 6 月 30 日，李想离开汽车之家管理团队，但继续担任上市公司董事。

2015 年 10 月 29 日，澳洲电讯与平安集团商谈股权转让。两家公司签署一份保密协议。由于担心公司控制权发生变化，秦致与多家私募股权公司携手，准备发起收购。这些私募机构包括：博裕投资（Boyu Capital Advisory Co.）、高瓴资本（Hillhouse TBC Holdings LP）和红杉资本中国基金（Sequoia China Investment Management LLP）。

（二）控制权争夺拉开序幕

2015 财年汽车之家年度报告显示，澳洲电讯是汽车之家的最大股东，其持股比例及投票权达到 54.6%。创始团队李想和 CEO 秦致的持股比例分别只有 2.6% 和 2.9%。

2016 年 4 月 14 日，秦致提出收购要约，拟以每股 31 美元的价格收购汽车之家股份，并呈交一份随时可签的购买协议和一份银行开具的融资支持函。但这项收购要约遭到澳洲电讯的拒绝。

2016 年 4 月 15 日，澳洲电讯以每股 29.55 美元，溢价约 12.7%，将其所持有的汽车之家 47.7% 的股份出售给平安集团旗下的平安信托，自留 6.9% 的股份，并签署股权转让协。几小时后，秦致领衔的买家团——博裕资本、红杉中国和高瓴集团所组成的财团，向澳洲电讯发出无法律约束力的私有化要约，希望以 31.5 美元的价格现金收购汽车之家所有普通股和 ADS，溢价 20.7%。但是，澳洲电讯无意改变与平安已经达成的交易安排。

此后，澳洲电讯一直督促汽车之家董事会批准这笔交易，但汽车之家的独立董事强烈反对这一提议。不过，澳洲电讯仍然要求汽车之家董事会在 5 月份召开会议对交易进行表决。

2016 年 4 月 26 日，汽车之家宣布，董事会已成立一个由三名独立董事组成的特别委员会，评估 2016 年 4 月 16 日接到的管理层发出的私有化邀约。

2016 年 4 月 27 日，汽车之家 CEO 秦致发出内部信件，称尊重澳洲电讯出售股份的决定，并在为公司前途、股东及员工利益着想的情况下，管理层牵头向董事会提交私有化要约。内部信件中并未提及平安信托。

2016 年 5 月 2 日，澳洲电讯在年度投资者活动前透露，为年度派发 11 亿美元股息，采用基金回笼的方式。澳洲电讯出售汽车之家股权，主要是为了给股东分红。

2016 年 5 月 9 日，汽车之家 CEO 秦致作为买家团成员发表意见，称管理层有充足的资金且出价更高，而且让造就汽车之家的管理层继续掌控公司，有助于作为汽车信息提供商的汽车之家向网络交易业务商转型。

（三）汽车之家管理层欲争夺公司控制权

2016 年 5 月 11 日，汽车之家公众股东提交书面实名举报信，举报平安信托涉嫌违反《反垄断法》，该举报被商务部接收。

2016 年 5 月 11 日，澳洲电讯任命辛西娅·惠兰担任汽车之家董事长，接替现任董事长陈永正。

2016 年 5 月 13 日，澳洲电讯的 5 名董事出席汽车之家董事会会议，但会议遭到其他董事抵制。由于列席董事达不到多数，澳洲电讯当场任命了第 6 名董事，澳洲电讯由此获得了通过这笔交易所需的法定人数。最后，董事会以 6：5 强行通过汽车之家与平安签署的《股份登记权协议》（Registration Rights Agreement）。非澳洲电讯委派的董事则要求进一步评估这笔交易，并质疑新董事的任命。

2016 年 5 月 20 日，有消息称，由于签订股权转让协议后，没有在规定时间内向税务部门备案，国家税务监管部门已正式向汽车之家发函质询，并要求其携带相关材料前往税务机关备案。

2016 年 5 月 23 日，有消息称，相关人士已向美国证监会递交举报材料，声称澳洲电讯涉嫌违反《萨班斯法案》，汽车之家与平安之间的《股份登记权协议》构成关联交易。

2016 年 5 月 28 日，持有汽车之家 11% 股份的秦致和其他小股东向公司注册地开曼群岛的法院递交诉状，以澳洲电讯驻汽车之家董事会代表违反美国《萨班斯法案》为由，请求法庭中止澳洲电讯与平安集团之间的股权转让交易，直到汽车之家的独立董事收到股权购买协议书，并对该提议进行评估。澳洲电讯声称将就这项申诉提出抗辩。6 月 20 日，汽车之家注册地开曼群岛法院发出禁令，要求澳洲电讯不得在 6 月 24 日听证会之前进行股权转让。但这仅仅使交易延迟了四天，6 月 25 日开曼法院听证会当庭宣布撤销汽车之家"禁止令"，澳洲电讯随后将更新的股东名册交给平安信托。至此，平安与澳洲电讯顺利完成股份交割。平安以 16 亿美元收购汽车之家 47.4% 的股权，正式成为汽车之家的最大股东。

（四）汽车之家管理层的更换

2016 年 6 月 27 日，澳洲电讯的五个董事席位更换为平安派驻的董事。同时更换了公司 CEO 和 CFO。汽车之家原 CEO 秦致离开，陆敏被任命为公司董事长兼 CEO。陆敏表示，未来汽车之家的发展战略，一是按照既定的目标、方向、政策不变，再上一个台阶；二是利用平安的丰富资源和金融优势，与之积极探索汽车租赁、信贷、保险等汽车金融业务，一、二手车交易以及车后服务等。

二、评析与经验法则

（一）股份竞购与管理层的对策

1. 平安信托与澳洲电讯之间的股份转让

从澳洲电讯角度，其转让自己所持有的汽车之家的股份给平安信托；从平安信托角度看，其收购了平安信托所持有的汽车之家的股份，而且收购的结果是持有了汽车之家绝对多数股份，从而形成了绝对的股权控制。因此，可以将这种股份转让理解为平安信托对汽车之家的收购行为。

收购，是指一家公司通过现金、股票或资产购买另一家公司的资产或股票，从而获取一定控制权的行为。收购是以获得控制权为目的，以控制权易手为主要特征的。

从收购的支付方式来看，包括用现金购买资产、用现金购买股票、用股票购买资产、用股票交换股票、用资产收购股份或资产等。与收购密切相关的另一个概念叫作接管，接管强调的是获得公司的控制权。质言之，收购强调的是运作形式，接管强调的是获得控制权这一最终目的。

从收购的形式来看，大体可以分为三种：协议收购、集中竞价收购和要约收购。协议收购，是指由潜在的收购者与目标公司的股东就收购该公司股票的价格、数量、期限和支付方式等有关事项达成协议后，实现股权转让的收购方式。集中竞价收购，指的是不与目标公司协商，直接在证券市场上买入目标公司股票，当买入的数量达到控股地位时便取得目标公司控制权的收购方式。绝大多数的集中竞价收购都是敌意并购，多发生于上市公司股价被低估的时候。要约收购，是指收购者向全体股东发出书面要约，承诺以某一特定的价格购买一定比例或数量的目标公司股份。要约收购事先并不需要征询目标公司董事会和管理层的意见，因此通常被视为敌意收购。要约收购对于收购者或公司原有股东而言都是有利的。对于收购者而言，可以在不征得目标公司董事会和管理层同意的情况下，就与目标公司股东直接进行交易，从而获得目标公司的控制权。对于公司原有股东而言，则是一种保护措施，因为如果没有要约收购的约束，收购者会在获得目标公司的控制权后停止收购，从而损害原有股东利益。

从收购目的来看，可以分为善意收购与恶意收购。善意收购，是指潜在收购者与目标公司协商，经目标公司同意后，直接收购该公司。恶意收购，是指不与目标公司协商，直接采取收购活动。收购者在恶意收购后，基本上都会改组董事会并更换管理层。因此，对于目标公司的董事会和管理层而言，恶意收购就是敌意接管。美国的法律和公司界，把敌意收购者称为"公司的袭击者"（corporate raider）。[1]

本案中，平安信托收购澳洲电讯所持有的汽车之家的股份，是一种股份的协议收购。这种协议收购的目的是取得目标公司的控制权，换言之，具有接管目的。此外，根据平安的一贯作风，在其完成收购后，有很大可能性会罢免公司原董事与高管，因此对原董事与高管而言，属于恶意收购或者敌意接管。

2. 管理层采取反收购措施的理由

管理者为什么要采取反收购措施？当一家公司成为恶意收购目标的时候，公司股价就会大涨，所以在公司收购中，目标公司的股东是最大的受益者。对于这些股东来讲，无论公司被谁买走都无所谓，只要自己的股票

---

[1] 马永斌：《公司治理之道：控制权争夺与股权激励》，清华大学出版社 2013 年版，第 223~225 页。

能够卖得好价钱就行。从法律上讲,董事是股东的代理人,他们理应为股东利益最大化服务,努力保证股份能卖出最高价格。但是,从个人利益出发,如果公司被收购,他们就有可能被解雇。如果从公司角度来讲,现有高管所确定的公司发展战略就会受到扭曲,就要被动地接受收购方将本公司作为战略一环的安排。如果从雇员角度考虑,还有可能面临强劲收购方根据战略安排对公司进行的格局重构从而导致大量裁员。因此,对于管理者,无论是从个人利益出发,还是从公司发展战略出发,还是从雇员利益保护考虑,都有极大动机采取反收购措施。对此,管理层会提出一系列理由来说明其采取反收购措施的必要性。如果理由足够充分、合理,显然董事采取反收购措施不会受到违反信义义务的指责。因为董事被视为是利益相关者的受托人,有理由对利益相关者的利益进行充分考量。以下两个案例充分说明了董事采取反收购措施提供适当理由的重要性。

(1)派拉蒙购买时代/华纳未遂。

20世纪80年代,以出版《时代周刊》(Time)而闻名于世的时代公司(time inc.)打算友善地购买"华纳"(warner brothers)。正当两家公司谈判的时候,派拉蒙公司(paramount communications Inc.)介入了竞争,以更高的价格收购华纳公司的股票。为阻挠派拉蒙买下华纳,时代公司和华纳公司采取了先行合并策略,认为派拉蒙没有足够的财力将两家公司一起收购。然而,派拉蒙的前身是海湾西部公司(gulf & western Inc.),这是一家实力非常雄厚的大财团。20世纪80年代,银行银根比较宽松,派拉蒙凭借自身实力和银行贷款完全有能力把两家公司都收购。因为派拉蒙报出的价格相当优厚,时代华纳的许多普通股东都愿意将股票出售给派拉蒙。但是,因为派拉蒙是有敌意的收购方,时代华纳的管理者提出种种借口,动员股东拒绝将股票出售给派拉蒙,而且还把派拉蒙告上了特拉华州的最高法院,要求法院下令禁止派拉蒙以高价收购时代华纳的股票。当然,管理层提出了合理理由来说服法院。

时代华纳给的理由是:《时代周刊》以独立性强而著称,除报道国内、国际新闻外，还披露若干政治丑闻，是世界著名的新闻刊物，具有独特的创作风格。尽管派拉蒙的投标价格最高，但是派拉蒙经营的电影和出版业也是传播媒体，如果时代华纳被派拉蒙收购，《时代周刊》的出版方针就有可能受到派拉蒙的干涉，结果会影响《时代周刊》的独立性和传统的刊物风格，还会限制新闻自由和言论自由。特拉华州最高法院经过再三考虑，下令禁止派拉蒙收购时代华纳。客观地讲，时代华纳提出的理由具有一定说服力，但是也不排除其抵制派拉蒙的收购动机是高管为了保住自己的职位。

（2）派拉蒙反被 VIACOM 收购。

时隔不到 5 年，派拉蒙就成为另一起敌意收购的目标。收购方是经营"电视购物频道"（home shopping channel）的 QVC 公司。QVC 公司的报价确实很高，但是派拉蒙的董事长兼总裁马丁·戴维斯却坚决阻止 QVC 收购派拉蒙。因为 QVC 的总裁拜瑞·迪勒在 80 年代初在戴维斯手下担任派拉蒙的总经理。后来，两人意见不合，戴维斯将迪勒解雇。如果派拉蒙被 QVC 买下，迪勒就可以随时解雇戴维斯。为了阻挠 QVC 收购派拉蒙，戴维斯几乎照搬当年派拉蒙收购时代华纳，时代华纳提出的反对理由。派拉蒙主张，QVC 会干涉派拉蒙的制片方针和文艺创作风格，请求特拉华州最高法院下令禁止 QVC 收购派拉蒙。派拉蒙认为，特拉华州最高法院会沿用该判例，但是出乎意料的是，法院拒绝下令禁止 QVC 收购派拉蒙，相当于推翻了以前的判例。

戴维斯只好四处游说，最终寻找到一位白马王子 VIACOM 公司。VIACOM 公司提高收购价与 QVC 竞争。QVC 的拜瑞·迪勒终于因为价格太高而退出竞争，派拉蒙最终被 VIACOM 收购。对于戴维斯来讲，尽管未能保住他的岗位，但毕竟可以体面地退休，而不至于遭受被拜瑞·迪勒开除的羞辱。

在这个案例中，特拉华州最高法院之所以没有支持派拉蒙，是因为众所周知，马丁·戴维斯拒绝收购的真正原因是害怕拜瑞·迪勒的报复，而维护文艺创作自由仅仅是其借口。从公司法角度考虑，拒绝将股票出售给报价最高的买主违反了股东利益保护，因此特拉华州最高法院拒绝下令禁止 QVC 购买派拉蒙。

3. 汽车之家管理层反收购的原因：保证公司发展战略的延续性

汽车之家创始人李想在 4 月 15 日澳洲电讯宣布售出 47.7% 股份给平安集团后发布微博："走了树袋熊，来了大黑熊。""树袋熊"指的是澳洲电讯。"大黑熊"指的是接盘者平安信托。

平安信托为何购买澳洲电讯的股份？是一项长期战略投资还是短期套利？有观点认为，平安集团此前在"互联网＋汽车"领域多有布局，购买汽车之家同样可从战略层面进行解释；另有观点认为，中概股私有化退市和回归国内市场，拥有较高套利空间，平安信托收购汽车之家寻求的是短期套利。[1] 事实上，如果平安信托将收购汽车之家作为一项长期战略投资，平安信托与汽车之家管理层还有可能存在一定共识；但是如果将其作为一项短期的财务投资，则意味着汽车之家管理层无法与平安信托在公司未来发展上达成一致。然而，即使平安进行的是一种战略投资，平安与汽车之家管理层的理念也是存在差异的。汽车之家管理层认为，传统汽车的价值链难以为继，经销商面临越来越低的利润，现有格局走到尽头，因此汽车之家将汽车电商收入作为单列项目，且是单列项目中的最大一笔收入。而平安只是将汽车之家作为自己战略布局中的一个环节，汽车之家的独立发展显然不太可能，随之而来的董事会更迭也会必然发生。

观念的不合促使汽车之家管理层不得不采取反收购措施。当然，管理者采取反收购措施必然要有极为合理的理由，如收购不利于股东、不利于雇员或者不利于公司长远发展等。那么，汽车之家管理层采取反收购措施

---

[1] 汪传鸿：《控股权正交割 汽车之家 CEO 释疑"反收购"》，载《21 世纪经济报道》2016 年 5 月 9 日。

是否也应符合这些要求？汽车之家管理层寻找的投资人团体所报出的收购价格更高，显然更有利于股东利益最大化；而且平安如果成为汽车之家大股东，有可能会损害汽车之家原有的经营策略，而使之沦为平安业务链条的一个环节等。那么，管理层采取反收购措施是有正当理由的。

本案中，没有证据表明汽车之家章程规定了有效的预防性措施，因此汽车之家管理层只能在事后采取主动防御措施。需要说明的是，股份回购在这里是不起作用的，因为大股东澳洲电讯持有绝对多数的股份，即使汽车之家管理层在市场上购买其他股东所持有的股份，也无法取得公司控股权。

4. 汽车之家管理层采取的一系列反收购措施

（1）"白衣骑士"（white knight）。

本案中，汽车之家管理层寻找到了一个愿意购买澳洲电讯股份的投资人团体，并与澳洲电讯接洽。但是，澳洲电讯并没有接受这一抛过来的橄榄枝，而是坚定地将股份出售给平安。不论是澳洲电讯认为平安会是一个合格的接盘者，有利于汽车之家的长期发展；还是因为自己与平安的协议中约定了巨额的违约金条款，而导致自己不敢违约。总之，澳洲电讯拒绝了管理层介绍的收购团体，即使报价比平安报价更高。

从另一个角度来讲，汽车之家管理层向澳洲电讯发出的是不具有法律约束力建议，如果澳洲电讯选择将股份出售给管理层而拒绝平安的要约，一旦管理层反悔，澳洲电讯将丧失转让股份的最佳机会。这似乎也是一种潜在的反收购措施。

（2）向美国证监会举报。

美国《萨班斯法案》（Sarbanes-Oxley Act of 2002）是针对上市公司财务与公司治理的法案。在美国注册且在美国上市公司以及在外国注册而在美国上市的公司，都必须遵守该法案。显然，2013年在美国上市的汽车之家必须遵守该法案。

5月23日，相关人士向美国证监会递交举报材料，声称澳洲电讯涉嫌违反《萨班斯法案》，汽车之家与平安之间的《股份登记权利协议》构成关联交易。按照《萨班斯法案》，此类关联交易应首先由汽车之家的审计委员会审批，获批之后才能进行股权交易。但是，根据公开资料，股权交易并未经过由独立董事组成的审计委员会的审批。此外，澳洲电讯又在极短的时间内新增一名董事，以6∶5的表决结果，强行通过汽车之家与平安的《股份登记权协议》。

（3）向开曼法院提起诉讼。

汽车之家管理团队不愿坐以待毙地面对丧失控制权的命运。2016年5月28日，汽车之家的小股东正式向开曼法院提起诉讼，主张大股东澳洲电讯及其指派的董事在与平安的交易中为大股东谋取利益而未能正确考虑公司整体利益，致使小股东受到不公正对待，利益受损。小股东在向法院的申请文件中提到，澳洲电讯及其在汽车之家的董事代表以绕过本应该对此交易进行审核的公司审计委员会，在汽车之家管理层董事和独立董事并没有参加5月13日通过平安信托交易请求的董事会议的情况下，强行任命第六名董事，对于由澳洲电讯任命的第六名董事会成员的法律有效性存疑，进而，投票通过向平安信托出卖汽车之家股权交易的会议参与人数是否达到法定人数也存在问题。

6月20日，汽车之家注册地开曼群岛大法院发出禁令，要求澳洲电讯不得在6月24日听证会之前进行股权转让。但是，这仅仅使交易延迟了四天。6月25日，开曼法院听证会当庭宣布撤销汽车之家"禁制令"，澳洲电讯随后将更新的股东名册交付给平安，交割正式完成，平安持有汽车之家47.4%股份，正式成为汽车之家最大股东。

（4）公众股东向中国商务部举报。

2016年5月11日，汽车之家的公众股东向商务部实名举报，称平安信托和澳洲电讯的交易可能引发"经营者集中"。经营者集中，是指经营者通过合并、资产购买、股份购买、合同约定、人事安排、技术控制等方式，取得对其他经营者的控制权或者能够对其他经营者施加决定性影响的情形。其中，合并是最重要和最常见的一种经营者集中形式。按照当事人是否处于相同的生产阶段，经营者集中可以分为横向经营者集中、纵向经营者集中和混合经营者集中。

横向经营者集中，是指处于相同市场层次上或者具有竞争关系的企业之间的集中。平安与汽车之家在线二手车交易服务市场存在横向业务重叠，拟定交易有可能进一步增强汽车之家和平安集团的市场份额和控制力。公开披露的财务报表显示，平安保险集团与汽车之家 2015 年度在中国境内的营业额均已超过 4 亿元人民币，且合计超过 20 亿元人民币。平安信托满足《反垄断法》所规定的申报标准，交易需要在完成交割前向商务部反垄断局进行经营者集中申报。公众股东举报信中显示，尚未有任何证据表明平安保险集团已经或准备就拟定交易向商务部进行申报。

纵向经营者集中，是指同一产业中处于不同阶段而实际上相互间有买卖关系的各个经营者之间的集中。平安保险集团旗下的平安银行通过汽车之家网站，推广其平安直通贷款业务，而平安产险经营的汽车保险业务，也可能通过在线汽车服务平台进行宣传推广，因此双方在汽车金融保险和汽车在线广告业务方面，存在现实和潜在的纵向合作关系。这意味着，如果交易达成，平安集团有较大可能利用整合后的市场优势地位，排挤汽车信贷和汽车保险市场上的其他竞争对手，而这将加剧垄断。因此，平安在进行交易时，需要向商务部进行申报。[1]

混合经营者集中，是指横向经营者集中和纵向经营者集中以外的其他经营者集中方式，是处于不同市场上的企业之间的集中，即参与集中的企业既不存在竞争关系，也不存在商品买卖关系。此种经营者集中对竞争影响稍小，但是企业做大后有可能产生阻却市场的效应。

根据《反垄断法》以及《国务院关于经营者集中申报标准的规定》规

---

[1] 侯云龙：《平安收购汽车之家再生变数》，载《经济参考报》2016 年 5 月 27 日。

定，参与集中的所有经营者上一个会计年度在中国境内的营业额合计超过20亿元人民币、并且其中至少两个经营者上一个会计年度在中国境内的营业额均超过4亿元人民币的情况下，需要向商务部反垄断局进行反垄断申报。《反垄断法》还规定，经营者违反本法规定实施集中的，由国务院反垄断执法机构执行：①责令停止实施集中；②限期处分股份或者资产；③限期转让营业以及采取其他必要措施恢复到集中前的状态，可以处五十万元以下的罚款。而且，这几种处分可能并处。如果平安信托没有申报，很可能导致交易失败。

除垄断指控外，根据《境外投资项目核准和备案管理办法》^①第10条规定，中方投资额3亿美元及以上的境外收购或竞标项目，投资主体在对外开展实质性工作之前，应向国家发展改革委报送项目信息报告。国家发展改革委收到项目信息报告后，对符合国家境外投资政策的项目，在7个工作日内出具确认函。汽车之家采用VIE机构在美国上市，平安想要收购其股份，必须遵守上述规定。根据第29条规定，如果没有依法完成核准或备案程序就擅自实施项目，一旦被发现，发改委将会同有关部门责令其停止项目实施。这意味着交易有可能被终止。

（5）税务部门发出质询函。

平安在签订企业股权转让协议后，没有在规定时间内向税务部门备案。国家税务监管部门向汽车之家发函质询，要求其携带相关材料前往税务机关备案该举报申报。

诸如汽车之家这种VIE结构企业，涉及复杂的税务流程和监管措施。目前，我国税收监管框架主要针对股息、技术服务费和股权转让三项收入进行重点避税监管。针对股权转让收入，国家税务总局出台包括《关于加强非居民企业股权转让所得企业所得税管理的通知》（国税函〔2009〕698号）、《关于非居民企业间接转让财产企业所得税若干问题的公告》（国家

---

① 该办法已于2018年3月1日被《企业境外投资管理办法》废止。

税务总局公告 2015 年第 7 号）。

《关于非居民企业间接转让财产企业所得税若干问题的公告》第 10 条规定："间接转让中国应税财产的交易双方和筹划方，以及被间接转让股权的中国居民企业，应按照主管税务机关要求提供以下资料：（一）本公告第九条规定的资料（已提交的除外）；（二）有关间接转让中国应税财产交易整体安排的决策或执行过程信息；（三）境外企业及直接或间接持有中国应税财产的下属企业在生产经营、人员、账务、财产等方面的信息，以及内外部审计情况；（四）用以确定境外股权转让价款的资产评估报告及其他作价依据；（五）间接转让中国应税财产交易在境外应缴纳所得税情况；（六）与适用公告第五条和第六条有关的证据信息；（七）其他相关资料。"简言之，间接转让中国应税财产的交易双方和筹划方，以及被间接转让股权的中国居民企业，自签订境外企业股权转让合同或协议之日起 30 日内，应按照主管税务机关要求提供股权转让合同或协议、境外企业及直接或间接持有中国应税财产的下属企业的财务报表等资料进行备案。

自 698 号文发布之后，已有众多境外 PE 间接转让中国境内公司股权的行为被追缴企业所得税。如高盛通过离岸公司转让其间接持有的双汇股份，引起了国家税务总局的注意，被要求补缴 4.2 亿元所得税。这被认为是典型的非居民企业通过境外企业间接转让国内企业股权而需要向中国税务机关纳税的案例。

本案中，澳洲电讯于 4 月 15 日发布公告，将汽车之家 47.7% 的股份转让给平安信托，并签订具有法律约束力的股权转让协议，但超过 30 天未进行纳税申报。这意味着澳洲电讯不仅需要补缴税款，还将承担未按规定备案的滞纳金。

5. 反收购的失败

从汽车之家股权争夺的实质来看，就是澳洲电讯将股份转让给平安，考虑到平安在受让股份后有极大可能罢免管理人团队，作为现有管理人团队代表的秦致意图竞逐澳洲电讯股份，但以失败而告终。其实，早在2015 年，澳洲电讯就有转让多数股权的想法，也有几个目标买家，平安只是其中之一。潜在买家也都与管理团队进行过接触，因此那时谈不上是恶意收购。但是，2015 年的股价普遍偏高，以秦致代表的管理团队也没有购买意向。随着中概股整体走弱，澳洲电讯出售股份的价格也在降低，况且汽车之家确实也是优质资产，秦致筹划资金进行股权收购也变得有可能。

尽管秦致找到一些机构投资人参与收购股份的竞标，但是从时间点上来看已经有点迟了。澳洲电讯的一个完整财年是到 6 月 30 日，因此其非常有动机在 6 月 30 日前完成交易和交割。在澳洲电讯看来，平安是一个更稳妥的选择，虽然不一定是出价最高的选择。这与 2008 年 6 月 29 日澳洲电讯战略投资汽车之家相似，时间点非常重要。①

（二）大股东澳洲电讯没有违反对小股东的信义义务

2016 年 5 月 28 日，汽车之家的小股东向开曼法院提起诉讼，主张大股东澳洲电讯及其指派的董事在与平安的交易中为大股东谋取利益而未能正确考虑公司整体利益，致使小股东受到不公正对待，利益受损。大股东澳洲电讯所派驻的董事是否违反对小股东的信义义务？如何判定大股东违反了信义义务？

如果大股东是诚信的，他必然为了整体的股东利益从事经营。但这里也存在问题，即大股东的自身利益与小股东利益之间并不总是画等号。在这里，大股东究竟应当如何抉择？在资本多数决下，大股东可以将自己的意志体现得淋漓尽致。对于小股东而言，他们也理所应当地认识到自己小

---

① 李想：《利益大到一定程度就超越了人性》，载《中国商人》2016 年第 8 期。

股东的地位决定了自身的意志会被大股东意志所支配。因此，少数资本被多数资本所支配的状况，并未超过他们的投资预期。但是，在一些特定领域，大股东不能自由地依照"资本多数决"行使控制权，而必须尊重中小股东的意志。

实践中，中小股东与大股东之间经常在选举董事、处置公司资产、处分少数股东权利，以及豁免董事义务和责任等方面发生争议。对此，可以以中小股东的合理预期是否受到侵害为标准，判断其合法权益是否受到了大股东的侵犯。

就信息披露而言，大股东控制的公司应当对中小股东进行充分信息披露，并准许小股东行使知情权。对于中小股东而言，信息是其行使其他权利的重要前提。控股股东操纵下的公司经常将一些重要信息拒绝向中小股东披露，尤其是其中的财务信息；或制造障碍，阻碍中小股东接触信息。这无疑对于中小股东后期行使决策权构成重大妨碍。因此，必须强调大股东对中小股东的信息披露义务。

就股东表决权而言，尽管从实质上讲，在一股一票的"资本多数决"下，大股东当然拥有支配权，但是在程序权上，大股东控制下的公司应当确保中小股东有权获得出席股东会的程序保障。尽管实践中许多股东会只是大股东的会议，中小股东根本不参加，更谈不上行使股东权，但并不意味着可以不通知小股东或者通知时限过短。尽管小股东会因为各种目的不出席股东会，但并不意味着可以剥夺小股东出席股东会的权利或者在其行使权利的程序上设定限制。因此，为了真正发挥股东大会的功能，保护全体股东的利益，在程序上为中小股东提供便利成为必要。

就表决权行使中的选举董事而言，中小股东加入公司时就会有合理预期，即他们不可能充分选举董事参与公司决策。即使中小股东没有被选为董事，也并不出乎他们的预料。

就处置公司资产而言，当股东进入公司时就会合理预期，公司能够很好地处置公司财产，而不会以不合理的低价出售公司财产、以不合理的高价购买其他财产，甚至侵占公司资产。如果大股东控制下的公司决策不符合小股东的合理预期，大股东就违反了对中小股东的信义义务。即使公司与股东之间存在关联交易，也不违反中小股东的预期，因为股东主要依据交易是否有利于公司来判断交易是否合理。如果关联交易有利于公司，中小股东也会支持。

就处分少数股东权利而言，大股东控制的股东会处置中小股东财产是侵犯小股东权利的。

就豁免董事义务和责任而言，应根据董事义务的不同类别进行不同处理。董事的忠实义务是不能豁免的。但是就注意义务而言，股东可以通过集体协商，豁免或者限制董事违反注意义务的法律责任。不过，也应当对注意义务所涵盖的故意、重大过失和轻过失加以区分。对于董事故意漠视自己义务的行为是不能豁免的，但是对于轻过失这一轻违约行为，是可以通过股东会协商豁免的。

在汽车之家案例中，大股东所派的董事支持并作出将股份转让给平安的决定，尽管每股略低于其他投资人团体所报出的价格，但是对于董事会而言，股东利益最大化尽管是最重要的考虑事项，但是除此之外，公司未来发展，战略布局等，都属于应考虑的内容。在英美法系国家，董事作为利益相关者的信托人，显然有权居于中立地位对包括股东在内的各方利益进行充分考量。因此，并不能认为大股东违反了对小股东的信义义务。

（三）澳洲电讯的"章定"控制权

1.《章程》对控制权的约定 [①]

长期以来，澳洲电讯与作为管理者的创始人团队合作愉快。但是当股份转让能带来的巨大利益呈现在澳洲电讯面前时，从一个理性经济人的角度，其选择将股份出售给各方面均很突出的平安，本来就是一个合理选择。

但是，这笔交易需要取得董事会的批准。尽管澳洲电讯长期在董事会中占据一半席位但并未干预公司经营管理，可在股权转让这一关键时刻，其在董事会中的一半席位，以及公司章程授予其任命董事的权利，都为股权转让顺利通过董事会批准提供了前提条件。

类似"汽车之家"的股权结构和治理结构广泛存在于近年在英美法系国家上市的公司中。因为英美法系公司法普遍采取意思自治原则，作为财务投资人的股东方和作为管理团队的股东方可自由约定公司的股东结构和治理结构。美国及美国的证券交易市场也能够接受此种公司治理安排和监管架构。

（1）股东会层面。

汽车之家采用双层股权结构，股份分为 A 股（Series A Ordinary Shares）和 B 股（Series B Ordinary Shares），全部 B 股由澳洲电讯持有。汽车之家《章程》第九条规定，这两类股份拥有相同投票权。在汽车之家上市时，全部 B 股占公司已发行股本的 66.2%。澳洲电讯凭借持有的 66.2% 的股份，可以通过任何一项普通决议。

---

① 滕云：《中国公司境外股权争议案例分析之"汽车之家"》，载 http://blog.sina.cn/dpool/blog/s/blog-696948510102ws10.html，最后访问日期：2019 年 4 月 30 日。

《章程》还规定，如果澳洲电讯的持股比例因任何原因下降至51%以下，但不低于39.3%，B股的投票权将作出自动调整，使澳洲电讯在股东会中保持至少51%的投票权。只有当持股比例低于39.3%时，才会丧失对股东会的一般控制权。这一约定类似于福特汽车的做法。

（2）董事会层面。

《章程》第八十七条规定，只要澳洲电讯持有51%以上的投票权，就有权任命董事会的多数席位。《章程》第一百一十六条规定，董事会召开会议时必须至少有一名澳洲电讯任命的董事出席，否则就视为出席董事未达法定人数。据此，澳洲电讯不仅控制了董事会的多数席位，还对董事会议程享有绝对的抵制权。

与大多境外上市公司相似，汽车之家《章程》第一百零五条对董事会权力的规定采用了"概括授权条款"，即董事会行使公司的一切权力，包括公司增发任何类别的新股、期权或可转换债券、解散公司及批准股份转让，除非该权力明确规定需由股东会行使。此次汽车之家的股权转让，也必须经董事会决议批准。

2. 依据《章程》临时任命董事并通过决议

汽车之家上市时，董事会由十名董事组成，分别是澳洲电讯任命的五名董事、三名独立董事，以及公司创始团队的李想和秦致。

2015年10月29日，澳洲电讯与平安就可能的股权交易签署保密协议。2016年4月，CEO秦致带领博裕资本、红杉中国和高瓴集团所组成的投资人团体，向公司发出了无法律约束力的收购要约，拟以每股31美元的价格收购澳洲电讯所持股份。但是，澳洲电讯拒绝了该要约，且随后公布其拟将大部分股份以每股29.55美元的价格出售给平安。数小时内，秦致再次发出收购邀约，以每股31.50美元的价格收购澳电所持股份。但是，澳洲电讯仍不为所动。

随后，澳洲电讯试图推动董事会批准其与平安之间的股份转让交易，这引起了三名独立董事的强烈抗议。独立董事就该交易提出一系列问题，为何澳洲电讯不提供其与平安的交易文件？为何平安没有与董事会直接联系？但是，尽管独立董事反对，澳洲电讯仍然在5月召集了临时董事会，会议的唯一议题就是批准澳洲电讯与平安之间的股份转让交易。

2016年5月13日，澳洲电讯委派的五名董事出席了临时董事会议，李想、秦致和另外三名独立董事则拒绝出席。《章程》第一百一十六条规定，董事会会议的法定参会人数至少为董事会的一般多数，即十名董事中至少六名出席会议召开才是有效的。此次董事会会议，只有澳洲电讯委派的五名董事出席，显然未达到最低人数要求，因此，面临会议召开是否有效的问题。但是，澳洲电讯显然有备而来。此时，澳洲电讯拥有汽车之家55%的股权，在会议开始时，澳洲电讯随即依据《章程》第八十七条，当场任命了第六名董事。相应地，董事会席位由十席增至十一席。得知该情况的李想和秦致及其他独立董事立刻表示，澳洲电讯与平安的股权转让应当由董事会的独立委员会作出进一步评估，同时也质疑澳洲电讯临场增加董事席位的效力。尽管如此，以澳洲电讯为主导的董事会仍强行批准了澳洲电讯与平安之间股权转让。

汽车之家小股东以"对澳洲电讯及其任命的董事丧失信心和信任，不认为其有维护股东利益的能力"为由，依据《开曼公司法》第94条规定，向开曼法院提出临时清盘申请，以阻止澳洲电讯的股权转让。但显然，澳洲电讯有权依据章程临时任命第六名董事，随后作出的批准交易的决议也无可厚非。

（四）汽车之家股权争夺的启示

就获得公司控制权而言，从根本来讲，持股比例是最重要的。如果没有足够资金获得绝对或者相对控股所需的股份比例，那么，有关投票权的约定也是极其关键的，这种投票权无论是股东会上的还是董事会上的投票权。作为管理者的创始人为保持控制权，要么保持一定的持股比例，要么在引入投资人之前就作出相应的预防性规定。

1. 确保拥有一定的持股比例

创始人通过股权来实现对公司的控制，是一种最终极的控制，因为公司重大事项是由股东会决议的，如章程修改、董事任命、融资以及公司分立合并或清算等。股东会的普通表决事项多为二分之一以上多数表决权通过，而少数重大事项（如公司章程修改）还需要三分之二以上表决权通过。境外公司也基本类似，只要查看公司章程性文件中的股东决议条款就能清楚知道。简言之，持有了多数股份，基本就能够控制股东会决策，进而控制公司。

在汽车之家案例中，创始人李想早在2008年就已经失去了公司的控股权，无论是创始人李想还是后来的CEO秦致，如果在持股不足5%的情况下还希望把握公司的控制权，这几乎是一件不可能的事情。这起事件的教训是，无论一家初创公司多么需要资本，他们都必须意识到，投资是一把"双刃剑"，可能会危及他们以后对公司的控制权。在无法实现股权控制的情况下，创始人一定要采取协议控制的方式。

2. 将"投票权"从股权中分离

随着新投资人的进入，创始人的股权将被不断稀释，很难一直保持对公司的绝对控股。但是，创始人可以采取股权与投票权相分离的做法，将投票权从其他股东的股权中分离出来。为实现这一目的，主要可以采取四种方式：投票权委托、一致行动协议、有限合伙架构和境外架构中的"AB股计划"。

（1）方式一：投票权委托。

投票权委托，就是公司股东通过协议约定，将其投票权委托给其他股东（如创始股东）、董事或者管理者等行使。其实，阿里巴巴集团在引入雅虎时就存在投票权委托安排。马云等与软银、雅虎通过投票权委托协议，取得软银和雅虎委托的部分投票权，从而实现阿里巴巴上市前，软银和雅虎总计投票权不超过49.9%的目的。再如京东的投票权委托。考察京东上市招股书（2014年4月14日版本）可以发现，虽然刘强东上市前仅仅持有约18.8%的股份，但是他通过DST、红杉资本、中东投资人、高瓴资本、腾讯等股东委托投票权的方式，取得了京东上市前超过半数（51.2%）的投票权。[①]

当然，并非所有创始人都像马云、刘强东那样强势。但是，创始人也应该有信心争取真正的天使投资人以及股权激励对象，如职工、高管等的信任，说服其将投票权委托给自己行使，并在协议中加以确认，这在实践中并不罕见。

（2）方式二：一致行动人协议。

一致行动人，就是通过协议约定就特定事项采取一致行动的股东。创始股东之间、创始股东与投资人之间可以通过签署一致行动人协议，来扩大创始股东的投票权权重。一致行动协议内容通常表现为：一致行动人同意在特定期间内，在行使提案权、表决权等股东权利时作出相同的意思表示，以其中某方意见作为一致行动的意见，以巩固该方在公司的控制权。一致行动协议在境内外上市公司中非常常见，如境内上市中元华电、海兰信等；境外上市公司腾讯、阿里巴巴等。

（3）方式三：有限合伙架构。

有限合伙是一种实用性很强的企业组织形式，兼顾了偏好风险的投资人与厌恶风险的投资人。有限合伙的合伙人包括普通合伙人（GP）与有限合伙人（LP）。普通合伙人负责合伙事务执行，具体负责经营管理；有限合伙人只是作为出资方，并不参与企业管理。有限合伙是一个以小博大

---

① 《以京东、腾讯、阿里为例，深度分析创业者要如何避免痛失公司控制权》，载 https://www.tmtpost.com/2410958.html，最后访问日期：2019年3月15日。

的制度设计，即无限合伙人以较少的出资，打理有限合伙企业的全部资产。有限合伙中的少数资本支配多数资本，与公司制相比存在极大的不同，因为公司是多数资本支配少数资本的资本至上平台。

通过有限合伙取得对公司的控制权的具体操作是，要求投资人将资本投入到有限合伙，作为有限合伙人只享有经济收益而不参与有限合伙的日常管理；创始人作为无限合伙人，负责有限合伙的日常管理。然后，再让有限合伙持有公司股份。如此一来，创始人就可以通过有限合伙最终控制公司。

蚂蚁金服采取的正是这种有限合伙架构。根据阿里巴巴的公示信息以及蚂蚁金服的工商登记信息，马云虽然在蚂蚁金服上市前持有的股份比例不超过 8.8%，但是马云通过自己的独资公司以普通合伙人的身份控制杭州的两家有限合伙企业，这两家有限合伙企业的有限合伙人分别是阿里员工和阿里巴巴的湖畔合伙人，这两家有限合伙企业在蚂蚁金服上市前持有不少于 51% 的股份。质言之，马云能够以不超过 8.8% 的股权比例实现对蚂蚁金服上市前半数以上股权的控制。

（4）方式四：双层股权结构。

如果公司采用的是境外架构，在美国上市时还可以考虑"双层股权结构"。在美国上市的公司通常采用这种结构来维持公司创始团队的控制权，如 Facebook、Google 等企业都将其 A 序列普通股每股设定为 1 个投票权，B 序列普通股每股设定为 10 个投票权。近些年，在美国上市的京东、百度等大部分中国概念股都采取这种模式。如京东刘强东持有的股份为 B 类普通股，其他股东持有的股份为 A 类普通股，B 类普通股拥有 A 类普通股 20 倍的投票权。据此，刘强东控制着超过 83% 的投票权。

事实上，尽管创始人为保持自身对公司的控制权而希望在章程或者投资协议中对自己的表决权作出有利安排，但是同样投资人在投资入股的时候也希望能够对自己的表决权作出有利约定。显然，两者之间利益的差异化，导致两者的立场存在很大不同。如果这是一个创始人主导的融资市场，资本为了获得投资机会而享受公司增长所带来的增值，那么他就不得不接受不利于自己的安排；但是如果这是一个资本主导的融资市场，那么创始人将不得不接受不利于自己而有利于投资人的约定。从汽车之家的控制权争夺来看，创始人迫切需要投资人的投资，因此，并没有对投票权作出有利于自己的约定，反而是投资人通过章程实现了对绝对多数投票权的控制。尽管投资人可以长期不行使，但是一旦行使，对于创始人而言都是致命的。

汽车之家控制权的争夺，可谓是对中国互联网创业者的前车之鉴。创业者应当充分意识到，无论公司如何迫切需要资本，资本始终是一把"双刃剑"。创始人在获取股权融资时，不应当仅关注融资财务成本而未能估计投资方对公司控制权争夺的潜在可能性。因此，对于创始人而言，在分期分批地转让自己股份的同时引入投资人，需或注意发行新股的规模，或注意自己持股比例的关键点。如果创始人资金实在有限或者公司发展亟须大规模资金，那么创始人只能在股东会层面的投票权或者董事会层面的投票权等方面进行特别约定。